Mary Berg
herausgegeben von Susan Lee Pentlin

Wann wird diese Hölle enden?

Mary Berg als junge Frau.
Das Foto befand sich unter den vier Alben
und einem Skizzenbuch,
die Glen Coghill 2014 bei einer Haushalts-
auflösung in Pennsylvania erwarb.

Mary Berg
herausgegeben von Susan Lee Pentlin

Wann wird diese Hölle enden?

Das Tagebuch der Mary Berg
Das Mädchen, das das Warschauer Ghetto überlebte

Aus dem Englischen von Maria Zettner

orell füssli Verlag

This translation of **The Diary of Mary Berg: Growing up in the Warsaw Ghetto 75th Anniversary Edition** is published by Orell Füssli Verlag, Orell Füssli Sicherheitsdruck AG by arrangement with Oneworld Publications. First published in America as **Warsaw Ghetto: A Diary in 1945.**

Orell Füssli Verlag, www.ofv.ch

Umschlaggestaltung: Hauptmann & Kompanie Werbeagentur, Zürich
Druck und Bindung: CPI books GmbH, Leck

ISBN 978-3-280-05713-1

Die Deutsche Nationalbibliothek verzeichnet diese Publikation in der Deutschen Nationalbibliografie; detaillierte bibliografische Daten sind im Internet unter www.dnb.de abrufbar.

FSC www.fsc.org
MIX
Papier aus verantwortungsvollen Quellen
FSC® C083411

Inhalt

Bilder

Dank

Mein Interesse und meine Arbeit an Mary Bergs Tagebuch begann Mitte der 1980er Jahre. Seit dieser Zeit habe ich viele Menschen in den Vereinigten Staaten, Großbritannien, Deutschland, Polen und Israel aufgespürt, getroffen und viel Unterstützung erfahren. Viele sind heute gute Freunde. Besonders danken möchte ich James Fox, ehemaliger Chefredakteur bei Magnum Photos in New York und Paris sowie Fotokurator und Historiker im Ruhestand, für die Zeit und Mühe, die er aufgewendet hat, um mich mit dem Internierungslager Vittel vertraut zu machen. Er ist mit den Shneidermans bei Magnum in Paris zusammengetroffen. Eileen Shneidermans Bruder, der Fotograf David Seymour, war einer der Gründer von Magnum. Darüber hinaus bin ich sehr dankbar für die Gelegenheit, im Februar 2006 Gutta Eisenzweig Sternbuch und David Kranzler interviewt haben zu können.

Besonderen Dank möchte ich für ihren Rat und ihre Ermutigung auch Eileen und S.L. Shneidermans Kindern Ben Shneiderman und Helen Sarid sowie Rochelle Seidel aussprechen, desgleichen Sylvia Glass' Söhnen Walter und David Goldfrank und Moira Hyle, der Tochter von Norbert Guterman. Des Weiteren danke ich: Alan Berger; Alice Eckhard, Anna und Tamas Adamik, Budapest; Batia Gilad; dem Janusz Korczak Archiv im Ghettokämpfer-Kibbuz; Jenny Manuel vom American Jewish Archive; Krystyna Freijat, Sekretärin von Rev. Dr. Edward Puslecki, dem General-Superintendenten der Evangelisch-Methodistischen Kirche in Polen; Mark Shenise von der Archiv- und Historienkommission der Evangelisch-Methodistischen Kirche; Marianne Sandig, Berlin; Megan Lewis, USHMM Survivor Registry; Moishe Shubinsky, England; Monica Kulp, Tochter von Gaither und

Halina Warfield; Robert Giliank; Roman Zakharii; Ryszard Maczewski, Warschau; Shelly Shapiro, Holocaust Friends and Survivors Education Center, Latham, NY; Serge und Beate Klarsfeld, Paris; Vanesa Chappell von der Fernleihestelle der Central Missouri State University; der Central Missouri State University für das Fakultäts-Stipendium für die Forschung an den nationalen Archiven 1993; sowie – wie stets – meinem Mann Floyd C. Pentlin.

Ich möchte meiner lieben Mutter Jean Riddles (1919–2001) gedenken, die wollte, dass ihre Kinder logisches Denken lernen, und meiner Großmutter Addie Gillum Flanery (1893–1974), die mich auf der Junior High in Englisch unterrichtete und ein tiefes Verständnis für die Feinheiten der englischen Sprache besaß. Außerdem möchte ich die Übersetzer Norbert Guterman (1900–1984) und Sylvia Glass (1912–2006) für ihre Bemühungen würdigen, dieses historische Dokument im Jahr 1945 der Öffentlichkeit zugänglich gemacht zu haben. Ich erinnere mich noch an das interessante Gespräch mit Sylvia Glass Goldfrank kurz vor ihrem Tod im Januar 2006.

Als Herausgeberin möchte ich meine Arbeit dem Gedenken an S.L. Shneiderman widmen, der so entscheidend dazu beitrug, diesen wichtigen Bericht über das Warschauer Ghetto in den Jahren 1944 bis 1945 allgemein bekannt zu machen. Er erkannte dessen Bedeutung für das Überleben der polnischen Juden und für die Geschichtsschreibung, arbeitete eng mit Mary Berg zusammen und sorgte für die Übersetzung und Veröffentlichung im New York der Kriegsjahre. S.L. Shneiderman wurde 1906 in Kazimierz in Polen geboren und starb 1996 in Israel. Ich möchte in diese Widmung auch seine Frau Eileen Shneiderman einschließen, die 1908 als Eileen Szymin in Warschau geboren wurde und 2004 in Israel starb. Samuel Shneiderman verlor seine Eltern und zwei Brüder samt ihrer Familien, insgesamt elf Menschen, im Ghetto von Opole, Eileen ihre Eltern im Ghetto von Otwock. Zusammen bildeten sie ein inspirierendes Autorenteam. 1940 kamen sie in die Vereinigten Staaten und widmeten ihr Leben der vielfältigen Kultur der polnischen Juden und der jiddischen Sprache, die die Nazis zu vernichten versuchten. Ich bedaure, dass sie nicht miterleben konnten, dass dieses Tagebuch neu aufgelegt wird.

Susan Pentlin

Vorwort zur Ausgabe von 1945

> Erzählt euren Kindern davon,
> und eure Kinder sollen es ihren Kindern erzählen,
> und deren Kinder dem folgenden Geschlecht.
> *Buch Joël 1,3*

Die mit Mauern abgegrenzten jüdischen Viertel in Polen waren von den Nazis eingerichtet worden, um die jüdischen Menschen dort zu erniedrigen und zu quälen. Heute liegen diese Ghettos in Schutt und Asche, nachdem die Juden sie in Hochburgen des Widerstands verwandelt hatten. In Warschau, Białystok, Bedzin und Czestochowa erhoben sich jüdische Männer, Frauen und Kinder mit veralteten Waffen gegen die hochgerüsteten Bataillone der Nazis. Und niemand kam diesen isolierten Kämpfern zu Hilfe, indem etwa mit Fallschirmen Munition abgeworfen worden wäre, nicht einmal während des Aufstands im Warschauer Ghetto, der zweiundvierzig Tage andauerte. Der heldenhafte Kampf und die Leiden der Juden in den polnischen Ghettos stellen eines der tragischsten und am wenigsten bekannten Kapitel des Krieges dar.

Schon der Begriff »Ghetto« ist eine Nazi-Lüge, denn die Ghettos in Warschau und an anderen Orten in Polen sind keinesfalls mit den mittelalterlichen Ghettos vergleichbar, deren Mauern den Juden, die hinter ihnen lebten, nicht selten zum Schutz dienten. Die neuzeitlichen Ghettos waren dagegen von Anfang an als Todesfallen gedacht.

Paradoxerweise weigerte sich die Welt, die den Nazis ihre Lügen abgekauft hatte, an die Existenz der Nazi-Verbrechen zu glauben.

Noch heute gibt es sogenannte Liberale, die hartnäckig leugnen, dass die Nazis in Europa fast sechs Millionen Juden ermordet haben. Sie betrachten die Enthüllungen über Gaskammern, Krematorien sowie an Hunderttausenden Juden ausgeführte bakteriologische Experimente als Auswüchse antideutscher Propaganda.

Die Nazis gingen davon aus: Je größer das Verbrechen, desto weniger würde man es für möglich halten.

Außerhalb von Polen herrschte ein vollkommen falsches Bild von den Zuständen in den isolierten jüdischen Vierteln im Land. Man stellte sich die Juden als eine Masse von Menschen vor, die apathisch auf die Schlachtbank warteten. Dass es sich dabei um einen Trugschluss handelte, lehrt uns Mary Bergs Tagebuch, die erste vollständige Chronik von der Errichtung und Zerstörung des Warschauer Ghettos, verfasst von einer Zeitzeugin ohne jegliche politische Voreingenommenheit.

Zu Beginn der deutschen Besetzung hatten die Juden keine Vorstellung von dem, was ihnen bevorstand. Sie bemühten sich nach Kräften, ihre gewohnte Lebensweise aufrechtzuerhalten und damit verbunden auch die unvermeidlichen sozialen Unterschiede, die vor der Besetzung geherrscht hatten. Dementsprechend spiegelten die Verhältnisse im Ghetto das Leben außerhalb wider. Unter den Belastungen der Nazi-Herrschaft wuchs dann im Lauf der Zeit die Solidarität zwischen allen jüdischen Schichten. Die Nazis zwängten auf eine Fläche, auf der bis dahin etwa einhunderttausend Menschen gelebt hatten, ganz bewusst eine heterogene Gruppe von sechshunderttausend Juden aus allen besetzten Gebieten. Diesen Menschen aus den unterschiedlichsten Kulturkreisen gelang es, nachdem man sie in eine Hölle aus Hunger, Krankheit und Schrecken geworfen hatte, ein einigermaßen funktionierendes Gemeinwesen zu organisieren.

Wie es auf andere Gruppen auch zuträfe, hatten diejenigen mit Bargeldreserven oder Wertgegenständen bessere Überlebenschancen als die weniger Begünstigten. Der illegale Handel mit der »arischen« Seite florierte, zuweilen mit stillschweigender Duldung der Nazis, die die Gelegenheit nutzten, im Tausch gegen wertlose deutsche Reichsmark Kostbarkeiten zu erwerben. Über geheime Kanäle kamen die jüdischen Kampfverbände an ihre kärglichen Waffenvorräte. Die Geldmittel dafür stammten, in erheblichem Umfang, von den wohlhabenderen Juden, von denen einige bereitwillig zahlten, während andere vom jüdischen Untergrund dazu gedrängt wurden.

Als Mary Berg im Warschauer Ghetto festgesetzt wurde, war sie knapp sechzehn. Die Ereignisse ließen sie schnell erwachsen werden. Als Tochter einer amerikanischen Staatsbürgerin gehörte sie einer privilegierten Minderheit an. Die amerikanische Flagge an ihrem Mantelaufschlag und eine weitere an der Tür zu ihrer Wohnung schützte sie wie ein Talisman vor dem Feind. Zwar war sie eine von denen, die am wenigsten zu leiden hatten, doch wurde sie Tag für Tag von den Tragödien ihrer Schulfreunde, Nachbarn und Verwandten erschüttert.

Irgendwann in der Zukunft wird man, so unsere Hoffnung, Aufzeichnungen finden, die von ihren Verfassern in den Ruinen des Warschauer Ghettos versteckt wurden. Es werden sich womöglich weitere Überlebende melden, um Zeugnis abzulegen von dieser heldenhaften Episode während des Krieges – heldenhaft nicht nur aufgrund des Sterbens so vieler Märtyrer, sondern aufgrund ihres hartnäckigen Bestrebens, unter den widrigsten Bedingungen ein würdevolles Leben zu führen. Bis auf Weiteres ist Mary Bergs Tagebuch der einzige Augenzeugenbericht, den wir haben. Es ist ihr gelungen, ihre Aufzeichnungen vor den Augen der Nazis herauszuschmuggeln, da sich die Deutschen nach drei Jahren der Plünderung nicht mehr die Mühe machten, die wenigen Ghettoinsassen zu durchsuchen, die als ausländische Staatsangehörige schließlich Warschau verlassen konnten. Zunächst schrieb das junge Mädchen in einer selbst erfundenen Kurzschrift auf Polnisch. Nach ihrer Ankunft in New York auf der S.S. »Gripsholm« entschlüsselte sie ihre Notizen. Sie war fünfzehn Jahre alt, als sie anfing, Tagebuch zu schreiben, und zwanzig, als sie sich entschloss, es zu veröffentlichen.

Bei der redaktionellen Bearbeitung habe ich nur an den Stellen kleine Änderungen vorgenommen, wo es notwendig war, Details zu verdeutlichen, die andernfalls unverständlich geblieben wären. Fast alle im Tagebuch genannten Namen sind verbürgt. Ihre Träger sind entweder tot oder außer Gefahr. Wir haben nur die Namen der Menschen geändert, deren Schicksal noch ungeklärt ist oder deren Verwandte in Gefahr geraten könnten.

Mein besonderer Dank gilt Norbert Guterman, der, zusammen mit Sylvia Glass, den Text ins Englische übertragen hat.

S. L. Shneiderman

Mary Berg (Wattenberg) als Kind
mit ihrer Familie

Einleitung

> So gingen zehn pro Tag, zehntausend Juden täglich.
> Doch bald hat / Es nicht gereicht, es mussten fünfzehn sein.
> Ach Warschau, das tut weh / Wie da die Stadt der Juden eingemauert vegetierte hinter Stacheldraht / Vor meinen Augen ging's zugrund, ging ein, schmolz hin wie Schnee.
>
> *Yitzak Katzenelson,*
> *Großer Gesang vom ausgerotteten jüdischen Volk*[1]

Am 19. April 1944 begann Mary Berg mit ihren Bemühungen, die Augen der Amerikaner für den Holocaust zu öffnen. An diesem Tag versammelten sich Tausende von Menschen an der Warschauer Synagoge in New York und marschierten von dort aus zur City Hall, um des ersten Jahrestages des Aufstands im Warschauer Ghetto zu gedenken. An der Spitze ging die Familie Wattenberg, Shia und Lena sowie ihre beiden Töchter Mary (Miriam) und Ann, die dem grauenvollen Schicksal so vieler europäischer Juden entkommen waren und sich erst seit vier Wochen in den Vereinigten Staaten aufhielten. Die Demonstranten hielten Schilder hoch mit Aufschriften wie »Wir appellieren an das amerikanische Gewissen, die Juden in Polen zu retten, für die noch Rettung möglich ist«, »Nehmt Rache für das Blut im polnischen Ghetto« oder »Drei Millionen polnische Juden wurden von den Nazis schon ermordet! Helft uns, die Überlebenden zu retten!«[2]

Die Wattenbergs waren im März 1944 als Heimkehrer an Bord der SS Gripsholm in die USA gekommen, jenes Schiffes also, welches das US-Außenministerium von der schwedischen Reederei Svenska-

Amerika Linien als Austauschschiff gemietet hatte. S.L. Shneiderman, ein jiddischer Journalist, dem die Flucht aus Nazi-Europa ebenfalls gelungen war, war der damals neunzehnjährigen Mary Berg nach Ankunft des Schiffes am Landungssteg begegnet. Er erfuhr, dass sie in zwölf kleinen Ringbüchern ein auf Polnisch verfasstes Tagebuch über die Erlebnisse ihrer Familie im Warschauer Ghetto mitgebracht hatte.

Im Vorwort zur polnischen Ausgabe des Tagebuchs von 1983 erinnert sich Shneiderman:

> Ehrfürchtig las ich die winzigen Buchstaben auf den eng beschriebenen Seiten ihrer Notizbücher. Aus Angst, die Bücher könnten eines Tages den Nazis in die Hände fallen, schrieb Mary ihre Aufzeichnungen in einer selbst erfundenen Kurzschrift, bei der sie für die erwähnten Menschen nur die Anfangsbuchstaben verwendete. Sie benutzte auch nie das Wort »Nazi«. Schrieb stattdessen »sie«.

In einer Sendung des New Yorker Radiosenders WJZ fragte Nancy Craig Mary, wie sie es geschafft habe, ihr Tagebuch in die Staaten zu bringen. Sie antwortete: »Ich habe meine eigene Geheimschrift erfunden und die wichtigsten Fakten aufgeschrieben. Dann habe ich es einfach in meine Reisetasche gesteckt. Außerdem habe ich mir alle wichtigen Daten und Namen eingeprägt.«[3] Kurz nach ihrer Ankunft fing Mary an, ihre Aufzeichnungen auf Polnisch umzuschreiben.

In den folgenden Monaten arbeitete Shneiderman eng mit Mary zusammen, um die Tagebücher zu entziffern. Er bat sie darüber hinaus, »bestimmte Gegebenheiten und Umstände näher zu erläutern, die andernfalls Leser nicht nur in Amerika, sondern auf der ganzen Welt vor Rätsel gestellt hätten«, und verbesserte offensichtlich hier und da die Orthografie oder fügte möglicherweise auch Material hinzu. Wenn sie sicher sein konnten, dass jemand, den sie erwähnt hatte, tot war, ersetzten Mary und Shneiderman die Anfangsbuchstaben durch die vollen Namen. Aus demselben Grund wurde der Nachname der Verfasserin zu Berg verkürzt, um Familienangehörige und Freunde zu schützen, die im kriegserschütterten Polen ja vielleicht noch am Leben waren. Bereits im Pawiak-Gefängnis hatte Mary außerdem begonnen, Teile ihres Tagebuchs umzuschreiben. Deshalb ist es wohl zutreffender, das Werk, wie es dann in Buchform erschien, als »Tagebuch-Erinnerungen« zu bezeichnen.

Shneiderman übersetzte das polnische Manuskript[4] ins Jiddische und veröffentlichte es in Fortsetzungen in der Zeitschrift *Der Morgen*. Anschließend beauftragte er den in Polen geborenen Norbert Gutermann sowie Sylvia Glass, Absolventin des Wellesley College, damit, die polnische Version ins Englische zu übertragen. Wie es scheint, wurde diese Version, ebenfalls in Fortsetzungen, im Herbst 1944 in New York in der Zeitung P.M. abgedruckt sowie gekürzt im *Jewish Contemporary Record*. Ungefähr zur selben Zeit erstellte Mary Graf eine Übersetzung des Tagebuchs ins Deutsche. Sie erschien vom 22. September 1944 bis zum 19. Januar 1945 in der New Yorker Exil-Zeitung *Aufbau*.[5]

Im Februar 1945 veröffentlichte Shneiderman Mary Bergs gesamtes Tagebuch unter dem Titel *Warsaw Ghetto: A Diary* beim Verlag L.B. Fischer in New York. Der ursprüngliche Schutzumschlag mit einem Bild von der Ziegelmauer, die das Warschauer Ghetto umschloss, wurde von Mary selbst entworfen. Im Vorwort zu einer von der National Organization of Polish Jews finanzierten Sonderausgabe umriss deren Vorsitzender, Joseph Thon, Bergs und Shneidermans mit der Veröffentlichung verbundene Absicht:

> Die Führer der Vereinten Nationen haben erklärt, dass sie nur dann auf Giftgas und bakteriologische Kriegsführung zurückgreifen würden, wenn die Deutschen sich als Erste dieser inhumanen Mittel bedienten. Die Deutschen haben tatsächlich diese Mittel eingesetzt, um Millionen von Juden in Treblinka, Majdanek, Auschwitz und anderen Lagern hinzumetzeln. Doch die zivilisierte Welt begreift das selbst heute noch nicht voll und ganz. Daher ist es unsere Pflicht, die entsetzliche Wahrheit kundzutun und Dokumente sowie Augenzeugenberichte zu veröffentlichen, die diese ohne jeden Zweifel offenlegen.

Mary Bergs Tagebuch erschien, noch bevor der Krieg zu Ende war, bevor die Menschen in den Vereinigten Staaten und anderswo – und selbst die Verfasserin – das ungeheure Ausmaß der deutschen Verbrechen und die Einzelheiten der »Endlösung« kannten. Wir sollten zudem nicht vergessen, dass Mary vor dem Sommer 1944, als die ungarischen Juden als letzte der jüdischen Gemeinden in Europa in Auschwitz vergast wurden, nach New York gekommen war. Zu diesem Zeitpunkt bestand also noch Hoffnung, dass die Sensibilisierung der Weltgemeinschaft für ihre Notlage womöglich eine Rettung hätte herbeiführen können.

Mary Berg war indes nicht die Einzige, die der englischsprachigen Welt vor dem Ende des Krieges die Geschehnisse aus eigener Anschauung bezeugen konnte. Zwischen 1942 und 1943 erschienen mehrere Artikel und Flugblätter mit Augenzeugenberichten. Zeugnisse aus erster Hand waren darüber hinaus 1943 in einem Buch über das polnische Judentum zu finden.[6] Allerdings wurden mit dem Erscheinen von Mary Bergs Tagebuch zum ersten Mal die Ereignisse von der Errichtung des Ghettos bis hin zu den ersten Deportationen zwischen Juli und September 1942 in englischer Sprache dokumentiert. Es war zudem einer der ersten Berichte aus direkter Quelle über den Einsatz von Gas gegen die jüdische Bevölkerung in Treblinka. In seinem Vorwort betont Shneiderman:

> Irgendwann in der Zukunft wird man, so unsere Hoffnung, Aufzeichnungen finden, die von ihren Verfassern in den Ruinen des Warschauer Ghettos versteckt wurden. Es werden sich womöglich weitere Überlebende melden, um Zeugnis abzulegen von dieser heldenhaften Begebenheit während des Krieges… Bis auf Weiteres ist Mary Bergs Tagebuch der einzige Augenzeugenbericht, den wir haben.[7]

Mary Bergs einzigartiger Beitrag wurde während des Winters 1945 immer wieder in der Presse gewürdigt. Im *New Yorker* war beispielsweise zu lesen: »Es ist ein bedrückendes Buch, voll von Düsternis und Grauen, doch weil es die Tapferkeit und Humanität der Menschen im Warschauer Ghetto so anschaulich schildert, ist es auch ein mutiges und inspirierendes Buch.«[8] *Kirkus Reviews* nannte es »eine bewegende Dokumentation der Schreckensherrschaft«[9], und der Rezensent der *New York Times* empfahl es »uneingeschränkt« jedem zur Lektüre.[10] Die *Saturday Review* kam zu dem Schluss, dass Bergs Tagebucheinträge »den Stempel der Aufrichtigkeit und Glaubwürdigkeit in sich tragen und allem Anschein nach auch nicht durch redaktionelle Bearbeitung ›verklärt‹ wurden«.[11]

Schon bald nach seiner Veröffentlichung im Februar 1945 wurde das Tagebuch in weitere Sprachen übersetzt.[12] In jüngerer Zeit war es Stoff für ein Theaterstück, Straßentheater sowie den Dokumentarfilm *Ein Tag im Warschauer Ghetto. Eine Geburtstagsfahrt in die Hölle.*[13] Darüber hinaus erscheint es in den bibliografischen Angaben vieler einschlägiger wissenschaftlicher Werke zum Holocaust.[14]

Mary Bergs Tagebuch ist einzigartig in seiner Authentizität, seiner Detailtreue sowie seiner Eindringlichkeit und nicht zuletzt auch aufgrund seiner frühen Publikation. Die renommierte christliche Theologin Alice Eckhardt schrieb dazu:

> Jetzt, wo das schlimme Schicksal des Ghettos allgemein bekannt ist, ist es umso wichtiger, dass wir Details zum Alltagsleben dort erfahren, das sich trotz der grauenvollen Umstände fortsetzte und zuweilen sogar erblühte. Die spezifischen Faktoren, die es dieser jungen Frau ermöglichten, das Ghetto sozusagen am Vorabend seiner Auslöschung zu verlassen, verleihen dem Buch eine Lebendigkeit und gleichzeitig eine Eindringlichkeit, die ihresgleichen sucht.[15]

Mary Berg war fünfzehn, als die Deutschen Polen angriffen, und ihr Tagebuch ist das eines jungen Mädchens. Typisch für junge Menschen ihres Alters suchte sie nach einem Sinn hinter den Grausamkeiten, mit denen sie sich konfrontiert sah. Wie Anne Frank und andere begann sie mit dem Tagebuchschreiben, um sich zu trösten und zu beschäftigen. Später wurde es für sie und ihre Freunde zu einem Ventil. In seinem Buch *Ein Mund voll Schweigen* kommt Alvin Rosenfeld zu dem Schluss: »Von Kindern und jungen Heranwachsenden verfasste Holocaust-Tagebücher scheinen eine deutlich unterscheidbare Untergattung innerhalb der Lagerliteratur zu konstituieren.«[16]

Mary lebte mit ihrer Familie im Warschauer Ghetto von dessen Anfängen im November 1940 bis wenige Tage vor dem Beginn der großen Deportation am 22. Juli 1942. Am 17. Juli 1942 waren sie als amerikanische Staatsbürger im Pawiak-Gefängnis interniert worden, das sich innerhalb des Ghettos befand. Durch die Fenster dieses Gefängnisses sahen sie die Deportation von über 300 000 Ghettoinsassen mit an. In einem Tagebucheintrag vom März 1944 erinnerte sich Mary, unter den alten Männern mit »grauen Bärten, den blühenden jungen Mädchen und stolzen jungen Männern, die wie Vieh zum Umschlagplatz an der Stawki-Straße in den Tod getrieben wurden«, viele Freunde erkannt zu haben.

Kurz nach Mitternacht am 18. Januar 1943, dem Tag der zweiten »Aktion« im Ghetto, die zum ersten bewaffneten Aufstand am folgenden Tag führte, wurden Mary, ihre Eltern und ihre Schwester Ann gemeinsam mit weiteren ausländischen Häftlingen in ein Internierungslager nach Vittel in Frankreich überführt. Mehr als ein Jahr danach wurden sie für einen Austausch mit deutschen Gefangenen in den Vereinigten Staaten ausgewählt. Am 16. März 1944 erreichten sie an Bord der SS Gripsholm New York.

Schon zu Beginn der Besatzungszeit lernte Mary, dass bei den Deutschen jedes Leben einen Preis hatte und dass die vor der Besatzung besonders Privilegierten oder Wohlhabenden bessere Aussichten hatten zu überleben. Als das Ghetto in Lodz eingerichtet wurde, kam eine Mitschülerin von ihr mit, wie Mary es beschreibt, »haarsträubenden Geschichten« nach Warschau. Ihrer Familie war es gelungen zu entkommen, indem sie, so berichtete sie ihrer Freundin, »die Gestapo mit guten amerikanischen Dollars bestach«. Mary wusste natürlich, dass nur die »begüterten Juden« leicht an Devisen gelangen konnten.

Sie war sich darüber im Klaren, dass sie zu den Privilegierten gehörte. In ihrem Tagebuch legt sie dar, dass die Menschen ohne irgendwelche Vergünstigungen »bestenfalls eine Chance von 10 Prozent haben [zu überleben]«. Später bekannte sie mit der gleichen Offenheit: »Nur wer sehr viel Geld besitzt, kann sich vor diesem furchtbaren Leben bewahren.« Mary war in einem begüterten Elternhaus in Lodz aufgewachsen. Ihr Vater besaß eine Kunstgalerie und reiste ins Ausland, um dort Werke von europäischen Meistern wie Poussin oder Delacroix zu erwerben. Sie besuchte die Schule in Lodz, ihre Familie konnte sich im Sommer 1939 einen sechswöchigen Aufenthalt in einem Kurort leisten und hatte Verwandte in den Vereinigten Staaten.

Mary besaß überdies genügend Scharfblick, um zu erkennen, dass ausländische Staatsangehörige weitaus größere Überlebenschancen hatten. Juden mit Pässen neutraler Staaten waren von Zwangsarbeit und vom Tragen des Judensterns befreit. Als sich zwei Freunde Papiere eines südamerikanischen Staates beschaffen konnten, quittierte sie dies mit der Bemerkung: »Kein Wunder, dass sich viele Juden um solche Dokumente bemühen. Aber nicht alle haben die Mittel, sie zu kaufen, oder den Mut, sie zu benutzen.«

Marys Mutter Lena wurde am 1. Mai 1902 in New York geboren und war amerikanische Staatsbürgerin. Als Lena etwa zwölf Jahre alt war, zog sie mit ihren polnischstämmigen Eltern sowie zwei älteren Geschwistern, die ebenfalls in Amerika geboren waren, nach Polen. Ihre jüngeren Brüder Abie und Percy kamen zur Welt, nachdem die Familie 1914 nach Polen zurückgekehrt war. Als ihre Eltern und älteren Geschwister in den 1920er Jahren wieder in die Staaten zogen, blieb Lena, die als Modeschöpferin arbeitete, mit den jüngeren Brüdern in Lodz. Sie heiratete einen polnischen Staatsbürger, den

Maler und Antiquitätenhändler Shia Wattenberg.[17] Sie bekamen zwei Kinder, Mary und eine jüngere Tochter mit Namen Ann.

Unter der deutschen Besatzung verschaffte der Status ihrer Mutter als amerikanische Staatsangehörige der gesamten Familie Schutz und Privilegien, obwohl Mary und ihre Schwester in Polen geboren waren. Mary berichtet, dass der Postbote, als er ihrer Mutter im Dezember 1939 einen Brief vom amerikanischen Konsulat brachte, es sich nicht verkneifen konnte, »seinen Neid darüber zu äußern, dass wir Verbindungen nach Amerika haben«. Am 5. April 1940 vermerkte sie realistisch: »Polnische Staatsbürger jüdischer Herkunft sind für ihren Schutz ganz auf sich allein gestellt.« Später erläuterte sie, dass die Visitenkarte ihrer Mutter an der Wohnungstür in Warschau, die darauf verwies, dass sie Amerikanerin war, »ein wundervoller Talisman gegen die deutschen Banditen [war], die ungeniert in alle jüdischen Wohnungen eindringen«. Diese Unsitte war so verbreitet, dass sich Nachbarn in die Wohnung der Wattenbergs flüchteten, sobald eine deutsche Uniform gesichtet wurde.

Obwohl die Wattenbergs Flüchtlinge waren, war es ihnen gelungen, einiges an Geld und Wertgegenständen zu retten. Sie bekamen auch Briefe und Pakete von Verwandten aus den Staaten, und Frau Wattenberg war es als amerikanischer Staatsbürgerin anfangs noch erlaubt, das Ghetto zu verlassen. Als die Deutschen im November 1940 das jüdische Viertel in Warschau offiziell als Ghetto abriegelten, hatten die Wattenbergs das Glück, in ihrer Wohnung in der Sienna-Straße 41 an der Ecke zur Sosnowa-Straße bleiben zu können. Sie gehörte zu dem Bezirk an der Südgrenze, den man das »Kleine Ghetto« nannte. Der Hof vor ihren Fenstern ging auf die »arische« Seite des Ghettos hinaus, wo sie Menschen sehen konnten, die sich frei bewegen durften.

Das »Kleine Ghetto« wurde zum privilegierten Viertel. Gutman erläutert dazu:

> Im Ghetto herrschte zwar offiziell der Grundsatz »alle sind gleich«, doch waren einige »gleicher« als andere, und dieses Ungleichgewicht war auch auf den Straßen zu spüren. Einige Straßen wie die Sienna und die Chlodna galten als begüterte Bereiche. Die Wohnungen dort waren größer, es war nicht so überfüllt, und vor allem waren die Menschen verhältnismäßig wohlgenährt. Hier waren die assimilierten Juden ansässig... und reiche Juden, denen es gelungen war, einen Teil ihres Vermögens zu behalten.[18]

Mary war sich dieser Ungleichheit und der Bedeutung, die Wohlstand im Ghettoleben spielte, sehr wohl bewusst.

Dass sie auch über die Korrumpierbarkeit des Judenrats Bescheid wusste, geht aus einem späteren Tagebucheintrag hervor. Da war sie mit ihrer Familie schon in eine Wohnung in der Chlodna-Straße 10 umgezogen, die direkt am westlichen Ghettotor an der Fußgängerbrücke über die Straße lag. Sie schreibt:

> Die Betuchten, die es sich leisten konnten, die Offiziellen im Wohnungsamt zu bestechen, bekommen die besten Wohnungen in dieser Straße mit ihren vielen großen, modernen Häusern. Die Chlodna-Straße gilt allgemein als die Aristokratenstraße des Ghettos, so wie es am Anfang die Sienna-Straße war.

Auch wenn Mary die Privilegien und der geschützte Status ihrer Familie häufig peinlich zu sein schienen, wollte sie andererseits auch das Elend um sie herum vergessen, und mit der Widerstandsfähigkeit der Jugend gewöhnte sie sich allmählich an das Leben unter der Besatzung. Joanna Wiszniewicz sprach vor einigen Jahren mit einem Überlebenden des Ghettos, der es in die Vereinigten Staaten geschafft hatte:

> Die Leute denken, im Ghetto war es wie in den Filmen – unablässige Todesangst. Aber so war es überhaupt nicht. Wir waren zwar die ganze Zeit über von Todesangst begleitet, aber daneben führten wir auch ein normales Leben. Im Ghetto wurde geflirtet, es gab Romanzen, Konzerte, Theateraufführungen. Die Leute gingen ins Restaurant, während hinter dem Restaurant gerade jemand starb. Das Normale und das Anormale griffen immer wieder ineinander.[19]

Ein solches Leben schildert auch Mary auf jeder Seite.

Viele ihrer Freunde aus Lodz waren ebenfalls nach Warschau geflohen. Im Sommer 1940 begann der Direktor ihres ehemaligen Gymnasiums in Lodz, Dr. Michael Brandstetter[20], zusammen mit einigen Mitgliedern seines Lehrerkollegiums, in Warschau illegal zu unterrichten. Die Schüler trafen sich zweimal die Woche heimlich im Schutz der Wattenbergschen Wohnung, damit sie weiter lernen konnten. Nur die Begüterten konnten weiter zur Schule gehen, denn die Lehrer mussten in aller Regel bezahlt werden. Um die dreißig bis vierzig Zloty im Monat betrug das Schulgeld.[21]

Als die Zahl der Flüchtlinge anstieg und die Zustände immer problematischer wurden, begannen die Warschauer Juden, im jüdischen Viertel ein Netzwerk aus Hilfsorganisationen zu knüpfen. Eifrig bemüht, dazu einen Beitrag zu leisten, gründeten Mary und elf ihrer Freunde aus Lodz einen Klub, um Gelder zu sammeln. Auf Bitten eines Vertreters des Joint Distribution Committee entschlossen sie sich, eine musikalische Darbietung auf die Beine zu stellen. Sie nannten sich die »Künstlertruppe aus Lodz«, auf Polnisch Lodzki Zespol Artystyczny, was abgekürzt zu LZA das Wort »Träne« bildet – angesichts der Umstände sehr passend, wie Mary fand.

Ein Dokument aus dem Oneg Schabbat Archiv nimmt auf die »privilegierten« Jugendlichen im Ghetto Bezug, bei denen es sich mehrheitlich um Flüchtlinge aus Lodz und benachbarten Städten handelte. Dort ist geringschätzig von der »Goldjugend« die Rede. In ihrem Tagebuch berichtet Mary, dass sie zum Singen in die Cafés in der Sienna-Straße ging oder zu Vorstellungen im Femina Theater – Ausflüge, die in krassem Gegensatz zu den hungernden Kindern und Jugendlichen im Ghetto stehen. Selbst die LZA, die ja dazu gedacht war, Geld für die Armen zu sammeln, war für die Initiatoren sicherlich eine willkommene Abwechslung zu dem Schrecken, dem sie überall begegneten. So berichtete Mary, dass sie bei ihrer Darbietung »großen Spaß« hatten und einen nicht unerheblichen Erfolg verbuchen konnten. Dennoch hatte sie nach wie vor ein feines Gespür für dieses Ungleichgewicht und für die wachsende Verzweiflung innerhalb des Ghettos. Nur wenige Wochen zuvor hatte sie einen Besuch in einem Flüchtlingsheim vermerkt, wo sie halb nackte, ungewaschene Kinder apathisch daliegen sah. Ein Kind schaute sie an und sagte, es habe Hunger. Mit der für sie typischen Freimütigkeit bekannte Mary ihrem Tagebuch gegenüber: »Ich schämte mich unendlich. Ich hatte an dem Tag zu essen gehabt, aber nicht einmal ein Stück Brot dabei, das ich diesem Kind geben konnte. Ich hatte nicht den Mut, ihm in die Augen zu sehen.«

An einer anderen bewegenden Stelle schreibt sie über die »Brot-Träumer« in den Straßen, deren »Augen von einem Nebel verschleiert [sind], der nicht von dieser Welt ist«. Weiter führt sie aus:

»Für gewöhnlich sitzen sie vor den Schaufenstern der Lebensmittelläden, aber ihre Augen sehen schon gar nicht mehr die Brotlaibe, die hinter den Glasscheiben liegen wie in einem weit entfernten, unerreichbaren Himmel.« Im gleichen Eintrag bekundet sie Schuldbewusstsein wegen ihrer Privilegien und kommt zu dem Schluss: »Ich bin richtig selbstsüchtig geworden. Einstweilen habe ich es ja noch warm und bekomme zu essen, aber überall um mich herum herrschen so viel Elend und Hunger, dass ich allmählich ganz unglücklich werde.«

Abraham Lewin, der ebenfalls im Ghetto Tagebuch führte, aber ums Leben kam, schildert den gewaltigen Kontrast zwischen den wohlhabenderen Bewohnern des Ghettos und den vielen Tausenden, die Armut, Krankheit und Hunger erlitten:

> Das Ghetto bietet ein Bild des Grauens mit seinen Massen von verhärmten Gesichtern, aus denen alle Farbe gewichen ist. Manche sehen aus wie Leichen, die schon einige Wochen unter der Erde gelegen haben. Sie sind so furchterregend, dass sie uns instinktiv erschauern lassen. Vor dem Hintergrund dieser wandelnden Gerippe und der allumfassenden Hoffnungslosigkeit und Verzweiflung, die aus allen Augenpaaren der Vorübergehenden sprechen, schockiert ein bestimmter Typ von junger Frau – wenig an der Zahl, muss man dazusagen – mit ihrer übertrieben eleganten Aufmachung … Wenn ich die Straßen entlanggehe, bemerkte ich diese widerwärtige Eleganz und empfinde selber Scham.[22]

Wie ein weiterer Oneg-Schabbat-Chronist künftigen Historikern zu bedenken gibt, führten diese jungen Leute zwar ein vergleichsweise angenehmes Leben, waren aber »nichtsdestotrotz ebenfalls von den kriegsbedingten Verhältnissen betroffen, die ihr Leben zum Schlechten veränderten«.[23]

Wohlstand und Privilegien wirkten sich im Ghetto nicht nur auf Wohnraum und Schulbildung aus. Mary stellte fest, dass sie auch dazu beitrugen, die Bewohner vor dem Arbeitslager zu schützen, und zu den begehrenswertesten Jobs verhalfen. Sie stand zweifellos vor einem moralischen Dilemma, als sie im Herbst 1941 erfuhr, dass der Judenrat in der Nähe ihrer Wohnung in der Sienna-Straße Praxiskurse in Bereichen wie Hüttentechnik und technisches Zeichnen anbot.[24] Der Lehrgang sollte sechs Monate dauern, die Unterrichtsgebühr betrug fünfundzwanzig Zloty. Als Mary sich anmelden wollte, entdeckte sie viele Freunde unter den fast sechshundert Bewerbern, die alle begierig darauf waren, dem Arbeitslager zu entkommen.[25] Wie zu erwarten, gab es nur ein paar Dutzend freie Plätze.

Mary wusste, wie sie sich in ihrem Tagebuch eingestand, dass bei der Auswahl der Kursteilnehmer »Vitamin B« eine große Rolle spielte. Anfangs habe sie dagegen »aufbegehrt«, aber als ihr klar wurde, dass sie kaum Chancen hatte, zugelassen zu werden, entschloss sie sich, »zu den gleichen Mitteln zu greifen«. Diesem Entschluss haftet noch ein zusätzlicher Egoismus an, denn sie gibt zu, dass sie wusste, dass Mädchen zu dieser Zeit nicht, so wie Jungen, das Arbeitslager zu befürchten hatten.

Ein paar Monate zuvor hatte sie angefangen, Bestechungen und »Vitamin B« als Gegebenheiten hinzunehmen. Als der Judenrat die Judenpolizei einsetzte, berichtete sie: »Es haben sich mehr Bewerber gemeldet, als gebraucht wurden«, und dann noch hinzugefügt: »Ein Sonderausschuss wählte sie aus, und ›Vitamin B‹ war dabei ein wichtiges Kriterium. Ganz am Ende, als nur noch wenige Posten zu haben waren, half auch Geld… Selbst im Himmel sind nicht alle nur Heilige.« Da Marys Onkel Abie bei der Polizei war, hatte sie diese Information vermutlich aus erster Hand.

Aufgrund ihrer gesellschaftlichen Stellung vor dem Krieg, ihres Vermögens und ihrer Bildung waren viele von Marys Verwandten und Freunden in der Lage, sich »bevorzugte« Posten zu sichern und dadurch ein sehr viel angenehmeres Leben zu führen als der Durchschnittsghettobewohner – und zumindest einige Zeit länger zu überleben. Die meisten erhielten ihre Posten über den Judenrat. Zwar gehen die Meinungen, was die Redlichkeit des Judenrats betrifft, auseinander, doch bezeichnet Ringelblum ihn in seinen Oneg-Schabbat-Aufzeichnungen als »den Menschen gegenüber feindselig gesinnt«.[26] Andere traten der Judenpolizei bei, die von Ringelblum und weiteren Chronisten gänzlich verteufelt wurde mit dem Argument, sie zeichne sich durch »furchtbare Bestechlichkeit und Sittenlosigkeit« aus.[27]

Später berichtet Mary, dass ihr Onkel Percy Arbeit beim Judenrat gefunden habe und in zerstörten Gebäuden Ziegelsteine aufsammle, ihm aber das »Vitamin B« fehle, um eine besser bezahlte Stellung als Aufseher zu bekommen. Andererseits wusste sie von ihrem »festen Freund« im Ghetto, Romek Kowalski, ebenfalls ein »Goldjunge« aus Lodz, dass er sich einen Posten als Aufseher bei der Errichtung der Ghettomauer verschafft hatte, weil er »Vitamin B« besaß. Kowalski war mit dem Ingenieur Mieczyslaw Lichtenbaum verwandt, dem Leiter des Mauerbauausschusses, den der Judenrat eingerichtet hatte,[28] und mit Marek Lichtenbaum, der nach der großen Deportationswelle Vorsitzender des Judenrats wurde.

Nach einigen »Mühen«, wie Mary es nennt, was vermutlich bedeutet, dass Bestechung im Spiel war, bekam ihr Vater den begehrten Posten des Hauswarts in ihrem Wohnblock. Der Judenrat ernannte die Hauswarte. Sie bekamen ein Gehalt, zusätzliche Rationen sowie

Ermäßigungen bei den Gemeindesteuern, konnten mietfrei wohnen, und eine Bescheinigung des Judenrats befreite sie von der Zwangsarbeit. Wie Mary es ausdrückt: »Kein Wunder, dass an den Posten schwer heranzukommen ist.« Marys Schwester Ann besuchte Kurse für das Schneidern von Kinderbekleidung, die von der Gesellschaft für handwerkliche und landwirtschaftliche Arbeit, bekannt als ORT, des Judenrats angeboten wurden.

Ein anderer Bekannter Marys, Heniek Grynberg, dessen Cousine Rutka Anns beste Freundin war, betätigte sich im Ghetto als Schmuggler. Er war allem Anschein nach in die Unterwelt des Ghettos verstrickt, denn er tauchte häufig mit Gestapoagenten im Café Hirschfeld auf. Mary vermerkt: »Er ist in diesem neuen Geschäftszweig einer der Erfolgreichsten. Das kann man an seiner wohlhabend wirkenden Erscheinung und an den eleganten Kleidern erkennen, die seine Frau und seine Tochter tragen.« Hauptsächlich handelte er mit einem Serum gegen Typhus, das, da Typhus im Ghetto weit verbreitet war, selbstverständlich an die Meistbietenden ging.

Der Ambulanzdienst handelte sich von Ringelblum besonders vernichtende Kritik ein. Er sah ihn nur als Tarnung, um Karten und Mützen zu verkaufen, die ihren Trägern wertvolle Vorteile verschafften, zum Beispiel die Befreiung von der Zwangsarbeit. Er wurde von der berüchtigten mafiösen Unterwelt des Ghettos geführt, die als die »Dreizehn« bekannt war und unter dem Verdacht stand, ein Werkzeug der Gestapo zu sein. Einer von Marys Freunden und wie sie Mitglied der LZA, Tadek Szajer, war der Sohn eines der »Dreizehn« und gehörte selbst ebenfalls dem Ambulanzdienst an. Er umwarb sie mit jugendlicher Inbrunst, doch sie wies seine Annäherungsversuche zurück, denn ihr war aufgefallen, dass andere, wie Romek Kowalski, hart arbeiten mussten, um ihre Familien zu versorgen, während

Tadek immer wohlgenährt und elegant gekleidet war und überallhin in einer Rikscha fuhr. Sie hegte den Verdacht, dass sein Vater Geschäfte mit den Nazis machte, und ihr Entschluss, keinen Umgang mehr mit ihm zu pflegen, lässt vermuten, dass sie erkannte, was vor sich ging, und eine klare moralische Haltung einnehmen wollte.

Anfang 1942 erfuhr Mary, dass es US-Bürgern erlaubt worden war, das Ghetto zu verlassen, und dass der Vater einer Bekannten in Deutschland interniert war. Im Ghetto machten Gerüchte über einen Gefangenenaustausch die Runde. Ein paar Wochen später vermerkte Mary, auch hier könnten »Vitamin B« und Bestechungsgelder nützlich sein. In ihrem Tagebuch heißt es: »Man muss natürlich irgendeinen Fetzen Papier haben, der bestätigt, dass wenigstens ein Mitglied der Familie ausländischer Staatsbürger ist. In dieser Hinsicht hat meine Mutter Glück, denn sie ist eine waschechte Amerikanerin.«

Später nahm Marys Mutter mit einem Gestapoagenten namens »Z« Kontakt auf, der ihr Hilfe versprach. In ihrer Naivität hatte Mary den Eindruck, »dass er trotz seiner Stellung ein anständiger Mensch geblieben ist«. Wahrscheinlicher ist, dass ihm Geld zugespielt wurde, bevor er Frau Wattenberg bei der Gestapo registrierte. Im Folgemonat marschierten Mary Berg und ihre Familie, zusammen mit etwa siebenhundert Bürgern neutraler, europäischer beziehungsweise amerikanischer Staaten, von denen einundzwanzig Amerikaner waren, quer durch das Ghetto zum Pawiak-Gefängnis. Dort wurden sie interniert.

Als die Wattenbergs in den Pawiak umzogen, bedeutete das für Mary nicht nur die Trennung von Kowalski und ihren vielen Freundinnen, sondern auch von den beiden jüngeren, in Polen geborenen Brüdern ihrer Mutter. Ihr Onkel Abie begleitete die Familie bis zum Gefängnistor. Beim Abschied meinte er zu ihrer Mutter: »Wie kannst du mich nur zurücklassen?« Später schrieb Mary in der relativen Sicherheit des Internierungslagers Vittel in ihr Tagebuch: »Wir, die wir aus dem Ghetto entkommen konnten, schämen uns, einander anzusehen. Hatten wir das Recht, uns zu retten?... Hier bin ich und atme frische Luft, und dort werden meine Landsleute vergast und bei lebendigem Leibe verbrannt. Warum?«

Bei ihrer Ankunft im Internierungslager Vittel Anfang 1943 konnten die Wattenbergs und die anderen Häftlinge aus dem Pawiak zunächst nicht glauben, dass eine solche vergleichsweise normale Welt noch existierte. Gutta Eisenzweig, die im Pawiak mit Mary eine Zelle geteilt hatte, schildert in ihren Erinnerungen ihre erste Reaktion: »Ich befand mich in einem Schockzustand, denn wir hatten mit einem Mal die Grenze zwischen Hölle und Paradies überschritten... wir waren in eine unbeschwerte Atmosphäre des Luxus nach Art der Alten Welt geraten. Der Kontrast war überwältigend.«[29] Vittel war unter den deutschen Internierungslagern in Europa ein Vorzeigeort. Es diente dazu, dem Internationalen Roten Kreuz zu versichern, dass die Internierten gut behandelt wurden, damit darauf auch bei der Internierung Deutscher im Ausland geachtet wurde.

Das Lager von Vittel war in einem Kurort in den Vogesen angesiedelt. Die Internierten hatten Zimmer in Hotels und konnten auch noch von einigen der Kurangebote profitieren. Es gab ein Krankenhaus mit freundlichen Ärzten, die selber Insassen waren, Kinos und ein Unterhaltungsprogramm, ein paar Geschäfte sowie einen herrlichen Park, in dem man tagsüber spazieren gehen konnte. Rot-Kreuz-Pakete sorgten dafür, dass niemand hungrig blieb. Die amerikanischen und britischen in Vittel Internierten hatten genug Muße, ein gesellschaftliches Leben zu organisieren. Sie konnten Sprach-

und andere Kurse besuchen oder auch Konzerte. Darüber hinaus gab es Kontakte zur französischen Résistance, und mehrere Hundert Nonnen sowie bereits länger Internierte wie Sofka Skipwith nahmen sich der Neuankömmlinge aus Warschau an.

Madeleine Steinberg, eine britische Insassin, hat ihre Erinnerungen an Vittel aufgeschrieben. Sie berichtet, dass sich Mary sofort freiwillig meldete, um bei der Beaufsichtigung der Kinder im Malunterricht und beim Spielen zu helfen. Sie erinnert sich auch, dass Mary als Erste den übrigen Internierten vom Leben im Warschauer Ghetto erzählte und ihnen erklärte, warum die Kinder aus Polen davonliefen und sich im Keller versteckten, sobald sie in Vittel einen Deutschen sahen.[30] Die Internierten fingen wieder an, Hoffnung zu schöpfen. Doch ein paar Wochen, nachdem die Wattenbergs zu ihrer Passage auf der SS Gripsholm aufgebrochen waren, wurden die meisten der polnischen Internierten, die man ins Hotel Beau Site außerhalb des Stacheldrahtzauns umgesiedelt hatte, in zwei Transporten nach Drancy deportiert und kurze Zeit später von dort nach Auschwitz, wo sie gleich nach ihrer Ankunft vergast wurden.

Im Warschauer Ghetto exekutierten unterdessen nach den Deportationen im Spätsommer 1942 die Jüdische Kampforganisation und weitere politisch engagierte Jugendliche Kollaborateure. Dazu gehörten Juden, die mit der Gestapo zusammengearbeitet und lukrative Geschäfte mit den Deutschen gemacht hatten, sowie bekannte Gestapo-Spitzel.[31] In der Nachkriegszeit war die Reaktion auf Nazi-Täter – wozu auch Kollaborateure, die Mitglieder der Ghettoräte und die Ghettopolizei beziehungsweise die Kapos in den Lagern gezählt wurden – anfangs kompromisslos, vor allem unter den überlebenden Opfern in Europa. Einige wurden im besetzten Deutschland vor Gericht gestellt und für ihre Taten verantwortlich gemacht.

Später wurde unter großem Medieninteresse mehreren jüdischen Kollaborateuren in Israel beziehungsweise Deutschland der Prozess gemacht. Jedoch war eine »Schuld« im juristischen Sinn in vielen Fällen nur schwer nachzuweisen und zu bewerten. Da das »Endziel« der Deutschen die Vernichtung der jüdischen Bevölkerung war, waren diese Kollaborateure ja den deutschen Befehlen unterworfen, was die Grenze zwischen Kooperation und Kollaboration oft verschwimmen lässt. Die öffentliche Moral neigt ohnehin dazu, auf diese Art Beschuldigte eher nachsichtig zu beurteilen, denn man fragt sich unwillkürlich, was man selbst in einer solchen Situation getan hätte, um sich und seine Familie zu schützen.[32]

Meine Studenten fragten mich nach der Lektüre von Mary Bergs Tagebuch häufig, woher sie vom Pawiak aus wissen konnte, was im Ghetto vor sich ging, und warum sie schrieb, dass die Opfer in Treblinka mit Gas getötet wurden. Die Antwort ist: Mary war zwar während der »Aktion« 1942 im Pawiak, doch die Wände dort hatten Ohren. Sie spricht von Gerüchten, die über die Gefängniswachen und die polnische Polizei zu den Gefangenen gelangten. Sie bekamen auch Briefe von Freunden und Verwandten. Gutta Eisenzweig wurde von einem Funktionsträger namens Hillel Seidman detailliert auf dem Laufenden gehalten.

Darüber hinaus kommunizierte man mit Neuzugängen und durch die Gefängnisfenster mit Ghettobewohnern. Was Mary schreibt, spiegelt wider, was den Menschen zur damaligen Zeit bekannt war. Einige der ersten Berichte ließen darauf schließen, dass in Treblinka Dampf eingesetzt wurde, um Menschen zu töten. Erst einige Zeit, nachdem die Ersten aus Treblinka entkommen waren, begriff man in Warschau, dass die Deutschen Kohlenmonoxid einsetzten.

Die Bilder des Leids, die wir heute auf Titelseiten und Fernsehbildschirmen sehen, rücken unsere Welt gefährlich nah an die Welt von Marys Jugendzeit heran. Die heutige Jugend appelliert oft mit scharfen Worten an die Weltgemeinschaft, dem Töten Einhalt zu gebieten. Holocaust-Forscher streben das Gleiche an. Ihre Hoffnung ist, dass eine Aufklärung zukünftiger Generationen über die Vergangenheit diese dafür starkmacht, eine neue Welt ohne Hass aufzubauen. Marys Tagebuch bietet seinen Lesern aus einer eindringlichen, sehr persönlichen Perspektive Einsicht in den Holocaust und bestärkt sie in ihrer Hoffnung auf eine bessere Zukunft der Menschheit.

In seiner zornigen Autobiografie schreibt Marcel Reich-Ranicki mit Bezug auf seine Frau, die dem Umschlagplatz entkommen konnte: »Wer, zum Tode verurteilt, den Zug zur Gaskammer aus nächster Nähe gesehen hat, der bleibt ein Gezeichneter – sein Leben lang.«[33] Auch wenn Mary den Umschlagplatz niemals selber passiert hat, konnte sie beobachten, wie über 300 000 Juden auf ihrem Weg in den Tod in Treblinka am Pawiak-Gefängnis vorbeimarschierten. Nachdem sie in die Vereinigten Staaten gelangt war, erfuhr sie, dass die meisten ihrer Freunde und Verwandten in Europa im Holocaust umgekommen waren, darunter mehr als 20 Juden in Vittel, ihre Zimmernachbarin Rosl Weingort, Adam Wentland und seine Schwestern, Frau Tamara Schorr, die Gattin des Oberrabbiners von Warschau, und noch viele andere, die sie gekannt hatte. Sie waren ganz nah an der Freiheit, doch die Welt schaute weg, und sie wurden zurück nach Polen deportiert, wo sie in den Gaskammern von Auschwitz starben.

Mary fing in Amerika ein neues Leben an und gab sich Mühe, ihre Vergangenheit hinter sich zu lassen. Als Nancy Craig sie Anfang des Jahres 1945 fragte, ob sie noch einmal nach Polen reisen wolle, antwortete sie:

> Nein, ich werde nie mehr zurückkehren. Amerika ist jetzt meine Heimat und ich werde eine echte Amerikanerin. Es wäre nicht schön, nach Polen zu fahren und dort nur Friedhöfe zu sehen... Außerdem wurde die Familie meines Vaters getötet... und alle unsere Freunde auch. Nach dem, was wir durchgemacht haben, weiß ich, was Freiheit bedeutet... es bedeutet Amerika. Schon alleine heute Morgen mit ihnen am Radio zu sprechen... das ist Amerika.

Es mag Leser geben, die zu dem Schluss kommen, dass Mary »Glück hatte« zu überleben, und annehmen, sie habe in den USA an die unbeschwerte Zeit ihrer frühen Jugendjahre anknüpfen können. Doch den meisten wird bewusst sein, dass sich das Leben von Trauma-Überlebenden – und das trifft wohl insbesondere auf Kinder zu – durch die Verfolgung für immer verändert hat, und der Schrecken, die Verluste sowie die Entscheidungen, die ihnen aufgezwungen wurden, die Zukunft entscheidend prägen.

Bis in die frühen 1950er Jahre hinein war Mary Berg in New York eine bekannte Persönlichkeit, sie gewährte Interviews, trat im Radio auf. Doch dann distanzierte sie sich von ihrem Tagebuch mit der Begründung, sie wolle die Vergangenheit vergessen. Sie verschwand aus dem Licht der Öffentlichkeit. Es ist nicht bekannt, ob sie als Erwachsene ihr Glück fand. Wir können nur hoffen, dass es ihr gelungen ist, für sich einen Platz in der Nachkriegswelt zu finden und zur Ruhe zu kommen.

Susan Pentlin

Kapitel 1

Das belagerte Warschau

10. OKTOBER 1939

Heute werde ich fünfzehn.[34] Ich fühle mich sehr alt und einsam, obwohl meine Familie ihr Möglichstes getan hat, um aus diesem Tag einen echten Geburtstag zu machen. Sie haben mir zu Ehren sogar eine Makronentorte gebacken, was heutzutage ein ziemlicher Luxus ist. Mein Vater hat sich auf die Straße hinausgewagt und ist mit einem Strauß Alpenveilchen zurückgekommen. Als ich sie sah, konnte ich die Tränen nicht zurückhalten.

Ich habe schon so lange nicht mehr Tagebuch geführt, dass ich mich frage, ob ich überhaupt noch alles nachtragen kann, was passiert ist. Jetzt ist ein guter Moment, wieder anzufangen. Ich verbringe nämlich die meiste Zeit zu Hause. Alle haben Angst, nach draußen zu gehen. Die Deutschen sind hier.

Ich kann kaum glauben, dass es erst sechs Wochen her ist, seit meine Familie und ich im herrlichen Kurbad Ciechocinek waren und dort gemeinsam mit Tausenden anderer Gäste einen sorglosen Urlaub verbracht haben. Ich hatte ja keine Ahnung, was uns bevorstand. Den ersten Vorgeschmack auf unsere Zukunft bekam ich am Abend des 29. August, als ein lautes Geschmetter mit den neuesten Nachrichten aus einem riesigen Lautsprecher die Spaziergänger in den Straßen zwang, stehen zu bleiben. In jedem Satz kam das Wort »Krieg« vor. Aber die meisten Leute wollten partout nicht glauben, dass eine echte Gefahr bestand, und als die Stimme aus dem Lautsprecher verstummt war, war der Schrecken auch schon wieder von den Gesichtern verschwunden.

Mein Vater sah das anders. Er entschied, dass wir heim nach Lodz fahren müssten. In Windeseile standen unsere Reisetaschen fertig gepackt in der Mitte des Zimmers. Wir hatten ja keine Vorstellung davon, dass dies erst der Anfang von einem wochenlangen Hin und Her von einem Ort zum nächsten war.

Wir erwischten noch den letzten Zug, der zivile Fahrgäste nach Lodz brachte. Als wir ankamen, fanden wir die Stadt in heilloser Verwirrung vor. Ein paar Tage später wurde sie Ziel schwerer Bombardements durch die Deutschen. Immer wieder klingelte das Telefon. Mein Vater raste von einem Mobilisierungsbüro zum nächsten und bekam auf jedem einen andersfarbigen Zettel. An einem Tag stürmte Onkel Abie, der jüngere Bruder meiner Mutter, unerwartet bei uns zu Hause herein, um sich zu verabschieden, bevor er an die Front musste. Er war zerlumpt, schmutzig und unrasiert. Er trug keine Uniform; nur sein Militärkäppi und der Tornister auf seiner Schulter wiesen ihn als Soldaten aus. Auf der Suche nach seinem Regiment war er schon von einer Stadt zur anderen unterwegs gewesen.

Die meiste Zeit verbrachten wir im Keller unseres Hauses. Als bekannt wurde, dass die Deutschen die polnischen Frontlinien durchbrochen hatten und sich Lodz näherten, brach unter der Bevölkerung Panik aus. Um elf Uhr nachts begannen Menschenmassen, in verschiedene Richtungen aus der Stadt zu strömen. Weniger als eine Woche nach unserer Rückkehr aus Ciechocinek packten wir wieder unsere sieben Sachen und machten uns erneut auf den Weg.

Bis unmittelbar vor den Stadttoren waren wir noch unschlüssig, welche Richtung wir einschlagen sollten – nach Warschau oder nach Brzeziny? Am Ende nahmen wir, gemeinsam mit den meisten der übrigen Juden aus Lodz, die Straße nach Warschau. Später erfuhren wir, dass die Flüchtlinge, die den polnischen Armeen auf ihrem Rückzug in Richtung Brzeziny gefolgt waren, fast bis auf den letzten Mann von deutschen Flugzeugen niedergemetzelt worden waren.

Zusammen hatten wir vier, meine Mutter, mein Vater, meine Schwester und ich, drei Fahrräder, die unseren wertvollsten Besitz darstellten. Andere Flüchtlinge, die versuchten, Sachen mitzunehmen, die ihnen in ihrem bisherigen Leben etwas bedeutet hatten, waren gezwungen, sie unterwegs wegzuwerfen. Auf unserem Weg fanden wir alle möglichen Gegenstände auf der Straße verstreut, von Pelzmänteln bis hin zu Autos, die stehen gelassen worden waren, weil sie kein Benzin mehr hatten. Wir hatten Glück und konnten von einem vorbeikommenden Bauern noch ein Fahrrad kaufen, für die utopische Summe von zweihundert Zloty[35]. Wir hofften, auf diese Weise zusammen schneller vorwärtszukommen. Aber die Straßen waren verstopft, und allmählich wurden wir vollständig eingeschlossen von dem langsamen, aber stetigen Menschenfluss in Richtung Hauptstadt.

Kilometer für Kilometer war es dasselbe. In der furchtbaren Hitze verdorrten die Felder. Die riesige Staubwolke, die die Vorhut der Flüchtlinge aufwirbelte, fegte über uns hinweg, verhüllte den Horizont und bedeckte unsere Gesichter und Kleider mit mehreren Schichten. Immer wieder warfen wir uns mit dem Gesicht nach unten in die Gräben am Straßenrand, während uns die Flugzeuge in den Ohren dröhnten. In der Nacht loderten riesige rote Flecken vor dem schwarzen Himmelsgewölbe auf. Überall um uns herum erhoben sich die Feuer von brennenden Städten und Dörfern.

Als wir in Lowicz ankamen, war die Stadt eine einzige gewaltige Feuersbrunst. Brennende Holzscheite fielen den Flüchtlingen auf den Kopf, während sie sich durch die Straßen kämpften. Umgestürzte Telefonmasten versperrten uns den Weg. Die Gehwege waren überhäuft mit Möbelstücken. Viele Menschen kamen in den furchtbaren Flammen um. Der Gestank von versengtem Menschenflcisch verfolgte uns noch lange, nachdem wir die Stadt wieder verlassen hatten.

Am 9. September waren die Essensvorräte, die wir von zu Hause mitgenommen hatten, aufgebraucht. Unterwegs gab es überhaupt nichts. Vom Hunger geschwächt, fiel meine Mutter auf der Straße in Ohnmacht. Ich sank heftig schluchzend neben sie, aber sie gab kein Lebenszeichen von sich. Wie in Trance lief mein Vater voraus, um etwas Wasser zu beschaffen, während meine jüngere Schwester stocksteif dastand, als wäre sie gelähmt. Doch es war nur ein vorübergehender Schwächeanfall.

In Sochaczew konnten wir ein paar saure Gurken und Schokoladenkekse, die nach Seife schmeckten, auftreiben. Das war alles, was wir den ganzen Tag über zu essen hatten. Einen Schluck Wasser zu finden, war fast genauso schwer, wie sich Essen zu besorgen. Alle Brunnen am Wegrand waren ausgetrocknet. Einmal stießen wir auf einen Brunnen mit trübem Wasser, aber die Dorfleute warnten uns, wir sollten lieber nicht davon trinken, weil sie sicher waren, dass er von deutschen Agenten vergiftet worden war. Trotz unserer aufgesprungenen Lippen und wunden Kehlen eilten wir weiter.

Auf einmal sahen wir aus dem Kamin eines Hauses am Straßenrand eine kleine blaue Rauchwolke aufsteigen. Alle anderen Häuser an den Straßen hatten leergestanden, aber hier war ein Lebenszeichen. Mein Vater lief schnell in das Haus und kam mit einem riesigen Kessel zurück, aber er hatte einen eigenartigen Ausdruck auf dem Gesicht. Mit zitternder Stimme erzählte er uns, was er vorgefunden hatte, und eine ganze Weile konnten wir uns nicht überwinden, das kostbare Wasser anzurühren... Er hatte den Kessel auf einem Herd stehen sehen, in dem ein Feuer brannte. In der Nähe lag ein Mann mit dem Gesicht zur Wand auf einem Bett. Er schien friedlich zu schlafen, deshalb sprach ihn mein Vater mehrere Male laut an. Aber es kam keine Antwort. Daraufhin ging er zu dem schlafenden Bauern hin und sah, dass er tot war. Das Bett war voller Blut. Die Fensterscheiben komplett zerschossen.

Der Kessel, den wir von dem ermordeten Bauern »geerbt« hatten, wurde auf der langen Straße nach Warschau unser treuer Begleiter. Als wir uns der Hauptstadt näherten, begegneten wir den ersten deutschen Kriegsgefangenen, angeführt von polnischen Soldaten. Diesen Anblick fanden wir ermutigend. Allerdings machten die Deutschen gar keinen besonders niedergeschlagenen Eindruck. Sie trugen propere Uniformen – und grinsten unverschämt. Sie wussten, dass sie nicht sehr lange Gefangene bleiben würden.

Unser erstes warmes Essen bekamen wir in Okęcie, einem Vorort von Warschau. In einem verlassenen Gebäude teilten ein paar Soldaten ihre Kartoffelsuppe mit uns. Nach vier Tagen und Nächten, in denen wir fast ununterbrochen auf den Beinen gewesen waren, fiel uns zum ersten Mal auf, wie müde wir waren. Aber wir mussten weiter. Wir durften keine Zeit verlieren, denn als wir Okęcie verließen, sahen wir Männer und Frauen, die aus leeren Straßenbahnwagen und aus den Straßen gerissenen Pflastersteinen Barrikaden errichteten, um für die Belagerung der Hauptstadt gerüstet zu sein.

In Warschau standen Frauen in den Türen ihrer Häuser und reichten den Flüchtlingen, die in endlosen Schlangen in die Hauptstadt strömten, Tee und Brot. Während Zehntausende aus der Provinz nach Warschau hereinkamen, in der Hoffnung, dort Unterschlupf zu finden, flohen Tausende alteingesessene Stadtbewohner aufs Land.

Verwandte im Herzen von Warschaus Judenviertel bereiteten uns einen warmherzigen Empfang. Aber die ständigen Luftangriffe trieben uns die meiste Zeit, die wir bei ihnen verbrachten, in den Keller. Um den 12. September herum begannen die Deutschen, das Stadtzentrum zu zerstören. Wieder einmal mussten wir weiterziehen, dieses Mal, um besseren Schutz vor den Bomben zu finden.

Die folgenden Tage bescherten unserem Volk Hunger, Tod und Panik. Wir konnten weder essen noch schlafen. Zu Anfang hatten wir es in unserer neuen Bleibe in der Zielna-Straße richtig bequem. Die Besitzer waren aus der Stadt geflohen und hatten uns eine saubere Wohnung zur Nutzung überlassen. Es war sogar ein Dienstmädchen da, das uns heißen Tee servierte, und zum ersten Mal seit unserer Flucht aus Lodz nahmen wir an einem Tisch mit weißer Tischdecke eine richtige Mahlzeit zu uns. Sie bestand aus Heringen, Tomaten, Butter und Weißbrot. Für dieses Brot musste sich mein Vater stundenlang vor einer Bäckerei anstellen. Während er dort wartete, kamen plötzlich mehrere deutsche Flugzeuge herabgestoßen und schossen mit Maschinengewehren auf die Menschen. Schlagartig zerstreute sich die Schlange vor der Bäckerei, nur ein Mann blieb noch stehen. Mein Vater kümmerte sich nicht um den Beschuss und stellte sich hinter ihn. Im nächsten Augenblick wurde der Mann von einer Kugel in den Kopf getroffen. Der Eingang zur Bäckerei war jetzt frei, und mein Vater tätigte seinen Einkauf.

Nach dem Abendessen hörten wir eine Radiosendung, in der ein amerikanischer Reporter seinen amerikanischen Hörern die deutschen Methoden der Kriegsführung erläuterte. »Ich stand auf einem Acker und sah von Weitem eine Frau, die Kartoffeln ausgrub. Sie hatte ein kleines Kind bei sich. Auf einmal stürzte ein deutsches Flugzeug herab und feuerte auf die unbewaffnete Frau, die sofort zu Boden sank. Das Kind wurde nicht getroffen. Es beugte sich über seine Mutter und weinte herzzerreißend. So wurde den vielen polnischen Kriegswaisen eine neue hinzugefügt. Präsident Roosevelt!«, rief der Reporter mit tiefer Stimme aus, »ich flehe Sie an, helfen Sie diesen Müttern, die für ihre Kinder Kartoffeln ausgraben. Helfen Sie diesen Kindern, deren Mütter auf friedlichen Äckern hingestreckt werden. Helfen Sie Polen in der Stunde der Not!« Aber es kam keine Hilfe…

Unser Haus in der Zielna-Straße Nummer 31 stand neben dem Telefonamt, das während der gesamten Belagerung Ziel des deutschen Beschusses war. Obwohl es von vielen Granaten getroffen wurde, wurde das hoch aufragende und solide Gebäude nur leicht beschädigt, und die Fräuleins vom Amt blieben auf ihren Posten. Viele Häuser in der Umgebung wurden zerstört, und wieder mussten wir die Nächte im Keller verbringen. Dann ging eine der Bomben im Wohnzimmer unserer Wohnung hoch, und wir waren gezwungen, in die überfüllte Wohnung unserer Verwandten zurückzukehren.

Allmählich gingen die Lebensmittelvorräte der Stadt zur Neige. Hin und wieder, je nachdem, welche Konservenfabrik von den deutschen Bomben getroffen worden war, wurde unterschiedliche Dosennahrung zum Verkauf angeboten. An manchen Tagen waren in den Geschäften nur Sardinen oder saure Gurken zu haben.

Unser Hunger nach Neuigkeiten war ebenso groß wie unser Hunger nach Essen. Die einzige Zeitung, die noch erschien, war der *Arbeiter*, das Sprachrohr der Polnischen Sozialistischen Partei, der in

Sonderausgaben herauskam. Wir bewunderten den Heldenmut der Redakteure und Drucker, die unter den schwierigsten Bedingungen dafür sorgten, dass die Bevölkerung über die Geschehnisse auf dem Laufenden blieb. Durch sie erfuhren wir zum Beispiel, dass die britische Flotte in Gdynia vor Anker gegangen war. Sehr oft munterten uns die Nachrichten im *Arbeiter* auf, aber voreilige oder irrtümlich optimistische Berichte vergrößerten unsere Enttäuschung später nur.

Um den 20. September war das Radio verstummt und das Wasserversorgungssystem funktionierte nicht mehr. Wir fühlten uns allmählich, als wären wir auf einer einsamen Insel gestrandet. Nie werde ich den 23. September vergessen, den Versöhnungstag[36] 1939. Die Deutschen suchten sich bewusst diesen heiligen jüdischen Feiertag für eine intensive Bombardierung des jüdischen Bezirks aus. Während dieses Bombenangriffs ereignete sich ein seltsames Wetterphänomen: Mitten an einem klaren, sonnigen Tag fiel starker Schnee vermischt mit Hagel. Für kurze Zeit wurde der Beschuss ausgesetzt, und die Juden deuteten den Schnee als einen besonderen Akt göttlichen Eingreifens – selbst die Ältesten unter ihnen konnten sich an keinen ähnlichen Vorfall erinnern. Aber später am Tag machte der Feind die verlorene Zeit durch verstärkte Heftigkeit wieder wett.

Trotz der Gefahr gingen mein Vater und ein paar andere Männer, die in unserem Haus wohnten, in die benachbarte Synagoge. Nach nur wenigen Minuten kam einer von ihnen mit dem Tallit (Gebetsschal) auf dem Kopf und dem Gebetbuch in der Hand zurückgelaufen. Er war so aufgewühlt, dass er eine ganze Zeit kein Wort herausbrachte. Eine Bombe war auf die Synagoge gefallen und hatte viele von den Gläubigen getötet. Dann kehrte, zu unserer großen Freude, mein Vater unversehrt zurück. Kreidebleich und mit seinem unter den Arm geknüllten Tallit berichtete er uns, dass viele von denen, die einen Augenblick zuvor noch neben ihm gebetet hatten, während des Gottesdienstes den Tod fanden.

In dieser Nacht gingen Hunderte Gebäude in der ganzen Stadt in Flammen auf. Tausende Menschen wurden unter den Trümmern lebendig begraben. Aber auch zehn Stunden mörderischer Bombardierung konnten Warschaus Widerstand nicht brechen. Unser Volk kämpfte mit gesteigerter Unnachgiebigkeit. Selbst nachdem die Regierung geflohen war und Marschall Rydz-Smigly[37] seine Truppen im Stich gelassen hatte, halfen Männer und Frauen, junge wie alte, bei der Verteidigung der Hauptstadt mit. Wer keine Waffe hatte, grub Schützengräben aus; junge Mädchen richteten in den Hauseingängen Erste-Hilfe-Stationen ein; Juden und Christen standen Schulter an Schulter und kämpften für ihr Heimatland.

Am letzten Abend der Belagerung saßen wir zusammengekauert in einer Ecke des Restaurants unterhalb unseres Hauses. Ein paar ältere Juden stimmten mit tränenerstickten Stimmen Psalmen an. Meine Mutter hatte uns alle in dicke Decken gewickelt, um uns vor den winzigen Splittern zu schützen, die durch die Luft flogen. Als sie selbst kurz einmal den Kopf nach draußen streckte, wurde sie von einem Granatsplitter an der Stirn getroffen. Ihr Gesicht war blutüberströmt, aber die Wunde entpuppte sich dann doch nur als kleiner Kratzer. Wir sahen ein, dass unsere Behausung eine Feuerfalle war, deshalb machten wir uns auf den Weg in die Kozla-Straße, um bei unseren Verwandten eine sicherere Unterkunft zu finden. Auf dem Weg stolperten wir immer wieder über die verstümmelten Leichen von Soldaten und Zivilisten. Wir fanden nur noch das Gerippe eines Hauses vor, das sich über einem riesigen Keller erhob. Dieser war vollgepackt mit Menschen, die auf dem Betonfußboden lagen. Irgendwie schufen sie noch Platz für uns. Neben mir lag ein kleiner Junge, der sich vor Schmerzen krümmte. Als seine Mutter den Verband auf seiner Wunde wechselte, konnte man sehen, dass noch immer ein Granatsplitter in seinem Fleisch steckte und bereits Wundbrand eingesetzt hatte. Ein Stück weiter lag eine Frau, der eine Bombe den Fuß abgerissen hatte. Diese Menschen konnten keine medizinische Hilfe erwarten. Der Gestank war unerträglich. Die Ecken waren voll von Kindern, die herzzerreißend jammerten. Die Erwachsenen saßen oder lagen mit versteinerten Gesichtern und ausdruckslosem Blick einfach nur reglos da. Stunden vergingen. Als der Tag anbrach, war ich erstaunt über die jähe Stille. In meinen Ohren, die an das Getöse

unablässiger Explosionen gewöhnt waren, fing es an zu brummen. Es war die unheilvolle Stille, die einer großen Katastrophe vorausgeht, aber ich konnte mir nichts Schlimmeres vorstellen als das, was wir bereits durchgemacht hatten. Da kam plötzlich jemand mit der Nachricht in den Keller gelaufen, dass Warschau kapituliert habe. Niemand rührte sich, doch ich bemerkte Tränen in den Augen der Erwachsenen. Auch ich spürte, wie sie mir die Kehle zuschnürten, aber meine Augen blieben trocken. Dann waren also alle unsere Opfer umsonst gewesen. Siebenundzwanzig Tage nach Ausbruch des Krieges war Warschau, das länger durchgehalten hatte als alle anderen Städte in Polen, gezwungen, sich zu ergeben.
Als wir aus dem Keller kamen, sahen wir in der klaren Septembersonne unsere zerstörte Stadt. Aufräumtrupps waren damit beschäftigt, Opfer aus den Trümmern zu bergen. Wer noch ein Lebenszeichen von sich gab, wurde auf eine Trage gelegt und zur nächsten Erste-Hilfe-Station gebracht. Die Toten wurden auf Karren gestapelt und auf der nächstgelegenen freien Fläche begraben – im Hof eines zerstörten Hauses oder auf einem angrenzenden Platz. Soldaten begrub man in öffentlichen Parks, und über ihren Gräbern stellte man kleine Holzkreuze auf.
Wir kehrten in unsere Straße zurück. Auf dem Asphalt lagen die Kadaver gestürzter Pferde, aus denen sich Leute Fleischstücke schnitten. Einige der Pferde zuckten noch, doch das bemerkten die hungrigen armen Teufel gar nicht. Sie zerlegten die Tiere bei lebendigem Leib. Abgesehen von zerbrochenen Fensterscheiben fanden wir die Wohnung in der Nalewki, wo wir zuletzt gewohnt hatten, unversehrt vor. Aber es gab nichts zu essen. Der Hauswart lud uns ein, mit ihm sein Abendessen aus Reis und Ente zu teilen. Später erfuhr ich, dass diese »Ente«, die unser Hauswart gefangen hatte, der letzte Schwan auf dem Teich im Krasinski-Park gewesen war. Trotz der Tatsache, dass das Wasser dort von verfaulenden Menschenleichen verseucht war, ist uns dieses eigentümliche Mahl nicht schlecht bekommen.

Einige der polnischen Soldaten zogen sich hastig Zivilkleidung an. Es kursierten Gerüchte, dass andere über die Grenze nach Rumänien und Ungarn entkommen waren. Wir wussten, dass einer der Brüder meiner Mutter beim 56. Regiment war, das vollständig aufgerieben worden war. Von ihrem anderen Bruder hatten wir gar keine Nachricht.

An diesem Nachmittag lud uns eine Cousine, die in der Sienna-Straße wohnte, ein, zu ihr in ihre große Wohnung zu ziehen, in der sie einen reichhaltigen Essensvorrat angelegt hatte. Also machten wir uns wieder einmal auf den Weg. Es war eine albtraumhafte Wanderung. Auf allen Plätzen wurden Massengräber ausgehoben. Warschau sah aus wie ein riesiger Friedhof.

LODZ, 15. OKTOBER 1939

Wir sind wieder in Lodz. Unseren Laden und unsere Wohnung fanden wir vollständig geplündert vor. Die Diebe hatten die größeren Bilder aus ihren Rahmen geschnitten. Mein Vater ist ganz unglücklich über den Verlust des Poussins und des Delacroix,[38] die er nur ein paar Wochen vor Ausbruch des Krieges für viel Geld in Paris gekauft hatte. Wir sind zwar erst zwei Tage hier in Lodz, aber wir wissen jetzt, dass es ein Fehler war, zurückzukommen. Die Nazis sind dabei, ihre Terrorakte gegen die einheimische Bevölkerung zu verstärken, vor allem gegen die Juden. Letzte Woche haben sie die große Synagoge in Brand gesetzt, den Stolz der Gemeinde von Lodz. Sie verboten den Juden, die heiligen Bücher herauszuholen, und der »Schames« (Synagogendiener), der die heiligen Reliquien retten wollte, wurde im Tempel eingeschlossen und starb in den Flammen. Meine Mutter kann es sich nicht verzeihen, dass sie meinen Vater dazu überredet hat, wieder mit uns hierherzukommen.

LODZ, 1. NOVEMBER 1939

Wir planen, nach Warschau zurückzukehren. Mein Vater ist schon dort. Er war zur Flucht gezwungen, weil einer unserer deutschen Nachbarn[39] die Gestapo darüber informiert hat, dass er einige patriotische Bilder des großen polnischen Malers Matejko[40] beiseitegeschafft hatte. Dieser Nachbar hat uns früher oft besucht und sich mehr als einmal von meinem Vater Geld geliehen. Als die Gestapo kam, um nach den Bildern zu suchen, war der niederträchtige Informant dabei. Glücklicherweise gelang es meinem Vater, sich für die achtzig Kilometer nach Warschau von einem Arier ein Privatauto zu leihen. Diese kurze Fahrt kostete ihn ein Vermögen.

LODZ, 3. NOVEMBER 1939

Beinahe jeden Tag wird unsere Wohnung von deutschen Soldaten heimgesucht, die uns, unter unterschiedlichen Vorwänden, unseren Besitz rauben. Ich komme mir vor, als wäre ich im Gefängnis. Und es ist auch kein Trost, aus dem Fenster zu schauen, denn wenn ich hinter dem Vorhang hinausspähe, werde ich Zeuge schlimmer Vorfälle wie dem, den ich gestern mit ansah.

Ein Mann mit deutlich semitischen Gesichtszügen stand friedlich auf dem Gehweg. Ein uniformierter Deutscher kam auf ihn zu und erteilte ihm anscheinend einen unsinnigen Befehl, denn ich konnte sehen, dass der arme Kerl sich mit verlegener Miene bemühte, etwas zu erklären. Dann tauchten noch ein paar weitere uniformierte Deutsche auf und fingen an, ihr Opfer mit Gummiknüppeln zu verprügeln. Sie riefen ein Taxi und versuchten ihn hineinzuschieben, aber er wehrte sich energisch. Da banden ihm die Deutschen mit einem Seil die Beine zusammen, befestigten das Seilende hinten am Taxi und befahlen dem Fahrer zu starten. Der unglückselige Mann schlug mit dem Gesicht auf die spitzen Steine des Asphalts und färbte sie rot mit seinem Blut. Dann verschwand das Taxi die Straße hinunter.

LODZ, 12. NOVEMBER 1939

Percy, der jüngere Bruder meiner Mutter, ist aus der Nazi-Gefangenschaft zurückgekehrt. Nur durch ein Wunder wurde er vor dem Tode bewahrt. Als er auf dem Schlachtfeld die Nazis näherrücken sah und begriff, dass sich seine Einheit ergeben hatte, beschloss er, Selbstmord zu begehen. Da er zu einer medizinischen Abteilung gehörte, hatte er allerlei Arzneimittel bei sich. Er schluckte dreißig Kapseln Veronal und schlief ein. So lag er auf dem offenen Feld, als es plötzlich in

Strömen zu regnen anfing. Das weckte ihn auf. »Ich weiß nicht, wie es passiert ist«, erzählte er uns, »aber mit einem Mal begann ich zu erbrechen und spuckte fast das ganze Gift wieder aus.« Er war zu schwach, um sich fortzubewegen, und es dauerte nicht lange, bis die Deutschen ihn aufgriffen und in ein Gefangenenlager steckten. Am nächsten Tag gelang es ihm, mit einem Kameraden durch den Stacheldrahtzaun zu entkommen, und nachdem er eine Woche lang durch den sogenannten Kampinowska-Wald geirrt war, schaffte er es bis nach Lodz.

LODZ, 23. NOVEMBER 1939

Heute hat Onkel Percy heimlich Hochzeit gefeiert. Die Gestapo hat Juden offiziell das Heiraten untersagt, aber ihrem Befehl zum Trotz steigt die Zahl der jüdischen Eheschließungen. Selbstverständlich werden alle Trauscheine vordatiert. Wegen der Gefahr, in der wir schweben, wollen alle verlobten Paare zusammen sein. Zudem fragt sich ohnehin jeder, wie lange ihn die Nazis noch am Leben lassen werden.

Um an der Hochzeit teilzunehmen, schlichen wir uns einer nach dem anderen wie Schatten die paar Blocks hinunter, die uns vom Ort der Zeremonie trennten. Jemand stand an der Tür Wache, damit wir, falls die Nazis kämen, durch den anderen Ausgang hätten fliehen können. Der Rabbi zitterte, als er die Segensformel sprach. Beim leisesten Geräusch von der Treppe her waren wir alle in Windeseile an der Tür. Die allgemeine Stimmung war von Angst und Sorge durchdrungen. Wir weinten alle, und nach der Zeremonie entfernten wir uns verstohlen, wieder einer nach dem anderen.

Es kommen immer mehr Gerüchte in Umlauf, die besagen, dass Lodz von Deutschland einverleibt wird und dass die jüdische Bevölkerung in Ghettos gesperrt wird.[41] Juden werden massenweise verschleppt und in verschiedene Arbeitslager gesteckt. Die Eltern der Frau meines Onkels wurden irgendwo in die Gegend von Lublin geschickt. Eines Morgens wurden sie auf dem Weg zur Arbeit von Nazi-Truppen aufgegriffen, in einen Lastwagen geworfen und zum

Bahnhof gebracht. Später erfuhren wir von jemandem, der aus ihrer Gruppe entkommen konnte, dass sie tagelang ohne Essen in versiegelten Waggons unterwegs waren. Erschöpft und ausgehungert wurden sie auf offener Strecke herausgelassen und in das kleine Städtchen Zaklikow geführt, wo sie mit mehreren Tausend weiterer Juden zusammenkamen, die aus anderen polnischen Städten dorthin gebracht worden waren. Auch Polen wurden aus Lodz abtransportiert, überwiegend Intellektuelle, allerdings nicht unter so entsetzlichen Bedingungen wie die Juden.

LODZ, 1. DEZEMBER 1939

Mein Vater befindet sich in Bialystok, im russisch-besetzten Polen. Wir atmeten erleichtert auf, als wir das erfuhren. Dort werden Juden zumindest noch wie alle anderen auch behandelt und haben eine Chance zu überleben.

Wir bekommen immer noch ständig von unseren deutschen »Nachbarn« Besuch, Bahnarbeitern, die nebenan wohnen. Jedes Mal, wenn sie kommen, wollen sie etwas haben, aber es sind eher Befehle als Bitten. Letzte Woche zum Beispiel fragten sie nach Kopfkissen und taten so, als hätten sie nichts, worauf sie schlafen könnten. Vor ein paar Tagen hatten wir Besuch von einigen hochrangigen deutschen Offizieren, die Gemälde kaufen wollten. Meine Mutter sagte ihnen, dass wir ausgeraubt worden seien und keine zu verkaufen hätten. Sie blieben beharrlich und fingen an, die ganze Wohnung zu durchwühlen. Sie fanden ein kleines Bild und boten uns einen Spottpreis dafür. Wir mussten das Geld nehmen, um sie loszuwerden.

Noch unangenehmer war ein Besuch von zwei betrunkenen Gestapo-Leuten. Sie verlangten Sachen, die wir nicht besaßen. Unsere Erklärungen reichten ihnen nicht. Am Ende holte meine Mutter die Papiere hervor, die sie als Amerikanerin ausweisen. Da zog einer der Trunkenbolde seinen Revolver und schrie: »Schwören Sie bei Hitlers Gesundheit, dass Sie amerikanische Staatsbürgerin sind, sonst erschieße ich Sie auf der Stelle!« Aber Juden ist es verboten, den geheiligten Namen des Führers auszusprechen. Meine Mutter fragte, ob in ihrem Fall eine Ausnahme gemacht werden könne. Der Nazi lächelte und steckte seinen Revolver wieder in sein Halfter. Nach einer erfolglosen Suche nach den Dingen, die er und sein Freund haben wollten, gingen sie wieder. Dabei schlugen sie die Hacken gegeneinander und salutierten vor der amerikanischen Flagge, die im Flur hing.

LODZ, 15. DEZEMBER 1939

Die Nazis haben die Juden aus der Piotrkowska-Straße verbannt. Früher war sie die Hauptverkehrsader von Lodz, verlief durch die ganze Stadt und teilte sie in zwei gleich große Teile. Keinem Juden ist es mehr erlaubt, in dieser Straße zu wohnen, nicht einmal, sie zu überqueren. Dieser neue deutsche Erlass hat viele Juden in große Bedrängnis gebracht. Aber die Deutschen schlagen Profit daraus. Für fünf Zloty das Stück stellen sie Sondergenehmigungen aus, mit denen die Juden über die Piotrkowska-Straße gehen dürfen.

LODZ, 18. DEZEMBER 1939

Die Deutschen haben unseren Laden und unsere Wohnung beschlagnahmt. Wir wohnen jetzt bei unseren Verwandten auf der Narutowicz-Straße, in der Nähe der Oberschule, auf die ich gehe. Diese Schule wird noch betrieben, wenn auch nur noch sehr wenige Schüler zum Unterricht kommen, weil sie Angst haben, ihre Häuser zu verlassen. Die Grausamkeiten der Deutschen werden mit jedem Tag schlimmer. Sie haben angefangen, Jungen und Mädchen zu verschleppen, um sie für ihre schaurigen »Belustigungen« zu gebrauchen. Sie versammeln fünf bis zehn Paare in einem Raum, befehlen ihnen, sich zu entkleiden, und lassen sie zur Begleitmusik von einer Schallplatte tanzen. Zwei meiner Mitschülerinnen haben das sogar bei sich zu Hause erlebt. Mehrere Nazis kamen in ihre Wohnung, und nachdem sie alle Zimmer gründlich durchsucht hatten, zwangen sie die beiden Mädchen ins Wohnzimmer, in dem ein Klavier stand. Als ihre Eltern versuchten, mit ihnen zu kommen, schlugen die Nazis ihnen mit ihren Knüppeln auf den Kopf. Dann schlossen die Nazis die Wohnzimmertür ab und befahlen den Mädchen, sich auszuziehen. Die Ältere musste einen Wiener Walzer spielen und die Jüngere dazu tanzen. Die Klaviermusik vermischte sich mit den Rufen der Eltern im Nachbarzimmer. Als das jüngere Mädchen mitten im Tanz ohnmächtig wurde, rief ihre Schwester am Fenster um Hilfe. Das war den Nazis zu viel, und sie verschwanden. Meine Mitschülerinnen haben mir die blauen Flecke auf ihren Körpern gezeigt, die von den Kämpfen mit ihren Peinigern stammten.

WARSCHAU, 27. DEZEMBER 1939

Letzte Woche bekamen wir einen Brief vom amerikanischen Konsulat, in dem meine Mutter nach Warschau bestellt wurde. Der Postbote, der uns diesen Brief brachte, konnte es sich nicht verkneifen, seinen Neid darüber zu äußern, dass wir Verbindungen nach Amerika haben. Ich reiste schon vor meiner Mutter nach Warschau ab, dank eines nichtjüdischen Bekannten, der mit einer Freundin meiner Mutter verheiratet ist. Er nahm mich mit und gab mich unter Einsatz seines Lebens als seine Tochter aus. Zurzeit wohne ich bei ihm. An Weihnachten holte er auch meine Schwester aus Lodz hierher. Wir verbringen die meiste Zeit zu Hause und wagen uns nur nach Einbruch der Dunkelheit nach draußen, wo wir vor der amerikanischen Botschaft ein bisschen spazieren gehen. Irgendwie fühlen wir uns in ihrem Schatten sicherer.[42]

WARSCHAU, 5. JANUAR 1940

Meine Mutter stieß erst nach Neujahr zu uns. Sie berichtete uns, dass sie von Vater gehört hatte. Er kommt in Russland sehr gut zurecht und hat Arbeit als Kurator eines Museums in der Ukraine gefunden. Er möchte, dass wir sofort nachkommen, aber das kommt nicht infrage.[43] Wir bewohnen jetzt zwei kleine Zimmer in der Sienna-Straße Nummer 41[44], wo auch noch eine Verwandte von uns wohnt. Weil dieser Wohnblock irgendwelchen polnischen Bankbeamten gehört, haben die Deutschen ihm genug Heizstoff zugeteilt. So sind wir vor der schlimmen Kälte geschützt.

10. JANUAR 1940

Die Nazi-gelenkte Presse hat inoffizielle Berichte veröffentlicht, nach denen für die Warschauer Juden ein Ghetto geplant ist. Diese Nachricht hat große Bitterkeit aufkommen lassen unter unserem Volk, das bereits angewiesen wurde, weiße Armbinden mit dem Davidstern zu tragen. Momentan tragen diejenigen, die nicht auffallend semitisch aussehen, diese Armbinden noch nicht. Im Allgemeinen vermeiden es aber alle Juden, sich auf der Straße blicken zu lassen wegen der häufigen Angriffe durch polnische Rowdys, die jeden jüdischen Passanten verprügeln und ausrauben. Auch einige Polen, die nicht mit nordischen Gesichtszügen gesegnet sind, sind schon von diesen Strolchen angepöbelt worden. Seit einigen Tagen ist eine Polin mittleren Alters, eingehüllt in ein langes schwarzes Umhängetuch und mit einem Stock in der Hand, der Schrecken der Marszalkowska-Straße. Sie lässt keinen einzigen Juden vorbei, ohne ihn zu schlagen, Angriffe auf Frauen und Kinder sind ihre Spezialität. Die Deutschen schauen zu und lachen. Bisher hat noch kein Pole dagegen protestiert. Im

Juden mit Armbinden gehen über eine überfüllte Straße im Warschauer Ghetto

Gegenteil, wenn einmal ein Jude durch eine nichtjüdische Gegend kommt, machen die Anwohner die Deutschen mit den Worten »Oh, Jude!« auf ihn aufmerksam.

Die gleichen polnischen Rowdys haben auch die Nazis zu den Wohnungen wohlhabender Juden geführt und am helllichten Tag bei Plünderungen mitgemacht. Proteste haben nichts genützt – das Gesetz schützt keine Juden.

2. MÄRZ 1940

Wie es aussieht, ist die Lage in Lodz noch schlimmer als hier. Eine Mitschülerin von mir, Edzia Piaskowska, die Tochter eines bekannten Fabrikanten, die gestern nach Warschau kam, hat uns haarsträubende Geschichten über die dortigen Zustände erzählt. Das Ghetto wurde offiziell eingerichtet, und Edzias Familie ist es gelungen, im letzten Augenblick herauszukommen, indem sie die Gestapo mit guten amerikanischen Dollars bestach. Die Überführung der Lodzer Juden in das Ghetto artete in ein Blutbad aus. Die Deutschen hatten sie angewiesen, sich zu einer festgesetzten Stunde zu versammeln, mit nur fünfzig Pfund Gepäck pro Person. Zur gleichen Zeit führten die Nazis ausgiebige Haussuchungen durch. Dabei zerrten sie die Kranken aus ihren Betten und die Gesunden aus ihren Verstecken, verprügelten, beraubten und töteten sie. Das Viertel von Lodz, in dem sie das Ghetto errichtet haben, ist eine der ärmsten und ältesten Gegenden der Stadt.[45] Es besteht hauptsächlich aus kleinen Holzhäusern ohne Strom und sanitäre Anlagen, die früher von armen Webern bewohnt wurden. Nur ein paar Zehntausend Menschen haben dort Platz. Die Deutschen haben dreihunderttausend Juden hineingezwängt.

Den wohlhabenden Juden gelang die Flucht aus dem Lodzer Ghetto mit unterschiedlichen Mitteln. Einige bestachen die Gestapo, wie die Familie meiner Freundin. Andere schmuggelten sich in Särgen nach draußen. Der jüdische Friedhof befindet sich außerhalb des Ghettos, und bisher kann man noch Tote dorthin bringen. Einige Leute ließen sich in Särgen mit den üblichen Begräbnisriten abtransportieren. Bevor sie am Friedhof angekommen waren, stiegen sie aus ihren Särgen und flüchteten nach Warschau. In einem Fall stand der in den Sarg gesperrte Mann nicht wieder auf. Auf dem kurzen, gespenstischen Weg hatte sein Herz versagt.

10. MÄRZ 1940

Heute war ich Zeugin eines Angriffs auf eine schon ältere Jüdin durch polnische Rowdys, die mit Messern auf sie einstachen. Solche Vorfälle häufen sich, und von allen Seiten hört man die Schreie hilfloser Juden. Es ist unfassbar, dass diese Polen ihr eigenes schlimmes Schicksal so einfach vergessen und Menschen schikanieren, die noch schwächer sind als sie.

5. APRIL 1940

Der Frühling ist wunderschön, aber wir wagen es nicht, auf die Straße rauszugehen. Überall werden Menschen, auch Frauen und Kinder, von den Deutschen aufgegriffen und zur Zwangsarbeit weggebracht. Aber es ist weniger die Arbeit, die uns Angst macht, als vielmehr die Quälerei, der diese Opfer ausgesetzt werden. Besser gekleidete jüdische Frauen werden gezwungen, die Hauptquartiere der Nazis zu schrubben. Sie werden angewiesen, ihre Unterwäsche auszuziehen und sie als Putzlappen für die Fußböden und Fenster zu benutzen. Es versteht sich von selbst, dass die Peiniger häufig die Gelegenheit nutzen, um ein bisschen Spaß zu haben.

Ein interessanter Vorfall ereignete sich mit einer Jüdin, die amerikanische Staatsbürgerin ist. Normalerweise achten die Nazis darauf, Ausländer zu verschonen, besonders Amerikaner, aber dieses Mal übergingen sie die Proteste der Frau und zwangen sie, mit ihrem teuren Pelzmantel die Böden zu scheuern. Nach der Tortur beschwerte sich die Frau beim amerikanischen Konsul, der vom deutschen Generalgouverneur Frank Schadensersatz verlangte. Unverzüglich erhielt diese Jüdin, die das Glück hatte, amerikanische Staatsbürgerin zu sein, dreitausend Reichsmark.[46] Aber polnische Staatsbürger jüdischer Herkunft sind für ihren Schutz ganz auf sich allein gestellt. Sobald die Deutschen mit ihren Menschenjagden anfangen, verständigen sich die jüdischen Passanten mit Zeichen, und innerhalb von wenigen Minuten sind die Straßen leer gefegt.

17. APRIL 1940

Gestern ist mein Vater aus Russland zurückgekehrt. Wir haben ihn kaum wiedererkannt. Er war unrasiert, mit einem Bauerngewand bekleidet und sah aus wie ein Zigeuner, der gerade aus einem wüsten Schlupfwinkel kommt. Er hatte sich über die sogenannte »grüne Grenze« geschmuggelt und war der Einzige aus einer Gruppe von dreißig, der es geschafft hat, durchzukommen. Die anderen wurden verhaftet, und ihr Schicksal ist ungewiss. Er kam zu Fuß in Warschau an, nachdem er nachts unterwegs gewesen war und sich tagsüber in den Wäldern versteckt hatte.

Zuerst konnten wir nicht verstehen, warum er in die deutsche Hölle zurückgekehrt war, zu einem Zeitpunkt, zu dem so viele Menschen alles gegeben hätten, was sie besitzen, um auf die sowjetische Seite zu kommen. In Galizien[47] hatten Bekannte meinem Vater gesagt, dass seine Familie nach Amerika abgereist sei, aber als er unseren Verwandten in Amerika telegrafierte, verneinten sie dies und gaben ihm unsere Warschauer Adresse. Außerstande, uns zu sich zu holen, beschloss er, zurückzukommen und unser bitteres Schicksal mit uns zu teilen.

Er erzählte uns interessante Einzelheiten über die sogenannte »russische Seite«. Die Russen behandeln die Zivilbevölkerung viel besser als die Deutschen. Zumindest gibt es keine religiöse Diskriminierung. Viele Juden sind aus dem deutsch-besetzten Gebiet nach Russland geflohen. Ein hoher Prozentsatz von ihnen ist sofort in die Rote Armee eingetreten, während andere in Kriegsfabriken Arbeit gefunden haben. Der Großteil hat die russische Staatsangehörigkeit angenommen. Wer sich dagegen wehrte, ob er nun Jude war oder Nichtjude, wurde nach Sibirien deportiert.[48] Die Versorgungslage ist schlecht, da die Essensrationen der Regierung unzureichend sind und kein Schwarzmarkt existiert.

Einige verbreiten Witze über die russische Armee. Die russischen Panzer, so sagen sie, hätten jeweils eine Besatzung von hundert Mann – was bedeute, ein Soldat säße drinnen, während die übrigen neunundneunzig das Gefährt schieben. Die russischen Soldaten sind gutmütig, können, wenn es um patriotische Angelegenheiten geht, aber auch grausam sein. Viele Frauen sind im aktiven Dienst, vor allem bei der Luftwaffe. Sie tragen die gleichen Uniformen wie die Männer und besitzen auch die gleichen Privilegien. Viele Offiziere haben ihre Frauen bei sich. Niemand würde darauf kommen, dass es sich bei den Frauen, die weite Bauernröcke und Kopftücher tragen, um hochintelligente Individuen handelt, von denen die meisten Universitätsabsolventinnen sind und wichtige Positionen innehaben.

Ein kurioser Vorfall ereignete sich in einem Theater in Lemberg. Die Frau eines russischen Offiziers erschien zu einer Abendveranstaltung im Nachthemd. Diese Russin hatte, wie alle ihre Landsmänninnen, keine Ahnung von der europäischen Art, sich zu kleiden. Selbst schlichte Tageskleider kommen ihnen schon wie Luxus vor. Elegante Seidenunterröcke sind in Russland unbekannt. Die bewusste Frau nun hielt ein langes rosafarbenes Nachthemd für ein Abendkleid und war tief gekränkt, als ihr Erscheinen mit lautem Gelächter begrüßt wurde.

Vielleicht bringen ja unsere Witze über die Russen unbewusst unsere Enttäuschung darüber zum Ausdruck, dass sich Russland nicht mit Hitler im Krieg befindet. Die meisten Einwohner von Warschau sind sich sicher, ohne zu wissen warum, dass es früher oder später zum Krieg zwischen Hitler und Russland kommen wird. Dieser Gedanke hilft uns, unser Martyrium zu ertragen.

28. APRIL 1940

Es ist uns gelungen, in dem Haus, in dem wir nur Untermieter waren, eine eigene Wohnung zu bekommen. Meine Mutter hat ihre Visitenkarte mit dem Aufdruck »Amerikanische Staatsbürgerin« an die Tür geheftet. Dieser Aufdruck ist ein wunderbarer Talisman gegen die deutschen Banditen, die ungeniert in alle jüdischen Wohnungen eindringen. Sobald eine deutsche Uniform an der Tür zu unserem Haus auftaucht, kommen unsere Nachbarn und flehen uns an, sie hereinzulassen, damit auch sie von unserem wundersamen Türschild profitieren können. Unsere zwei kleinen Zimmer sind zum Bersten voll – denn wie könnten wir jemanden abweisen? Alle Nachbarn zittern vor Angst und blicken mit einem stillen Gebet auf den Lippen auf die beiden kleinen amerikanischen Flaggen an der Wand.

Juden im Besitz von Ausweispapieren eines neutralen Landes sind nicht gezwungen, Armbinden zu tragen oder Zwangsarbeit zu leisten. Kein Wunder, dass sich viele Juden um solche Dokumente bemühen. Aber nicht alle haben die Mittel, sie zu kaufen, oder den Mut, sie zu benutzen. Zwei von meinen Freunden haben sich Papiere beschafft, die sie als Bürger einer südamerikanischen Republik ausweisen.[49] Dank ihnen können sie sich frei in der Stadt bewegen. Sie sind couragiert zum Gestapo-Hauptquartier im Brühlschen Palais marschiert, um sich die Papiere mit einem Hakenkreuz besiegeln zu lassen, und die deutschen Experten haben nicht gemerkt, dass sie gefälscht waren. Sie können jetzt sogar aufs Land fahren und sich Lebensmittel kaufen. Mit solchen Dokumenten haben sie mindestens eine neunzigprozentige Überlebenschance. Bei den übrigen Juden liegt die Chance bestenfalls bei zehn Prozent.

20. MAI 1940

Verzweifelt verfolgen wir die Invasion der Nazis in Frankreich. Vor zwei Wochen wurde meine Mutter vom amerikanischen Konsulat in Berlin benachrichtigt, ihre Ausweispapiere lägen zu einem bestimmten Termin für sie bereit. Alle ausländischen Konsulate in Warschau wurden geschlossen, und schon seit Wochen läuft meine Mutter von einem Amtsträger zum anderen und bemüht sich um die Erlaubnis für einen Besuch in der Hauptstadt des Dritten Reichs.[50]

16. JUNI 1940

Meine Mutter ist wieder da. Ihre Reise war erfolglos. Wegen des Kriegseintritts Italiens wurden die italienischen Häfen geschlossen, und dazu kommt, dass laut einem neuen Erlass niemand mehr das Generalgouvernement (das ist der Name, den die Deutschen dem polnischen Verwaltungsbezirk gegeben haben, in dem Warschau liegt) verlassen darf. Meine Mutter ist am 14. Juni aus Berlin abgefahren, an dem Tag, an dem Paris gefallen ist. Die Nazi-Hauptstadt war im Freudentaumel und suhlte sich in einem Meer von Hakenkreuzen.

24. JUNI 1940

Der jüngere Bruder meiner Mutter, Abie, ist hier, nachdem er einem ungarischen Internierungslager für polnische Offiziere entkommen konnte. Einer der Gründe, warum er die vielen Risiken einer Flucht auf sich nahm, war die Angst, dass er als Jude in ein Konzentrationslager gesteckt werden könnte. Er sieht gar nicht aus wie ein Jude, er ist groß, blond, hat breite Schultern und blaue Augen – ein echter nordischer Typ. Dank seines Äußeren hatte er keine Schwierigkeiten, von Ungarn nach Warschau zu gelangen. Zu Anfang seines Aufenthalts im Lager wussten seine polnischen Kriegskameraden noch nichts von seiner jüdischen Herkunft. Als sie davon erfuhren, fingen sie an, ihn zu schikanieren und zu bedrohen, und am Ende denunzierten sie ihn bei den ungarischen Behörden. Das ist also die Solidarität der polnischen Offiziere mit denen, die an ihrer Seite gegen den gemeinsamen Feind gekämpft haben.

12. JULI 1940

Hier in Warschau gibt es kein Ghetto wie in Lodz, aber inoffiziell bestehen Grenzen, die die Juden freiwillig nicht übertreten, um zu vermeiden, dass sie von den Deutschen gejagt oder von polnischen Rowdys attackiert werden. Innerhalb dieser inoffiziellen Grenzen fühlen sie sich sicherer. Immer wieder kommen neue Fuhren mit jüdischen Flüchtlingen aus kleineren Städten an. Sie alle denken, dass sie in der Hauptstadt sicherer sind und eine bessere Chance haben, sich ihren Lebensunterhalt zu verdienen, als an ihrem Heimatort. Diese Migrationsbewegung hat auch noch eine psychologische Ursache: Alle Juden möchten zusammen sein. Als Folge des Zustroms wird der Wohnraum knapp. Gleichzeitig haben verschiedene soziale Einrichtungen alle größeren Wohnungen für eigene Zwecke beschlagnahmt. Schließlich schreibt noch eine offizielle Regelung vor, dass jedes Zimmer von mindestens vier Personen bewohnt werden muss. Wir haben eines unserer Zimmer an die Familie R. aus Lodz untervermietet. Herr R. war einer der vier oder fünf jüdischen Experten für die Tuchherstellung, das führende Gewerbe in Lodz. Die Deutschen haben ihn für ein Gehalt von 6000 Zloty im Monat angestellt. Er war gezwungen, in der Fabrik außerhalb des Ghettos zu wohnen, und konnte nur einmal in der Woche seine Familie besuchen. Wie die wenigen anderen bessergestellten Juden gab er den größten Teil seiner Einkünfte dem Hilfskomitee im jüdischen Viertel. Von den R.s erfuhren wir einige Einzelheiten über das Leben im Lodzer Ghetto. Die zugeteilten Rationen bestehen aus 85 Gramm Brot pro Tag, und alle Einwohner sind zur Arbeit in Militärwerkstätten gezwungen, in denen sie Decken und Schuhe mit Holzsohlen herstellen. Gottesdienste und Trauungen sind verboten. Als Folge von Überbevölkerung und schlechten Hygieneverhältnissen brechen in den engen Straßen des Baluty-Viertels viele Seuchen aus. Nur wer sehr viel Geld besitzt, kann sich vor diesem furchtbaren Leben bewahren.

Letzte Woche haben in Warschau unabhängige Volksküchen den Betrieb aufgenommen. Eine davon ist ganz in unserer Nähe, in der Sienna-Straße 16.[51] Eine Mahlzeit in einer solchen Küche besteht aus Kartoffel- oder Kohlsuppe und einer sehr kleinen Portion Gemüse. Zweimal die Woche bekommt man ein winziges Stück Fleisch, das einen Zloty und zwanzig Groszy kostet.

Inzwischen gibt es eine große Zahl illegaler Schulen, und täglich werden es mehr. Man lernt auf Dachböden und in Kellern, und alle

Fächer stehen auf dem Lehrplan, sogar Latein und Griechisch. Zwei solcher Schulen wurden irgendwann im Juni von den Deutschen entdeckt. Später hörten wir, dass die Lehrer auf der Stelle erschossen wurden und die Schüler in ein Konzentrationslager in der Nähe von Lublin kamen.[52]

Auch unsere alte Schule aus Lodz hat mit dem Unterricht begonnen. Die Mehrzahl der Lehrer ist jetzt in Warschau, und zweimal die Woche geben sie Stunden bei uns zu Hause. Wegen der amerikanischen Staatsangehörigkeit meiner Mutter ist es hier relativ sicher. Wir lernen all die üblichen Fächer und haben sogar ein Chemie- und Physiklabor auf die Beine gestellt. Statt Reagenzgläsern und Retorten benutzen wir Gläser und Töpfe aus unserer Küche. Besonderer Wert wird auf Fremdsprachen gelegt, vor allem auf Englisch und Hebräisch. Wir führen hitzige Diskussionen über polnische Literatur. Die Lehrer versuchen zu zeigen, dass die großen polnischen Dichter Mickiewicz, Slowacki und Wyspianski[53] das gegenwärtige Unheil vorausgesagt haben. Alle zitieren die berühmte Stelle aus Wyspianskis *Hochzeit*:

> Ungehobelter Bauerntölpel, du hattest ein goldenes Horn.
> Jetzt ist dir nur noch ein Seil geblieben.

Die Lehrer sind mit Leib und Seele bei der Sache, und alle Schüler lernen mit vorbildlichem Fleiß. Es sind keine schlechten Schüler dabei. Der illegale Charakter des Unterrichts und die Gefahr, der wir in jeder Minute ausgesetzt sind, erfüllen uns alle mit einer eigenartigen Ernsthaftigkeit. Die alte Distanz zwischen Lehrern und Schülern ist aufgehoben, und wir fühlen uns wie Kriegskameraden, die füreinander verantwortlich sind.

An Lehrbücher ist schwer heranzukommen, da ihr Verkauf offiziell verboten wurde. Wir schreiben im Unterricht mit und lernen das Geschriebene dann auswendig. Trotz dieser außergewöhnlichen Schwierigkeiten hat unsere Schule tatsächlich Matura-Zeugnisse ausgestellt. Die Prüfungen und die Abschlussfeier fanden in der Wohnung unseres Direktors, Dr. Michael Brandstetter, statt. Es war Nachmittag, alle Vorhänge waren zugezogen, und vor dem Haus standen Schüler Wache. Die Kandidaten wurden einzeln von den Lehrern geprüft, die um einen Tisch mit einem grünen Tischtuch saßen. Ohne Ausnahme haben alle die Prüfung erfolgreich bestanden. Die Zeugnisse wurden nicht wie früher vom Unterrichtsministerium ausgestellt, sondern vom Vorstand der illegalen Schule. Sie waren auf gewöhnlichem Papier getippt und trugen die Unterschriften von allen Lehrern. Mit Tränen in den Augen hielt der Direktor den Maturanten die übliche Ansprache. Wie die gesamte polnische Jugend – vor allem die jüdische Jugend – verließen sie die Schule ohne Zukunftsaussichten, außer der, Sklaven in einem Arbeitslager der Nazis zu werden.

16. AUGUST 1940

Die Bevölkerung des jüdischen Viertels hat angefangen, ihr gesellschaftliches Leben zu organisieren. Die Umstände sind erbärmlich, und man muss erfinderisch sein, um Geld zu sammeln und Abhilfe zu schaffen. Es haben sich Häuserkomitees gebildet. Jeden Abend versammeln sie sich in einer anderen Wohnung, um dringende Probleme zu besprechen und die Höhe des Beitrags festzusetzen, den jedes Haus an das zentrale Hilfskomitee der jüdischen Gemeinde abgibt. Die Häuserkomitees leisten auch Aufklärungsarbeit, indem sie den Kampf gegen Seuchen hervorheben. Die jungen Leute treffen sich einmal die Woche. Im ersten Teil des Abends werden literarische oder naturwissenschaftliche Fragen diskutiert, der zweite Teil dient der Unterhaltung – es wird zu Musik von Schallplatten getanzt. Die Rechnungen für diese Veranstaltungen werden den Hilfsorganisationen übergeben.

Die jüdischen Jugendlichen aus Lodz haben einen Klub gegründet, um Hilfsgelder zu sammeln. Harry Karczmar wurde zum Vorsitzenden gewählt, und die Gründungsmitglieder sind Bolek Gliksberg, Romek Kowalski, Edek Wolkowicz, Tadek Szajer, Olga Szmuszkiewicz, Edzia Piaskowska, Stefan Mandeltort, Misza Bakszt, Dolek Amsterdam, Mietek Fein und ich.

Wir hatten uns gerade organisiert, als ein Vertreter des Joint Distribution Committee[54] uns dringend bat, eine Vorstellung auf die Beine zu stellen, um Geld für die Flüchtlinge aus Lodz zu sammeln. Mit großem Elan machten wir uns daran, ein Programm zusammenzustellen, und jeder bemühte sich, ein Talent an sich zu entdecken. Unser Vorsitzender, Harry Karczmar, hat eine sehr schöne Stimme und wurde gebeten, ein Solo zu singen. Er ist der Älteste von uns, mittelgroß, hat kastanienbraune Haare und sieht viel älter aus als dreiundzwanzig. Er hat in seinem Leben schon viel mitgemacht. Bei einem Autounfall brach er sich ein Bein und hinkt seitdem ein wenig, und kürzlich haben die Ärzte festgestellt, dass er Symptome von Tuberkulose aufweist. Obwohl er weiß, dass es jetzt keine Heilungschancen mehr für ihn gibt, ist er immer fröhlich und voller Energie. Er übt sehr viel und vergisst so sein Leid.

Sein musikalischer Begleiter ist Romek Kowalski, ein dunkler neunzehnjähriger Junge von aristokratischem Äußeren. Sein zartes Gesicht mit seinen tiefgründigen dunklen Augen, der klassischen Nase und den roten Lippen hat einen kindlichen Ausdruck. Für sein

Romek Kowalski

Alter wirkt er schon sehr erwachsen, was für so viele von uns typisch ist. Es ist eher eine psychologische Reife als eine biologische. Romek ist ein umgänglicher Junge, immer hilfsbereit und überaus begabt. Er hat erst ein paar Monate vor dem Krieg angefangen Klavierspielen zu lernen, und spielt jetzt schon fast wie ein Virtuose. Er hat eine Vorliebe für Unterhaltungsmusik und liebt Jazz.

Stefan Mandeltort, mit siebzehn der Jüngste von unseren Jungs, ist klein und lebhaft, und er sieht aus wie der typische Gassenjunge aus den Arbeitervororten von Warschau. Er kann ganz wunderbar rezitieren und wird ein paar Imitationen vorführen.

Mietek Fein ist der geborene Stepptänzer, groß, schlank, blond mit einem blassen, schmalen Gesicht ganz ähnlich dem von Fred Astaire, nur schöner. Er ist zwanzig, ein Waisenkind, und hat nicht einmal entfernte Verwandte, die noch leben. Aber er denkt kaum über seine traurige Lage nach, er hat nur Tanzen im Sinn.

Dolek Amsterdam, ein großer Bub mit kastanienbraunen Haaren und einem kantigen, ziemlich alltäglichen Gesicht, ist von Natur aus phlegmatisch. Er macht nur selten den Mund auf, und wenn, dann um den anderen zuzustimmen. Er ist leicht beeinflussbar, vor allem von Harry Karczmar. Er hat eine gut ausgebildete Stimme. Unsere beiden anderen Sänger sind Edek Wolkowicz und Bolek Gliksberg. Misza Bakszt gibt einen sehr guten Conférencier ab. Er muss sich nicht einmal vorher überlegen, was er sagt, er kann aus dem Stegreif improvisieren. Mit seinen neunzehn Jahren ist er der geborene Kritiker, äußerst schlagfertig. Alle Mädchen fliegen auf ihn. Olga Szmuszkiewicz, deren Vater in Palästina ist, hat seit ihrer Kindheit Klavierunterricht. Sie nimmt immer noch Stunden bei einem berühmten Klavierlehrer, obwohl ihre materielle Lage sehr schlimm ist.

Zu meinem großen Erstaunen haben meine Kameraden festgestellt, dass ich gut singen kann. Als »Amerikanerin« – so werde ich überall genannt – wurde ich gebeten, ein paar amerikanische Unterhaltungslieder zu singen. Es ist untersagt, in der Öffentlichkeit Französisch oder Englisch zu sprechen, aber wir stören uns nicht an solchen Verboten.

Edzia Piaskowska und Tadeusz Szajer sind die Einzigen aus unserer Clique, die gar kein darstellerisches Talent besitzen. Deshalb haben sie die Aufgabe übernommen, nach einem Aufführungsort Ausschau zu halten.

Unsere kleine Gruppe hat viel Spaß und geht ganz in den Vorbereitungen für die Show auf, aber ein kurzer Blick aus dem Fenster reicht aus, um uns auf den Boden der Tatsachen zurückzuholen. Zu jeder beliebigen Zeit kann man anschauliche Beispiele für den Schrecken sehen, der die Stadt im Griff hat. Die Menschenjagd geht ohne Unterlass weiter. Wir müssen immer einer nach dem anderen von unseren Treffen weggehen. Die Mädchen gehen zuerst raus und vergewissern sich, dass keine Nazis in der Nähe sind. Wenn alles ruhig ist, rufen sie die Jungen.

11. SEPTEMBER 1940

Unsere erste Vorstellung fand Anfang dieses Monats in der Przejazd-Straße 5 statt, im Büro des Joint Distribution Committee. Unser Erfolg übertraf alle Erwartungen, und die Einnahmen waren beträchtlich. Wir wurden sofort gebeten, noch öfter auszutreten, und waren jedes Mal sehr erfolgreich. Unsere Lodz-Gruppe ist stolz darauf, in Warschau so gut anzukommen. Einige von uns sind jetzt bei der jüdischen Bevölkerung ziemlich berühmt. Harrys Stimme bezaubert alle Mädchen, Stefans witzige Einführungen ernten stürmischen Applaus, und Olga wird für ihr Spiel gerühmt. Was mich betrifft, da sind die absurdesten Gerüchte in Umlauf – und das ist Harrys Werk. Die Leute fragen sich, ob es tatsächlich stimmt, dass ich nur sehr wenig Polnisch spreche und dass ich in Amerika aufgetreten bin. Bei jedem Auftritt muss ich mein erstes Lied, »Moonlight and Shadow«, noch mehrere Male wiederholen. Die anderen aus unserer Gruppe sind ebenfalls sehr beliebt. Wir nennen uns die »Künstlertruppe aus Lodz« oder, wie es in der polnischen Abkürzung heißt, LZA. Das hat eine eigenartige Symbolik, denn das Wort »lza« bedeutet auf Polnisch »Träne«.

Ungefähr zur selben Zeit, in der wir unseren Trupp auf die Beine stellten, öffneten auf der arischen Seite ein paar Cafés, in denen berühmte polnische Künstler, die sich weigern, in den nazi-kontrollierten Theatern aufzutreten, gleichzeitig als Darsteller und Kellner fungieren.

2. NOVEMBER 1940

Es hält sich hartnäckig das Gerücht, das jüdische Viertel würde bald abgeriegelt. Manche Leute sagen, dass das besser für uns ist, weil dann die Deutschen nicht wagen werden, ihre Verbrechen so unverhohlen zu begehen, und weil wir vor den Angriffen polnischer Rowdys geschützt sind. Andere dagegen, vor allem diejenigen unter uns, die dem Lodzer Ghetto entkommen konnten, sind entsetzt. Sie haben schon eine Kostprobe vom Leben in einem abgesonderten jüdischen Viertel unter deutscher Herrschaft bekommen.

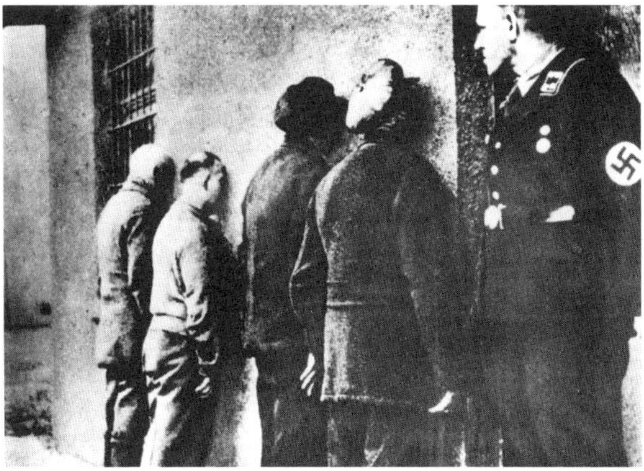

Internierte Juden im Warschauer Ghetto werden unter der Aufsicht eines Nazi-Wachmanns gezwungen, sich vor einer Mauer aufzustellen

Kapitel 2

Beginn der Ghettozeit

15. NOVEMBER 1940

Heute wurde das jüdische Ghetto offiziell eingerichtet. Juden ist es verboten, sich außerhalb der Grenzen zu bewegen, die durch bestimmte Straßen gebildet werden. Es herrscht ein ziemlicher Wirbel. Unser Volk hastet nervös durch die Straßen und wispert sich allerlei Gerüchte zu, eines absurder als das andere.

Es wurde auch schon mit der Arbeit an den Mauern – die knapp drei Meter hoch sein werden – begonnen. Jüdische Maurer setzen, beaufsichtigt von Nazi-Soldaten, Ziegelstein auf Ziegelstein. Wer nicht schnell genug arbeitet, bekommt die Peitsche der Aufseher zu spüren. Das erinnert mich an die biblische Schilderung unserer Sklaverei in Ägypten. Aber wo ist der Mose, der uns von unserer neuen Knechtschaft befreit?

Am Ende der Straßen, in denen der Verkehr noch nicht vollständig zum Erliegen gekommen ist, stehen deutsche Wachposten. Deutsche und Polen dürfen das abgeschottete Viertel betreten, aber sie dürfen keine Pakete dabeihaben. Das Schreckgespenst Hunger zieht drohend vor uns auf.

20. NOVEMBER 1940

Die Straßen sind leer gefegt. In jedem Haus finden außerordentliche Treffen statt. Es herrscht eine ungeheure Anspannung. Manche fordern, es müsse ein Protest organisiert werden. Das ist die Stimme der Jugend. Unsere Älteren halten das für eine gefährliche Idee. Wir sind von der Welt abgeschnitten. Es gibt keine Radios, keine Telefone, keine Zeitungen. Nur die Krankenhäuser und polnische Polizeistationen innerhalb des Ghettos dürfen Telefone haben.

Die Juden, die auf der arischen Seite der Stadt lebten, wurden angewiesen, bis zum 12. November von dort wegzuziehen. Viele warteten bis auf den letzten Moment, weil sie hofften, die Deutschen könnten vielleicht durch Proteste oder Bestechungsgelder dazu bewegt werden, den Erlass zur Einrichtung des Ghettos wieder aufzuheben. Aber da es nicht so gekommen ist, waren viele aus unserem Volk gezwungen, von jetzt auf gleich ihre schönen Wohnungen zu verlassen. Sie kamen mit nur ein paar Bündeln in der Hand im Ghetto an.

Christlichen Firmen innerhalb der Grenzen des abgeschotteten jüdischen Viertels ist es gestattet, vorläufig zu bleiben, sofern sie mindestens fünfundzwanzig Jahre hier ansässig sind. Viele polnische und deutsche Fabriken liegen im Ghetto, und dank ihrer Angestellten haben wir ein bisschen Kontakt mit der Außenwelt.

22. NOVEMBER 1940

Das Ghetto ist nun schon eine ganze Woche abgeschottet. Die Backsteinmauern am Ende der Ghettostraßen sind erheblich gewachsen. In unserer bedauernswerten Siedlung brummt es wie in einem Bienenstock. In den Häusern und auf den Höfen, überall dort, wohin die Ohren der Gestapo nicht reichen, diskutieren die Leute ängstlich darüber, was genau die Nazis mit der Abschottung des jüdischen Viertels bezwecken. Wie werden wir jetzt mit Lebensmitteln versorgt? Wer wird die Ordnung aufrechterhalten? Vielleicht ist es ja tatsächlich besser so, und vielleicht lässt man uns in Ruhe?

Heute Nachmittag hat sich unsere LZA-Gruppe bei mir zu Hause getroffen. Wir saßen benommen da und wussten nicht, was wir unternehmen sollten. Alle unsere Anstrengungen sind jetzt hinfällig. Wer schert sich in diesen Tagen noch ums Theater? Alle brüten ja doch nur noch über ein einziges Thema: das Ghetto.

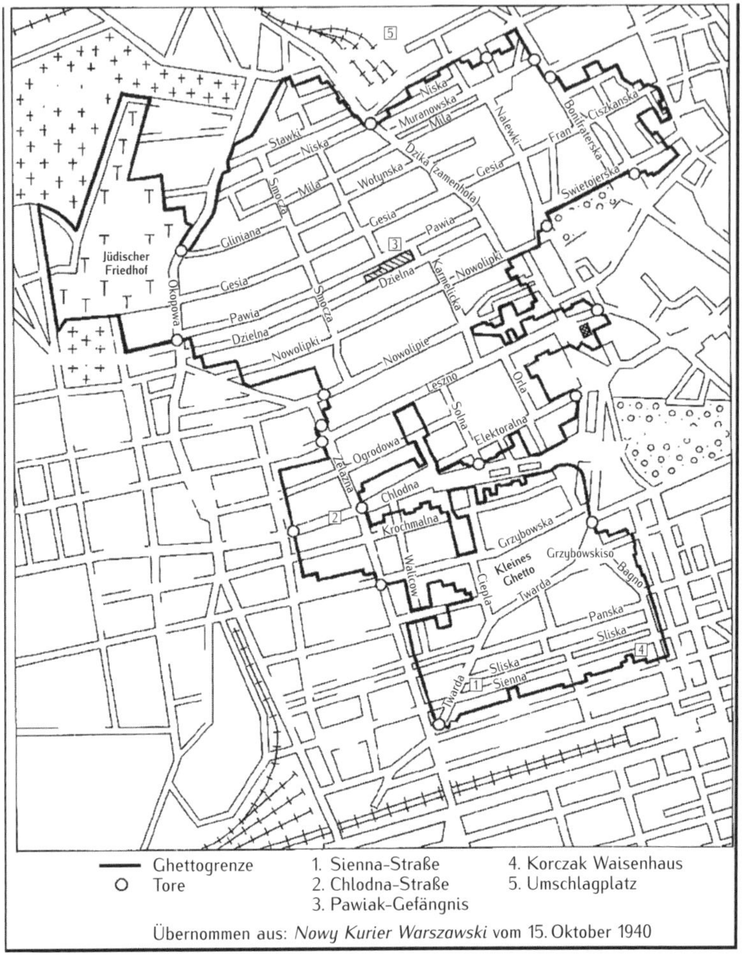

Karte des Warschauer Ghettos

15. DEZEMBER 1940

Das Leben geht weiter. Als Amerikanerin ist es meiner Mutter immer noch gestattet, das Ghetto zu verlassen. Beim Hinausgehen zeigt sie ihren Ausweis vor, und der Nazi-Wachposten grüßt sie mit Hochachtung, wenn er ihr dieses amerikanische Dokument zurückgibt.

In letzter Zeit hat meine Mutter mehrere solcher Ausflüge unternommen, um allerlei für ihre Freunde zu erledigen. Besonders dankbar sind sie ihr, wenn sie für sie Briefe ins Ausland aufgeben kann, denn die Poststellen im Ghetto nehmen solche Briefe nicht an. Als amerikanische Staatsbürgerin kann sie ohne größere Schwierigkeiten Briefe vom deutschen Postamt aus abschicken. Am Schalter werden ihre Ausweispapiere kontrolliert – der Name des Absenders muss derselbe sein wie der auf dem Pass. Ich kann mir die Verwunderung der Leute im Ausland vorstellen, wenn sie merken, dass auf Briefen von ihren nächsten Verwandten der Name einer Fremden als Absender steht.

Das Hilfsbüro der amerikanischen Kolonie in Warschau liegt in der Mokotowska-Straße Nummer 14. Einmal im Monat erhalten alle amerikanischen Staatsbürger für elf Zloty ein großes Lebensmittelpaket. Aber sein eigentlicher Wert beträgt dreihundert, und es enthält oft Sachen, die man nirgendwo anders bekommt, egal zu welchem Preis.

Das Nahrungsmittelproblem wird immer dringlicher. Die offiziellen Lebensmittelkarten berechtigen zu einem Pfund Brot pro Tag sowie zu einem Ei und zwei Pfund Gemüsemarmelade (gesüßt mit Saccharin) pro Monat. Ein Pfund Kartoffeln kostet einen Zloty. Wir wissen schon gar nicht mehr, wie frisches Obst schmeckt. Nichts darf aus den arischen Bezirken eingeführt werden, obwohl dort alles in Hülle und Fülle vorhanden ist. Aber der Hunger und der Drang nach Profit sind stärker als alle Strafen, die Schmugglern drohen, und das Schmuggeln wird zu einem immer wichtigeren Gewerbe.

Die Sienna-Straße, die eine der Begrenzungen des Ghettos bildet, ist nur durch Mauern von den Straßen, die sie kreuzen, abgeschnitten. Die Häuser, deren Hinterhöfe auf die Zlota-Straße hinausgehen (die Parallelstraße zur Sienna), also auf die sogenannte »andere Seite«, sind einstweilen durch Stacheldraht von der Außenwelt abgeschnitten. Der Schmuggel findet vor allem dort statt. Durch unsere Fenster blicken wir auf einen solchen Hinterhof. Die ganze Nacht über herrscht dort Spektakel, und gegen Morgen tauchen dann Karren mit Gemüse in den Straßen auf, und die Läden sind mit Brot gefüllt. Es gibt sogar Zucker, Butter, Käse – zu hohen Preisen natürlich, denn Menschen haben ja ihr Leben riskiert, um an diese Sachen zu gelangen.

Manchmal wird ein deutscher Wachmann bestochen, und ein ganzes Fuhrwerk voll mit Waren aller Art schafft es durch die Tore.

Die Deutschen verlangen, dass die jüdische Gemeindeverwaltung Maßnahmen ergreift, um dem Schmuggel Einhalt zu gebieten. Außerdem haben sie die Bildung einer jüdischen Miliz angeordnet, die dann der polnischen Polizei helfen soll, im Ghetto die Ordnung aufrechtzuerhalten. Die Gemeinde bemüht sich, zweitausend kräftige Männer im Alter zwischen einundzwanzig und fünfunddreißig anzuwerben. Kriegsveteranen werden bevorzugt. Ein hohes Bildungsniveau ist ebenfalls Voraussetzung. Das Minimum ist ein Schulzeugnis.

22. DEZEMBER 1940

Die jüdische Polizei ist eine vollendete Tatsache. Es haben sich mehr Bewerber gemeldet, als gebraucht wurden. Ein Sonderausschuss wählte sie aus, und »Vitamin B« war dabei ein wichtiges Kriterium. Ganz am Ende, als nur noch wenige Posten zu haben waren, half auch Geld... Selbst im Himmel sind nicht alle nur Heilige.[55]

Der Kommandant dieser Ghettopolizei ist Oberst Szerynski, ein konvertierter Jude, der vor dem Krieg Polizeichef von Lublin gewesen ist. Unter ihm gibt es drei Stellvertreter: Hendel, Lejkin und Fürstenberg, die zusammen den obersten Polizeirat bilden. Dann kommen die regionalen Befehlshaber, die Bezirksleiter (die Regionen sind in Bezirke unterteilt) und schließlich die normalen Polizisten, die Routineaufgaben erledigen.

Ihre Uniform besteht aus einer dunkelblauen Polizeimütze und einem Militärgürtel, an dem ein Gummiknüppel befestigt ist. Über dem Schirm der Mütze befindet sich ein metallenes Abzeichen mit dem Davidstern und der Inschrift Jüdischer Ordnungsdienst. Auf einem blauen Band um die Mütze herum wird der Dienstgrad des

Ein jüdischer Polizist regelt den Verkehr an der Kreuzung Chlodna- und Zelazna-Straße im Warschauer Ghetto

Polizisten durch spezielle Abzeichen angezeigt: eine runde Blechscheibe von der Größe eines Daumennagels für einen Polizisten, zwei für einen ranghohen Polizisten, drei für einen Bezirkschef; ein Stern für einen regionalen Befehlshaber, zwei Sterne für die drei stellvertretenden Kommandanten und vier für den Kommandanten selber.

Wie alle anderen Juden auch, müssen die jüdischen Polizisten eine weiße Armbinde mit dem blauen Davidstern tragen, aber dazu tragen sie noch eine gelbe Armbinde mit der Aufschrift Jüdischer Ordnungsdienst. Dazu haben sie noch Abzeichen aus Metall auf ihrer Brust mit ihrer Nummer darauf.

Zu den Pflichten dieser neuen jüdischen Polizisten gehören, zusammen mit deutschen Gendarmen und polnischen Polizeibeamten, die Bewachung der Eingänge ins Ghetto, die Regelung des Verkehrs auf den Ghettostraßen, die Bewachung der Postämter, Küchen und der Gemeindeverwaltung sowie das Aufspüren und Bekämpfen von Schmugglern. Die schwierigste Aufgabe für die jüdische Polizei ist die Eindämmung der Bettelei. Sie besteht im Grunde genommen darin, die Bettler von einer Straße in die andere zu scheuchen, weil man sonst nichts mit ihnen machen kann, vor allem, da es von Stunde zu Stunde mehr werden.

Das zentrale Polizeipräsidium, die sogenannte KSP[56], liegt in der Ogrodowa-Straße 15, die fünf Bezirksstellen in der Twarda-, der Ogrodowa- und der Leszno-Straße, in der Gesia nahe der Nalewki sowie in der Nähe des jüdischen Friedhofs.

Ich empfinde eine eigenartige und ganz und gar unlogische Befriedigung, wenn ich an einer Kreuzung einen jüdischen Polizisten sehe – solche Polizisten waren im Vorkriegspolen vollkommen unbekannt. Stolz regeln sie den Verkehr – der kaum der Regelung bedarf, denn er besteht nur aus gelegentlichen Pferdewagen, ein paar Droschken und Leichenwagen – Letztere sind die häufigsten Fahrzeuge. Von Zeit zu Zeit rasen Gestapoautos vorbei, die den Anweisungen der jüdischen Polizisten keinerlei Beachtung schenken und denen es ganz egal ist, ob sie Menschen umfahren oder nicht.

24. DEZEMBER 1940

Unser zweites Kriegsweihnachten. Von meinem Fenster aus, das zur arischen Seite hinausgeht, kann ich erleuchtete Weihnachtsbäume sehen. Aber auch im Ghetto wurden heute Morgen zu maßlos überhöhten Preisen kleine Tannenbäume verkauft. Sie sind gestern eingeschmuggelt worden. Ich sah, wie fröstelnde Menschen, die Bäumchen fest an die Brust gedrückt, nach Hause liefen. Das waren Konvertiten oder Christen in erster Generation, die von den Nazis als Juden eingestuft und ins Ghetto gesperrt wurden.

25. DEZEMBER 1940

Heute ist im Ghetto eine neue Gruppe uniformierter jüdischer Amtspersonen aufgetaucht. Sie gehören zur »Überwachungsstelle zur Bekämpfung des Schleichhandels und der Preiswucherei«, deren Aufgabe die Regulierung der Preise von verschiedenen Waren ist. Seit einiger Zeit schon operiert diese Organisation im Geheimen, aber jetzt tut sie es in aller Öffentlichkeit. Diese Offiziellen tragen die gleiche Art von Mütze wie die jüdischen Polizisten, nur mit einem grünen Band, und statt der gelben Armbinden der Polizei haben sie lavendelfarbene Armbinden mit der Aufschrift »Kampf dem Wucher«.

Während die jüdische Bevölkerung zu den jüdischen Polizisten ein herzliches Verhältnis hat, begegnet man diesen neuen Amtsträgern mit deutlichen Vorbehalten, denn sie stehen im Verdacht, Handlanger der Gestapo zu sein. Ihre Organisation hat den Spitznamen »Die Dreizehn« bekommen, weil sich ihr Büro in der Leszno-Straße Nummer 13 befindet. Ihr Leiter ist Kommissar Szternfeld und seine wichtigsten Mitarbeiter sind Gancwajch, Roland Szpunt sowie der Anwalt Szajer aus Lodz.

Es gibt noch eine Gruppe uniformierter Juden im Ghetto: die Angehörigen des Ambulanzdienstes. Sie tragen Mützen mit einem blauen Band sowie blaue Armbinden. Eine weitere Gruppe ist der schwarzgekleidete Trupp der Bestatter, die von Privatunternehmen angestellt sind. Die beliebtesten sind dasjenige von Pinkiert neben dem Gemeindehaus auf der Grzybowska und das von Wittenberg direkt gegenüber. Selbst der Übergang ins Jenseits ist in diesen Zeiten nicht so einfach. Beerdigungen sind schrecklich teuer, und eine Grabstätte auf dem überfüllten jüdischen Friedhof ist Gold wert.

Unterdessen wird das Leben im Ghetto in geordnete Bahnen gelenkt. Arbeit hilft einem, alles zu vergessen, und es ist nicht schwer, hier Arbeit zu finden. Eine große Zahl von Werkstätten und Fabriken haben eröffnet. Sie fertigen alle möglichen Artikel, die vorher noch nie in Warschau hergestellt worden sind.

Unsere Theatertruppe ist mehrfach eingeladen worden, in Cafés aufzutreten. Wir haben auch unseren eigenen Saal und beabsichtigen, zwei- bis dreimal die Woche am Nachmittag richtige Vorstellungen zu geben. Wir haben Weismans Tanzschule auf der Panska-Straße gemietet, obwohl sie vor dem Krieg einen zweifelhaften Ruf hatte, weil sich dort immer die Warschauer Unterwelt traf. Die Anwohner im Viertel haben sie früher die »alte Spelunke« genannt. Aber jetzt haben wir ja unser eigenes Publikum, das über den schlechten Ruf des Saals hinwegsehen und zu unseren Vorstellungen kommen wird, egal, wo sie stattfinden. Außerdem gibt es im ganzen sogenannten Kleinen Ghetto zwischen der Sienna- und der Leszno-Straße keinen besseren Saal.

Der Übergang vom Kleinen zum Großen Ghetto beginnt an der Chlodna-, Ecke Zelazna-Straße. Nur der Fahrweg, der mit Mauern auf beiden Seiten von der restlichen Chlodna-Straße abgetrennt ist, gehört offiziell zum Ghetto. Mitten auf der Straße befindet sich ein Ausgang zur Zelazna-Straße. Dieser Ausgang wird von einem Nazi-Gendarmen mit Maschinengewehr sowie zwei Polizisten, einem jüdischen und einem polnischen, besonders streng bewacht.

2. JANUAR 1941

Unsere Neujahrsvorstellungen haben uns ein unerwartet riesiges Publikum beschert. Der Saal war brechend voll. Weil der 31. Dezember zufällig mit dem letzten Tag des Chanukkafestes zusammenfiel, hatten wir eine Szene improvisiert, die den heldenhaften Kampf der Makkabäer darstellte – mit vielen zeitgenössischen Anspielungen. Wir zündeten acht Kerzen auf der Bühne an. Das Publikum applaudierte frenetisch, und es blieb kaum ein Auge trocken.

Alle unsere Matineen sind sehr erfolgreich. Die Hälfte der Einnahmen geht an das Flüchtlingskomitee, denn es gibt immer noch eine riesige Flut obdachloser Flüchtlinge.

4. JANUAR 1941

Das Ghetto ist dick mit Schnee bedeckt. Es ist schrecklich kalt und keine der Wohnungen beheizt. Überall wo ich hinkomme, haben sich die Leute in Decken eingewickelt oder kuscheln sich unter Federbetten, sofern die Deutschen all diese warmen Sachen noch nicht für ihre eigenen Soldaten beschlagnahmt haben. Die bittere Kälte macht die Nazi-Bestien, die an den Ghetto-Eingängen Wache stehen, noch brutaler als sonst. Nur um sich aufzuwärmen, eröffnen sie, während sie in dem tiefen Schnee hin und her stapfen, von Zeit zu Zeit das Feuer, und unter den Passanten gibt es viele Opfer. Andere Wachen, denen ihr Dienst an den Toren langweilig wird, verschaffen sich ein wenig Zerstreuung. Sie suchen sich aus den zufällig vorübergehenden Leuten ein Opfer aus und befehlen ihm, sich mit dem Gesicht nach unten in den Schnee zu werfen. Ist es ein Jude mit Bart, reißen sie diesen zusammen mit der Haut ab, bis der Schnee rot von Blut ist. Wenn ein Nazi schlechte Laune hat, kann das Opfer auch mal der jüdische Polizist sein, der mit ihm Wache schiebt.

Gestern habe ich selbst mit angesehen, wie ein Nazi-Gendarm in der Nähe des Übergangs vom Kleinen zum Großen Ghetto in der Chlodna-Straße einen jüdischen Polizisten »exerzieren« ließ. Der junge Mann bekam schließlich keine Luft mehr, aber der Nazi zwang ihn trotzdem noch, sich fallen zu lassen und wieder aufzustehen, bis er in einer Blutlache zusammenbrach. Dann rief jemand nach einem Krankenwagen, der jüdische Polizist wurde auf eine Trage gelegt und mit einer Sackkarre weggebracht. Im gesamten Ghetto gibt es nur drei Krankenwagen, weshalb in den meisten Fällen Sackkarren benutzt werden. Wir nennen sie Rikschas.[57]

10. JANUAR 1941

Letzte Nacht haben wir mehrere Stunden Todesangst ausgestanden. Gegen 23 Uhr platzte eine Gruppe von Nazi-Gendarmen in das Zimmer, in dem unser Hauskomitee eine Versammlung abhielt. Die Nazis durchsuchten die Männer, nahmen sich alles Geld, das sie finden konnten, dann befahlen sie den Frauen, sich zu entkleiden, in der Hoffnung, versteckte Diamanten zu finden. Unsere Untermieterin Frau R., die zufällig auch dabei war, protestierte couragiert und erklärte, sie werde sich in Gegenwart von Männern nicht ausziehen. Dafür bekam sie eine schallende Ohrfeige und wurde noch gröber durchsucht als die anderen Frauen. Die Frauen mussten über zwei Stunden lang nackt bleiben, während die Nazis ihnen ihre Revolver auf die Brust und den Intimbereich setzten und drohten, sie alle zu erschießen, sollten sie keine Dollars oder Diamanten ausspucken. Erst um 2 Uhr zogen die Bestien wieder davon, mit einer mageren Ausbeute von ein paar Armbanduhren, einigen armseligen Ringen und einer kleinen Summe polnischer Zloty. Sie fanden weder Diamanten noch Dollar. Die Bewohner des Ghettos rechnen jede Nacht mit derartigen Überfällen, aber die Treffen der Häuserkomitees hören deswegen nicht auf.

30. JANUAR 1941

Heute hatten wir das Auftakttreffen des Jugendklubs unseres Wohnblocks in der Sienna-Straße. In allen Straßen des Ghettos haben sich ähnliche Klubs gegründet.[58] Zum Vorsitzenden haben wir Manfred Rubin gewählt, einen intelligenten deutsch-jüdischen Flüchtling, der kurz vor dem Krieg nach Polen kam.

Ingenieur Stickgold begrüßte uns im Namen der Häuserkomitees der Sienna-Straße. Er mahnte uns, so fleißig wie möglich zu lernen und miteinander nicht nur das Brot, sondern auch unser Wissen zu teilen. Alle Mitglieder unserer Gruppe fingen sofort an, sich ein Thema für einen Vortrag zu suchen.

5. FEBRUAR 1941

Unter den Anwohnern der Sienna-Straße ist Panik ausgebrochen, denn das Gerücht geht um, dass die Straße vom restlichen Ghetto abgeschnitten werden soll. Angeblich wegen der ausgedehnten Schmuggelaktivitäten, die hier ablaufen. Aber das ist ganz sicher nicht der wahre Grund, denn das trifft auf alle Grenzstraßen zu, und wenn eine Straße abgeschnitten wird, wird sich der Schmuggel einfach in die nächste verlagern. Die Deutschen selbst bringen Gerüchte in Umlauf, nach denen die Sienna-Straße den jüdischen Anwohnern erhalten bleibt, sofern sie eine Abgabe zahlen. Das muss der wahre Grund für die Androhung sein – die Deutschen wollen aus den Ghettobewohnern eine große Summe Geld herausquetschen.

Unterdessen fällt langsam der Schnee, und der Frost malt herrliche Blumenmuster auf die Fensterscheiben. Ich träume von einem Schlitten, der übers Eis gleitet, und von der Freiheit. Werde ich jemals wieder frei sein? Ich bin richtig selbstsüchtig geworden. Einstweilen habe ich es ja noch warm und bekomme zu essen, aber um mich herum herrschen so viel Elend und Hunger, dass ich allmählich ganz unglücklich werde.

Manchmal schnappe ich mir schnell meinen Mantel und gehe hinaus auf die Straße. Ich schaue mir die Gesichter der Passanten an, die blau sind vor Kälte, und versuche mir den Anblick der obdachlosen, in Lumpen gewickelten Frauen und der Kinder mit ihren rissigen, gefrorenen Wangen einzuprägen. Sie kauern sich zusammen in der Hoffnung, beieinander ein wenig Wärme zu finden. In den Toreingängen stehen die Straßenhändler und bieten Süßigkeiten und Tabak zum Verkauf an. Sie tragen kleine Schachteln über der Schulter. Diese enthalten ein paar Packungen Zigaretten sowie eine Handvoll Süßigkeiten ohne ein Quäntchen Zucker, sie sind mit Sacharin gesüßt.

Durch ein Schaufenster an einem Laden kann ich die Spiegelbilder der Leute sehen. Es ist mittlerweile ein vertrauter Anblick für mich: Ein armer Mann tritt ein, um ein Viertelpfund Brot zu kaufen, dann geht er wieder. Auf der Straße reißt er ungeduldig ein Stück von der klebrigen Masse ab und steckt es sich in den Mund. Ein Ausdruck von Wohlgefühl breitet sich auf seinem Gesicht aus, und im Nu ist das ganze Stück Brot vertilgt. Jetzt zeichnet sich auf seinem Gesicht Enttäuschung ab. Er wühlt in seiner Hosentasche und holt seine letzten Kupfermünzen hervor… nicht genug, um noch irgendetwas zu kaufen. Alles, was er jetzt noch tun kann, ist, sich in den Schnee zu legen und auf den Tod zu warten. Vielleicht geht er ja zur Gemeindeverwaltung? Aber das hat keinen Zweck, da sind schon Hunderte in der gleichen Lage wie er. Die Frau hinter dem Schreibtisch, die sie in Empfang nimmt und sich ihre Geschichten anhört, ist teilnahmsvoll. Sie lächelt höflich und sagt ihnen, sie sollen in einer Woche wiederkommen. Jeder von ihnen muss warten, bis er an der Reihe ist, aber nur wenige werden die Woche überleben. Der Hunger wird sie vernichten, und jeden Morgen wird man einen weiteren Leichnam eines alten Mannes mit blauem Gesicht und geballten Fäusten im Schnee finden.

Was sind die letzten Gedanken dieser Menschen, und was bewegt sie dazu, so fest ihre Fäuste zu ballen? Sicher fiel ihr letzter Blick auf das Fenster des Ladens gegenüber von der Stelle, an der sie sich zum Sterben gelegt haben. In diesem Schaufenster sehen sie Weißbrot, Käse, ja sogar Kuchen, und bei ihrem letzten Einschlafen träumen sie davon, in einen Laib Brot zu beißen.

Jeden Tag gibt es in den Straßen des Ghettos mehr solcher »Brot-Träumer«. Ihre Augen sind von einem Nebel verschleiert, der nicht von dieser Welt ist... Für gewöhnlich sitzen sie den Schaufenstern der Lebensmittelläden gegenüber, aber ihre Augen sehen schon gar nicht mehr die Brotlaibe, die hinter den Glasscheiben liegen wie in einem weit entfernten, unerreichbaren Himmel.

Nachdem ich mir das alles ausgiebig angeschaut habe und mein Herz bis an den Rand voller Trauer ist, kehre ich in mein warmes Zimmer zurück, in dem ich die verlockenden Gerüche von gutem Essen auf dem Herd riechen kann. Meine Träume von Freiheit verblassen. Ich habe Hunger. Jetzt besteht mein einziger Wunsch darin, meinen Magen zu füllen.

15. FEBRUAR 1941

Eine Ghettostraße nach der anderen wird abgeriegelt. Jetzt werden für diese Arbeit nur noch Polen eingesetzt. Die Nazis trauen den jüdischen Maurern nicht mehr, die an vielen Stellen absichtlich Steine lose lassen, um nachts durch die Löcher Lebensmittel zu schmuggeln oder auf die andere Seite zu fliehen.

Die Mauern wachsen jetzt immer höher, und es gibt keine losen Steine mehr. Obenauf liegt eine dicke Schicht Lehm, die mit Glasscherben gespickt ist, damit sich die Menschen, die zu fliehen versuchen, die Hände zerschneiden.

Aber die Juden finden immer noch Mittel und Wege. Die Abwasserrohre wurden nicht gekappt, und durch diese Öffnungen holen sie kleine Beutel mit Mehl, Zucker, Getreide und anderen Waren herein. In dunklen Nächten nutzen sie auch Löcher in den Toren, um Nahrungsmittel hereinzubekommen. Das Herausnehmen eines einzelnen Steins reicht schon. Die Päckchen werden so gepackt, dass sie durch die Löcher passen.

Es gibt auch noch andere Möglichkeiten. Viele zerbombte Häuser liegen an der Grenze zwischen dem Ghetto und der anderen Seite. Die Keller dieser Häuser bilden häufig lange Tunnel, die sich über drei, vier oder fünf Häuser erstrecken. Der größte Teil des Schmuggels verläuft durch diese Tunnel. Die Deutschen wissen das, sind aber nicht imstande, den illegalen Handel in den Griff zu bekommen.

Währenddessen lösen die Nazis die größeren und moderneren Wohnblocks aus dem Ghetto heraus. Mehrere Straßen wurden schon aufgesplittet: Eine Seite gehört zum Ghetto, die andere zur arischen Seite. Mitten über die Straße verläuft Stacheldraht oder eine Mauer. Wir bangen schon um die Sienna-Straße, in der wir wohnen, denn an dieser Straße liegen die schönsten Häuser des ganzen Viertels.

17. FEBRUAR 1941

Die jüdische Gemeindeverwaltung hat ihre Vorbereitungen für einen Lehrgang in technischem Zeichnen, Architektur und bildender Kunst abgeschlossen. Ich habe mich dazu angemeldet. Man hat mir ein maschinengeschriebenes Faltblatt gegeben, in dem steht, dass der Lehrgang durch eine Sondergenehmigung der deutschen Behörden stattfindet und Teil eines übergreifenden Programms zur Ausbildung von jüdischen Jugendlichen ohne Berufsausbildung zu Schlossern, Elektrotechnikern sowie anderen Handwerkern ist. Uns allen ist klar, dass die wahre Absicht der Deutschen die ist, Arbeiter für ihre Kriegsindustrie auszubilden – Arbeiter, die ohne Lohn arbeiten werden.

Die Lehrgänge in Hüttentechnik und ähnlichen Fächern werden im Gemeindehaus in der Grzybowska-Straße 26 abgehalten und die in technischem Zeichnen in der Sienna-Straße 16, nicht weit von meinem Zuhause. Ich werde nicht der Gefahr ausgesetzt sein, viele Straßen weit zur Schule gehen zu müssen. Der Lehrgang wird sechs Monate dauern, und die Unterrichtsgebühr beträgt fünfundzwanzig Zloty im Monat. Für mittellose, aber begabte Studenten gibt es auch eine Anzahl von Stipendien.

Als ich mich anmelden ging, sah ich viele bekannte Gesichter, darunter Marek Unger, meine Klavierbegleitung, und Manfred Rubin, den Vorsitzenden des Jugendkomitees in unserem Block. Es gibt fast sechshundert Bewerber, obwohl nur ein paar Dutzend Plätze zu vergeben sind. Leider spielt bei der Auswahl der Studenten »Vitamin B« eine große Rolle. Anfangs habe ich dagegen aufbegehrt, aber als mir klar wurde, dass meine Chancen, zugelassen zu werden, nur gering waren, entschloss ich mich am Ende, zu den gleichen Mitteln zu greifen.[59]

20. FEBRUAR 1941

Heute habe ich eine Schulfreundin aus Lodz besucht, Lola Rubin. Ich habe große Hochachtung vor ihrem Mut. Dieses siebzehnjährige Mädchen bringt sich und ihren zehnjährigen Bruder alleine durch. Ihre Eltern sind im Ghetto in Lodz geblieben. Lola Rubin ist es gelungen, irgendwo eine gefälschte Geburtsurkunde aufzutreiben, ausgestellt auf einen christlichen Namen, und mithilfe dieses magischen Stücks Papier bestreitet sie ihren Lebensunterhalt. Sie geht häufig auf die arische Seite hinüber, kauft dort verschiedene kleinere Sachen, die im Ghetto inzwischen nicht mehr zu haben sind, und verkauft sie mit einem satten Gewinn an Bekannte weiter. Für gewöhnlich überschreitet sie die Grenzlinie im Gerichtsgebäude in der Leszno-Straße, in dem sowohl Fälle von Juden als auch von Nichtjuden verhandelt werden. Eine Seite dieses Gebäudes geht zur Ogrodowa- und zur Biala-Straße hinaus, die neben der arischen Seite liegen. Dort mischt sie sich unter die Polen, die ins Gerichtsgebäude kommen.

Lola hat ein kleines Zimmer und bekommt viel Besuch. Heute bin ich dort einer interessanten Gestalt begegnet, Mickey Mundstuck, einem Zwerg. Er ist vierundzwanzig Jahre alt, kommt aus Leipzig und spricht Deutsch und Englisch. Er hat uns seine außergewöhnliche Lebensgeschichte erzählt. Mit acht Jahren wurde er von seinem Vater nach Hollywood gebracht. Er war ein Kinderstar und hat in verschiedenen Filmen mitgespielt. Um seine Karriere fortsetzen zu können, musste Mickey ein Kind bleiben, aber da er größer wurde, beschloss sein Vater, ihn operieren zu lassen, um sein Wachstum zu hemmen. Aber das hat nichts genützt. Andere Kinderstars wurden berühmt, und mit Mickeys Filmkarriere war es vorbei. 1933 hat er Hollywood verlassen und ist nach Deutschland zurückgekehrt. Die Nazis hatten gerade die Macht ergriffen und schickten seinen Vater ins Konzentrationslager nach Dachau, wo er starb. Mickey blieb alleine zurück, und vor ein paar Monaten wurde er nach Warschau deportiert. Jetzt verdient er sich seinen Lebensunterhalt mit Englischunterricht.

25. FEBRUAR 1941

Die letzten drei Tage habe ich an dem Lehrgang in bildender Kunst teilgenommen. Es herrscht eine angenehme Atmosphäre. Ich habe das Gefühl, ich würde jeden Tag für ein paar Stunden in eine andere Welt eintauchen, eine Welt weit ab vom gespenstischen Leben im Ghetto. Der Unterricht dauert von neun Uhr morgens bis halb drei am Nachmittag und umfasst sowohl theoretische Themen als auch praktische Übungen. Zur Theorie gehören Kunstgeschichte, Architekturgeschichte, die Geschichte des Kostümdesigns sowie verschiedene Sparten des Zeichnens, angefangen mit geometrischen Figuren bis hin zu Blaupausen, Ornamentik und Schriftarten.

Die Professoren für Zeichnen sind Hilf, ein Wiener Künstler, und Greifenberg, der bekannte Warschauer Grafiker. Geometrie und Architekturgeschichte werden von Ingenieur Goldberg unterrichtet, der die meisten der modernen Regierungsgebäude in Warschau gebaut hat. Er ist bei den Studenten besonders beliebt.

Die jungen Leute, die den Lehrgang besuchen, sind unterschiedlich alt. Der Jüngste ist fünfzehn, der Älteste dreißig. Einige von ihnen haben vor dem Krieg als Grafiker gearbeitet, und manche waren sogar als Maler berühmt. Es gibt auch ein paar Diplomingenieure. Die Mehrzahl sind Männer, und dafür gibt es einen guten Grund. In letzter Zeit wurden massenweise jüdische Männer zusammengetrieben und in Arbeitslager verschickt, von denen niemand zurückkehrt. Inzwischen schicken die Deutschen die Leute vorzugsweise in das Gebiet um den Fluss Bug, wo sie eingesetzt werden, um nahe der sowjetischen Grenze Festungsanlagen zu bauen.

Die Studenten in den Gemeindelehrgängen werden nicht in Arbeitslager verschickt, aber sobald sie ihren Abschluss gemacht haben, sind sie verpflichtet, sich »freiwillig« beim deutschen Arbeitsamt zu melden. Doch wen kümmert es schon, was in acht Monaten sein wird? Bis dahin ist der Krieg ja womöglich schon vorbei. Kein Wunder, dass die meisten unserer Studenten Männer sind. Auch die Gemeinde befürwortet dies, denn vorläufig sind Mädchen nicht vom Arbeitslager bedroht.

Juden im Warschauer Ghetto warten darauf,
dass sie in der Suppenküche an die Reihe kommen, 1941

Kapitel 3

Das Leben geht weiter

28. FEBRUAR 1941

Die Brotknappheit spitzt sich immer mehr zu. Auf die offiziellen Lebensmittelkarten bekommt man nur sehr wenig, und auf dem Schwarzmarkt kostet ein Pfund Brot inzwischen zehn Zloty. Das ganze Brot ist schwarz und schmeckt nach Sägemehl. Weißbrot kostet sogar schon fünfzehn bis zwanzig Zloty. Auf der arischen Seite sind die Preise viel niedriger. Viele unserer Studenten kommen zum Unterricht, ohne dass sie etwas im Magen haben, und jeden Tag veranstalten wir eine Brotsammlung für sie.[60] Das Los unserer Modelle ist sogar noch tragischer. In letzter Zeit zeichnen wir viele Porträts, und unser bevorzugtes Sujet ist »Elend«. Dafür mangelt es nicht an Modellen. Sie stehen Schlange, um sich ein paar Pfennige zu verdienen, indem sie für uns Modell sitzen. Oftmals schlafen sie dabei ein, und mit ihren geschlossenen Augen sehen sie aus wie Leichname.

Die Leiter unseres Lehrgangs zahlen zwei Zloty für zwei Stunden Modellsitzen, und wir sammeln für jedes Modell ein paar Stückchen Brot ein. Gestern war unser Modell ein elfjähriges Mädchen mit wunderschönen dunklen Augen. Die ganze Zeit über zitterte das Kind vor Fieber, und es fiel uns schwer, es zu zeichnen. Jemand schlug vor, ihm etwas zu essen zu geben. Das kleine Ding aß schlotternd nur einen Teil des Brotes, das wir ihm anboten, den Rest wickelte es sorgfältig in ein Stück Zeitung. »Das ist für meinen kleinen Bruder«, sagte sie. »Er wartet zu Hause darauf, dass ich ihm etwas mitbringe.«

Danach saß das Mädchen die gesamte Zeichenstunde über still da.

Einmal waren wir gezwungen, einen alten Mann aus dem Klassenzimmer zu tragen. Er war vor Hunger ohnmächtig geworden und konnte nicht einmal mehr das Brot aufessen, das wir ihm gegeben hatten.

4. APRIL 1941

Die Anzahl der Berufsschulen und Lehrgänge im Ghetto nimmt zu. Die ORT[61] bietet einen Lehrgang speziell für Mädchen an, unter der Leitung von Roma Brandes, der Frau des Anwalts und jüdischen Sozialistenführers, der ins Ausland geflohen ist. Diese Lehrgänge behandeln folgende Fachgebiete: Damenschneiderei, Kinderbekleidung, Handschuhherstellung, Putzmacherei, Damenhandtaschen und künstliche Blumen. Für die Lehrgänge hat sich die ORT zwei Säle in der Leszno-Straße 13 und in der Nalewki-Straße 13 gesichert. Meine Schwester Anna[62] hat sich für den Lehrgang in Kinderbekleidung angemeldet. Der Unterricht findet zu zwei Zeiten statt, einmal morgens und einmal nachmittags, und eine große Zahl von Mädchen nimmt daran teil. Sie fertigen Schuhe für Waisenhäuser an, in denen fast alle Kinder barfuß gehen. Da an Leder nicht heranzukommen ist, werden im Ghetto alte Filzhüte gesammelt und in die Schule gebracht, wo man sie reinigt und zu verschiedenartigen Schuhen verarbeitet. Als Sohlen verwenden die Schüler zwei oder drei Filzschichten oder auch Leder von alten Schuhen, die wohlhabende Ghettobewohner für diesen Zweck gespendet haben. Die Mädchen gehen bereitwillig ans Werk, denn sie wissen, wie viele frierende Füße auf die Früchte ihrer Arbeit warten, und niemand will dafür bezahlt werden.

Überhaupt wird den Kindern viel Aufmerksamkeit zuteil. In vielen Häusern gibt es spezielle Komitees, die mithelfen, mittellose Waisen zu versorgen. In unserem eigenen Haus wird jeden Freitag ein Kessel Suppe speziell für das Mattias Berson Kinderkrankenhaus[63] in der Sienna-Straße gekocht. Es gibt auch noch verschiedene andere Organisationen für Kinder. Besonders beliebt ist das sogenannte Löffel-Komitee, das jede Woche von allen Mietern in einem Haus

Zwei notleidende Kinder betteln am Straßenrand im Ghetto

einen Löffel Zucker oder zwei Löffel Mehl und Haferbrei einsammelt. Auch Kartoffeln, Möhren, Rote Bete, Kohl und andere Nahrungsmittel werden gesammelt.

Der Jugendzirkel unseres Hauses in der Sienna-Straße 41 unterstützt das Kinderheim von Dr. Janusz Korczak. Jeden Tag werden zwei von uns dafür eingeteilt, Sammlungen durchzuführen, und alle, selbst die, die selber Hilfe benötigen, spenden bereitwillig für Dr. Korczaks kleine Schutzbefohlene. Die Namen der Spender und ihre Beiträge werden aufgelistet und im Hausflur ausgehängt.

Die Kinderheime leben inzwischen fast ausschließlich von solchen Spendenaktionen, da die verschiedenen Gemeindeorganisationen sich den Tausenden von obdachlosen Flüchtlingen widmen müssen, die täglich im Ghetto ankommen.

9. APRIL 1941

Unsere Theatertruppe setzt ihre Aufführungen fort. Es ist jetzt allgemein bekannt, dass jeden Montag die Jugendlichen aus dem Kleinen Ghetto zusammenkommen, um sich die Darbietungen der LZA anzusehen. Wir sind inzwischen schon ein altbewährtes Ensemble. Anfangs gab es viele solcher Gruppen, aber die meisten haben sich nicht lange gehalten.

In der Sienna-Straße Nummer 16 hat in dem Haus, in dem unsere Lehrgänge in bildender Kunst stattfinden, ein neues Café eröffnet, geführt von Tatiana Epstein. Die Serviererinnen sind Damen der besten Gesellschaft. Berühmte Künstler treten dort auf, darunter der Klaviervirtuose Wladyslaw Szpilman. In ein paar Tagen veranstaltet das Café einen Wettbewerb für junge Talente. Der erste Preis ist ein Vertrag für einen einwöchigen Auftritt zu einem guten Honorar. Ich habe meinen Namen in die Liste der Bewerber eingetragen.

14. APRIL 1941

Unsere Vorstellung heute war für mich eine wundervolle Erfahrung. Ich hatte vorgeschlagen, dass wir zum Pessach etwas aus der Haggada[64] nehmen sollten, und da ich die beste Hebräischschülerin aus unserer Gruppe bin, wurde mir die Ehre zuteil, die Verwünschungen vorzutragen. Zu einer eindringlichen rhythmischen Klavierbegleitung brüllte ich die zehn Plagen heraus, die jeder Jude im Ghetto den Nazis an den Hals wünscht. Das gesamte Publikum sprach mir die Worte nach, und alle miteinander wünschten wir im Stillen, dass die Plagen die neuen Ägypter so bald wie möglich heimsuchen mögen… aber bis dahin liegt der Zorn Gottes schwer auf seinem auserwählten Volk.

20. APRIL 1941

Der Café-Wettbewerb war ein riesiger Erfolg, und während der drei Tage, die er andauerte, war das Lokal bis unters Dach gerammelt voll. Es gab Preise für Gesang, Tanz, Vortrag und musikalische Darbietungen auf einem Instrument.

Stanislawa Rapel, eine Schülerin von Janina Pruszycka, gewann den ersten Preis im Tanzen. Ein sechsjähriger Junge, ein Schüler von Wladyslaw Szpilman, bekam den ersten Preis für sein Klavierspiel. Dieser kleine Junge ist ein echtes Genie und ein versierter Virtuose.

Ich gewann den ersten Preis für das Singen von Jazzliedern auf Englisch, und wie immer wurde ich von Romek Kowalski begleitet.

Die Vergabe der Preise fand in einer Atmosphäre grenzenloser Begeisterung statt. Die Jury, die die Preise vergab, bestand aus Wladyslaw Szpilman, Helena Ostrowska, der bekannten Sängerin, dem Redakteur Stefan Pomper, der Frau des Architekten Bela Gelbard, die sich als großzügige Förderin der Künste großer Beliebtheit erfreut, und Tatiana Epstein, der Besitzerin des Cafés.

Das künstlerische Leben floriert im Ghetto. In der Nowolipie-Straße betreibt die Schauspielerin Diana Blumenfeld, die Frau von Jonas Turkow, ein winziges jiddisches Kleinkunsttheater mit Namen Azazel. In der Nowolipki-Straße, die parallel zur Nowolipie verläuft, gibt das Cameral Theater Vorstellungen auf Polnisch. In den vergangenen vier Wochen haben sie die beliebte Komödie *Dr. Berghofs Sprechstunde ist von zwei bis vier* des tschechischen Dramatikers Polaczek aufgeführt.[65] Die führenden Darsteller an diesem Theater sind Michal Znicz, Aleksander Borowicz und Wladislaw Gliczynski.

Das Femina Theater in der Leszno-Straße ist sehr erfolgreich. Dort kann man Aleksander Minowicz, Helena Ostrowska, Franciszka Man (die den ersten Preis bei einem internationalen Tanzwettbewerb gewonnen hat), Kinelski, Pruszycka und ihr Ballett, Noemi Wentland und viele weitere Berühmtheiten sehen, von denen – vor dem Krieg – keiner wusste, dass sie Juden sind. Das Femina hat ein gemischtes Repertoire aus Revuen und Operetten. Kürzlich hat es *Der Juxbaron*[66] aufgeführt sowie eine Revue, bei der Parodien und Lieder über den Judenrat im Vordergrund standen. Bissige Bemerkungen gingen in Richtung der Ghetto-»Regierung« und ihrer »Minister«. Darunter waren viele treffende Anspielungen auf gewisse bürokratische Herren der Gemeindeverwaltung, aber alles in allem fand ich, dass der Standpunkt dieser Leute übertrieben war und vielleicht sogar auch unfair, besonders was den Vorsitzenden der Gemeinde angeht, Ingenieur Czerniakow, dessen Position alles andere als beneidenswert ist.

Zugegeben, Czerniakow fährt häufig mit dem Auto weg, um sich mit Gouverneur Frank zu treffen,[67] aber jedes Mal kommt er als gebrochener Mann zurück. Er trägt die schwere Bürde der Verantwortung für alles, was im Ghetto geschieht. Zum Beispiel nehmen die Deutschen, sobald sie herausfinden, dass jemand illegale Zeitungen in Umlauf bringt, Geiseln aus dem Kreis der Gemeindeverwaltung, den sie bewusst erweitert haben und zu dem inzwischen die bekanntesten Persönlichkeiten gehören. Diese Menschen beweisen außergewöhnlichen Stolz und Mut und bezahlen dafür häufig mit ihrem Leben. Das alles ist doch wohl kein passendes Thema für Satire.

Präsident Czerniakow wohnt in der Elektoralna-Straße 26. Ich komme oft in dieses Haus, weil eine Freundin von mir ebenfalls dort wohnt, aber ich habe den Präsidenten noch nie im Treppenhaus oder auf der Straße gesehen. Er geht nur selten aus, denn seine schweren Aufgaben nehmen ihn voll und ganz in Anspruch. Es ist nicht leicht, ihn aufzusuchen. Man muss erst an einer ganzen Anzahl von Sekretärinnen und Empfangsleuten hinter vergitterten Fenstern vorbei und durch verschiedene Büros gehen. Oft muss eine Privatperson drei Wochen warten, bis sie den Präsidenten zu Gesicht bekommt. Bis dahin hat sich das gewünschte Gespräch dann schon erledigt und der Bittsteller überlässt seinen Platz dem Nächsten.

Ich hatte Gelegenheit, Präsident Czerniakow während seiner Besuche an unserer Schule zu sehen. Der große, kräftige Mann mit einem breiten, unerschütterlichen Gesicht ist immer in Schwarz gekleidet und trägt eine Brille. Er hat einen scharfen, aber auch sanften Blick. Ich habe ihn noch nie lächeln sehen, aber das ist ganz natürlich, wenn man seine schwere Verantwortung bedenkt. Sich jeden Tag mit den Deutschen auseinandersetzen zu müssen und gleichzeitig die Beschwerden und Vorwürfe einer hungernden, verbitterten und misstrauischen Bevölkerung zu ertragen – eine solche Aufgabe ist gewiss nicht beneidenswert. Ich wundere mich nicht, dass er immer so trübsinnig aussieht.

Immer wenn Czerniakow unsere Schule besucht, wird er von Ingenieur Jaszunski begleitet, dem Leiter des Netzwerks der Schulen in der Gemeinde. Jaszunski ist fast so groß wie Czerniakow, trägt einen Spitzbart und hat dichte Augenbrauen, die sein sanftes Gesicht noch sanfter aussehen lassen. Er verfügt über ein umfassendes Wissen und zeigt großes Interesse an unserer Arbeit.

Wenn sie kommen, inspizieren sie die Porträts, Zeichnungen, modernen Beschriftungsmuster, Blaupausen für Gebäude und technischen Zeichnungen. Uns ist kaum bewusst, was für große Fortschritte wir in so kurzer Zeit schon gemacht haben. Ich selbst wusste nicht mal, wie man einen Bleistift richtig hält, als ich mit dem Unterricht anfing, und habe trotzdem in den letzten beiden Monaten eine ganze Menge gelernt.

27. APRIL 1941

Heute waren die Deutschen schon wieder bei uns in der Schule. In letzter Zeit kommen sie immer öfter. Sobald ihr graues Auto in unsere Straße einbiegt und wir durchs Fenster eine Gruppe Offiziere in gelben SA-Uniformen mit roten Armbinden und Hakenkreuzen aussteigen sehen, bricht in unserem Unterrichtsraum eine große Hektik aus. Die Lehrer nehmen die besten Arbeiten der Schüler aus ihren Mappen. Wir streifen uns hastig unsere Armbinden über, die sogar noch über Kleidern und Pullovern getragen werden müssen. Alles wird schnell in Ordnung gebracht. Gott bewahre, dass die Deutschen auch nur einen Schnipsel Papier auf dem Fußboden vorfinden.

Mit festem Schritt kommen sie unverfroren hereinmarschiert. Im Raum herrscht eine totengleiche Stille. Ingenieur Goldberg, unser Lehrer, der ausgezeichnet Deutsch spricht, begrüßt die Besucher. Er beantwortet alle ihre Fragen und zeigt ihnen die besten Zeichnungen. Die Deutschen interessieren sich nicht für die Bilder und auch nicht für die Blaupausen. Die meiste Aufmerksamkeit widmen sie den technischen Zeichnungen, mit denen sie sich lang und breit befassen und die sie in allen Einzelheiten kritisieren. Bevor sie wieder gehen, kontrollieren sie noch unsere Armbinden, und wenn sie feststellen, dass eine ein klein wenig knittrig ist, fangen sie an zu schimpfen und drohen, die Schule zu schließen. Sobald das graue Auto abfährt, seufzen wir erleichtert auf und gehen wieder an unsere Arbeit.

20. MAI 1941

Auf der anderen Seite des Stacheldrahts ist der Frühling ausgebrochen. Von meinem Fenster aus kann ich die jungen Mädchen sehen, die mit Fliedersträußen über die arische Straßenseite spazieren. Ich kann sogar den zarten Duft der geöffneten Knospen riechen. Aber im Ghetto ist von Frühling keine Spur. Hier werden die Strahlen der Sonne von dem schweren grauen Asphalt verschluckt. Auf ein paar Fensterbänken sprießen, eher gelb als grün, lange, dürre Zwiebelstängel. Wo sind meine herrlichen Frühlingstage von früher geblieben, die heiteren Spaziergänge im Park, die Narzissen, der Flieder, die Magnolien, mit denen mein Zimmer vollstand? Heute haben wir keine Blumen mehr, keine grünen Pflanzen.

Es ist mein zweiter Frühling im Ghetto. Auf den Gemüsewagen in den Straßen sieht man nur schmutzige Rüben und Möhren vom letzten Jahr. Daneben stehen Wagen mit stinkendem Fisch – winzige Fische im Zustand der Verwesung. Ein Pfund davon kostet einen Zloty. Diese Fische sind inzwischen das wichtigste Nahrungsmittel im Ghetto. Es ist das Einzige, das mit Erlaubnis der Deutschen frei verkäuflich ist. Natürlich sind auch Fleisch, Hühnchen und sogar echter Karpfen für den Sabbat zu haben. Der Basar in der Leszno-Straße hat alles, was das Herz begehrt – aber Hähnchenfleisch kostet zwanzig Zloty das Pfund. Koscheres Fleisch und Fisch sind sogar noch teurer. Nur wer über große Bargeldreserven verfügt, kann sich einen derartigen Luxus leisten, und von solchen Leuten gibt es im Ghetto nur noch sehr wenige.

Die Volksküchen sind noch geöffnet, und dort kann man für dreißig Groszy einen Teller Suppe bekommen, bestehend aus heißem Wasser, in dem eine Kartoffel schwimmt. Die Gemeindeverwaltung hat auch eine Küche für ihre Angestellten, in der Suppe mit Hafergrütze serviert wird, aber die kostet einen Zloty.

Die Versorgungsabteilung der Gemeindeverwaltung wird von Abraham Gepner geleitet. Er überwacht die verschiedenen Fabriken, die in letzter Zeit im Ghetto aufgemacht haben, um Lebensmittel zu produzieren, darunter »Honig« und Marmelade. Diese Marmelade besteht aus mit Sacharin gesüßten Möhren und Roten Beten. Der »Honig« ist gelb-braune Melasse. Das einzig Gute an diesem Produkt ist seine natürliche Süße. Aber eine Scheibe Brot mit solchem Honig ist für die meisten Leute unerschwinglich.

Es gibt noch eine andere Erscheinung im Ghetto: Neue Cafés und teure Lebensmittelgeschäfte sind aufgetaucht. In denen kann man alles haben. In der Sienna- und der Leszno-Straße sieht man Frauen in eleganten Mänteln und Kleidern, die von den besten Schneiderinnen gefertigt wurden. Das Ghetto hat sogar seine eigenen Modestile. Die meisten Frauen tragen lange Jacken ohne Kragen oder Revers, sogenannte »französische Blazer«, und Tellerröcke. Die Hüte sind überwiegend klein, rund und sehr hoch. Auch hohe Korkabsätze sind groß in Mode. Die Modefarben sind grau und dunkelrot. Bei gutem Wetter sieht man mit großen Blumen bedruckte Kleider aus französischer Seide.

Die vornehme Gesellschaft trifft sich im Café Sztuka (Kunst) in der Leszno-Straße, dem populärsten Lokal im Ghetto. An elegant gedeckten Tischen vergnügen sich die oberen Zehntausend des Ghettos zu den Klängen eines erstklassigen Orchesters. Genauso wie sie es vor dem Krieg getan haben, tratschen sie und tauschen sich über die neueste Mode aus. Die ungeheuer erfolgreiche Sängerin Wera Gran ist dort zu hören. Es gibt noch viele weitere Cafés in der Leszno-Straße. Wladyslaw Szpilman spielt im Café Pod Fontanna (Unter dem Brunnen).

Im Kleinen Ghetto hat in der Ogrodowa-Straße ein Gartencafé mit dem Namen »Bajka« (Märchen) eröffnet. Die Tische stehen im Freien, dazwischen ein bisschen Gras und zwei Bäume. Dieses Café befindet sich auf dem Gelände eines vollständig ausgebombten Hauses. Auf der einen Seite steht eine Mauer mit ausgebrannten Fensteröffnungen, was einen großartigen Hintergrund bildet. Nicht weit entfernt gibt es einen »Strand« – ein Stück Erdboden, auf dem man ein paar Liegestühle aufgestellt hat. Für zwei Zloty kann man dort den ganzen Tag ein Sonnenbad nehmen. Badeanzüge sind Voraussetzung, wohl um die Atmosphäre eines echten Strandes nachzuvollziehen.

Die Stellen, an denen früher zerbombte Häuser gestanden haben, werden für unterschiedliche Zwecke genutzt, um den Wohnraum des Ghettos zu erweitern. Auf diesem Gebiet zeigt die kürzlich gegründete Toporol-Gesellschaft[68] großen Einsatz. Ziel dieses Vereins ist es, die Menschen für die Gartenarbeit zu begeistern. Alle freien Parzellen wurden von der Gemeinde beschlagnahmt und an die Toporol übergeben. Hunderte Jungen und Mädchen bearbeiten die Parzellen, auf denen zerbombte Gebäude standen, sowohl auf den Höfen als auch auf den Straßen.

Darüber hinaus erlauben die deutschen Behörden einer großen Gruppe von freiwilligen Landarbeitern, jeden Tag das Ghetto zu verlassen, um die Äcker außerhalb der Stadt zu bestellen. Die Arbeit bietet den jungen Leuten aus dem Ghetto die Möglichkeit, ein bisschen frische Luft zu schnappen. Die meisten Mitglieder dieser Gruppen sind Zionisten, die glauben, dass sie es durch irgendein Wunder nach Palästina schaffen werden. Aus diesem Grund sind sie froh darüber, Erfahrungen als Landarbeiter sammeln zu können.[69]

Ich blicke mit einem gewissen Stolz auf diese Mädchen und Jungen, die durch die Ghettostraßen marschieren, nachdem sie von der Arbeit da draußen zurückkehren. Alle sind sie von der Sonne gebräunt und gestärkt durch die frische Luft, die sie auf den Feldern außerhalb der Stadt eingeatmet haben. Aus ihren Rucksäcken schauen Radieschen und junge Möhren hervor. Jeder Einzelne von ihnen hat einen Laib frisches Brot dabei, den ihm die Bauern gegeben haben. Offiziell ist es verboten, von draußen Brot mitzubringen, aber in diesem Fall drücken die Deutschen ein Auge zu, weil sie die Arbeitskraft dieser jungen Leute brauchen.

Die Toporol bemüht sich, so viel Gemüse wie möglich im Ghetto anpflanzen zu lassen. Die ersten in der Erde des Ghettos angebauten Rettiche sind auf den Markt gekommen. Dieses lokale Gemüse erleichtert auch den Verkauf des Grünzeugs, das hereingeschmuggelt wird. Hier und da sieht man kleinere Mengen Spinat auf den Wagen, und in einigen Schaufenstern ist sogar der herrschaftliche Spargel aufgetaucht – zu acht Zloty das Pfund. Und es gibt große Mengen an Frühlingszwiebeln für zwanzig Groszy das Bund. Sie werden in Töpfen und Schachteln auf Dächern und Fensterbänken, in allen erdenklichen Ecken und Winkeln angebaut.

5. JUNI 1941

Im Ghetto ist ein neues Beförderungsmittel aufgetaucht. Durch die Fenster unserer Schule in der Sienna-Straße sah ich heute Morgen die erste von Pferden gezogene Straßenbahn vorüberfahren. Einer unserer älteren Lehrer bemerkte scherzhaft, er müsse wohl jünger werden – auf einmal sind seine Kindertage wieder da, als in Warschau nur Pferdebahnen fuhren. Ich war damals noch nicht geboren, und das Einzige, was mir einfällt, wenn ich diese Gefährte sehe, ist die Zeit Napoleons.

Die Omnibusse von 1941 werden die Kohn-Hellers genannt nach den Namen der beiden Partner Kohn und Heller, die das Omnibusunternehmen gegründet haben. Es sind Holzwagen mit Fenstern, und sie sehen wie normale Straßenbahnwagen aus, nur sind sie oben gelb gestrichen und unten blau, und in der Mitte prangt ein weißer Davidstern mit der Aufschrift TKO (der polnischen Abkürzung für Gesellschaft für Omnibusbeförderung). Dieses Gefährt bewegt sich auf hohen Rädern und erweckt den Eindruck einer riesigen gelbblauen Armbinde. Der Fahrer und der Schaffner tragen spezielle dunkle Uniformen. Der Fahrpreis beträgt zwanzig Groszy. Oft hält der Fahrer den Omnibus mitten während der Fahrt an, um »nachzutanken«, sprich die beiden ausgemergelten, schwitzenden Stuten zu tränken, die es kaum schaffen, den überfüllten Wagen zu ziehen.

Diese Omnibusse sind eine Privatunternehmung, und neben Kohn und Heller gibt es noch einige kleinere Aktionäre, aber es heißt, dass die Hauptgesellschafter die Herren von der Gestapo sind, die die Erlaubnis für das Unternehmen gegeben haben.

Unterdessen werden die Ghettomauern immer höher. Stacheldrahtzäune werden nach und nach durch Ziegelmauern ersetzt.[70] An den Stellen, an denen das jüdische Viertel nur mit Stacheldraht von der arischen Seite abgetrennt ist, stehen Schilder mit der Aufschrift

Seuchensperrgebiet – Nur Durchfahrt gestattet. Das soll die deutschen Soldaten davor warnen, den verbotenen Bereich zu betreten, der angeblich ein Nährboden für ansteckende Krankheiten ist.

Die jüdische Gemeinde wird gezwungen, das Baumaterial für die Ghettomauer zur Verfügung zu stellen. Zu diesem Zweck hat der Gemeinderat einen Sonderausschuss eingerichtet, der den Namen Instandhaltung der Seuchensperrmauern bekommen hat. Geleitet wird dieser Ausschuss von Ingenieur Mieczyslaw Lichtenbaum. Jetzt werden Arbeiter eingestellt, um Ziegelsteine an die Stellen zu bringen, an denen die Mauern noch nicht fertig sind. Der Ausschuss nimmt die Steine von zerbombten Häusern, und davon gibt es eine reiche Auswahl. Auch mein junger Onkel, der sechsundzwanzigjährige Percy, sammelt diese Steine von zerstörten Häusern zusammen. Es ist eine gefährliche Arbeit, trotzdem beträgt der Lohn nur zehn Zloty pro Tag, was kaum für zwei Pfund Schwarzbrot reicht. Die Aufseher der Abbrucharbeiter werden viel besser bezahlt, aber um Aufseher zu werden, braucht man »Vitamin B«.

Meinem Freund Romek Kowalski ist es gelungen, eine solche Stelle zu ergattern. Wegen seiner schlechten finanziellen Verhältnisse war er gezwungen, den Zeichenlehrgang abzubrechen und sich eine Anstellung zu suchen. Sein Vater ist bei der Belagerung von Warschau gestorben, und er muss jetzt seine Mutter und seine jüngere Schwester ernähren. Solange sie noch Sachen hatten, die sie verkaufen konnten, kamen sie zurecht, aber jetzt sind ihr Schmuck und ihre Pelze weg, und Romek muss arbeiten. Glücklicherweise ist Ingenieur Lichtenbaum ein Verwandter von ihm, deshalb hatte Romek keine Schwierigkeiten, einen Posten als Vorarbeiter zu bekommen.

Seine Aufgabe ist es, dafür zu sorgen, dass die anderen ihre Arbeit zügig erledigen. Sehr oft werden die Steine von Häusern auf der arischen Seite genommen. Dann geht Romek mit seinen Leuten am deutschen Wachposten an der Ghettomauer vorbei und meldet der Nazi-Wache die Anzahl seiner Arbeiter. Er ist für sie verantwortlich, und wenn sie zurückkehren, muss die komplette Mannschaft anwesend sein. Außerdem muss er noch dafür sorgen, dass niemand etwas ins Ghetto hineinschmuggelt. Sollte irgendetwas bei seinen Arbeitern gefunden werden, unterliegt er genauso wie der Schmuggler der Todesstrafe. Er arbeitet zwölf Stunden am Tag, von sieben Uhr morgens bis sieben Uhr abends. Wenn er heimkommt, kann er kaum noch die Füße heben.

Romek Kowalski überwacht den Bau der Ghettomauer

Romek grämt sich sehr darüber. Er hat den Wunsch, etwas zu lernen, etwas Sinnvolles aus seinem Leben zu machen. Er träumt davon, Architekt zu werden, Häuser zu bauen und sie nicht abzureißen, wie er es jetzt tut. Er muss das Baumaterial zusammensuchen, mit dem seine Brüder und er lebendig begraben werden.

Wenn Romek nicht zu müde ist, gehen wir abends ein bisschen spazieren. Die Sperrstunde ist jetzt um neun und nicht mehr um acht wie früher. Wir gehen auf dem schmelzenden Asphalt die heißen Straßen hinunter, mutlos und in gedrückter Stimmung. Worauf können wir noch hoffen? Wenn der Krieg noch ein weiteres Jahr dauert, wird unsere Kraft erschöpft sein. Wer jetzt noch Geldreserven hat, wird in einem Jahr nichts mehr davon haben. Manche werden eher verschwinden, andere später – für keinen innerhalb der Ghettomauern gibt es Hoffnung.

Ich bemühe mich, diese Gedanken zu unterdrücken, aber Romek sagt immer wieder: »Ich fühle, dass ich das Ende des Krieges nicht mehr erleben werde.« Vergeblich versuche ich ihn zu trösten. Er lächelt bitter über meine aufmunternden Worte, zeigt auf die halb toten Obdachlosen in den Straßen und sagt: »In ein paar Wochen wirst du mich unter ihnen sehen.« Ich versuche, ihn von solch düsteren Gedanken abzulenken, aber tief in meinem Herzen weiß ich, dass er recht hat.

Von Zeit zu Zeit gehen wir ins Theater. Letzten Sonntag haben wir ein Matineekonzert von Marysia Eisenstadt im Femina besucht. Sie ist neunzehn Jahre alt, braunhaarig, von mittlerer Größe und nicht besonders hübsch, aber sie hat eine außergewöhnliche Stimme und wird die »Nachtigall des Ghettos« genannt. Sie ist die Tochter des ehemaligen Chorleiters der Synagoge in der Tlomacki-Straße, der jetzt das Symphonieorchester des Ghettos leitet. Sie tritt zwar erst seit ein paar Wochen öffentlich auf, ist aber schon enorm beliebt. Bei ihrem ersten Konzert, das Romek und ich besuchten, war der riesige Saal des Femina gerammelt voll. Sie sang einige alte französische Lieder von Béranger sowie Mozarts »Alleluja«.[71] Es war eine Freude, sie in der Mitte der Bühne neben ihrem Vater stehen zu sehen, der ein zwanzig Mann starkes Orchester dirigierte. Tosender Applaus hallte durch den Saal, und sie musste mehrere Stücke noch einmal singen. Nach dem Konzert wurden ihr drei oder vier prächtige Blumensträuße überreicht, die vermutlich von der arischen Seite hereingeschmuggelt worden waren, denn in den Blumenläden auf der Leszno-Straße sind Rosen und Lilien nicht zu bekommen.

Kapitel 4

Untergrund

10. JUNI 1941

Heute fand ich ein verbotenes Blatt zwischen den Seiten der *Gazeta Zydowska*, der offiziellen (jüdischen) Ghetto-Zeitung. Ich habe den Verdacht, dass der Postbote es selbst hineingetan hat. Es ist auf edlem rosafarbenem Briefpapier gedruckt und enthält Nachrichten, die die British Broadcasting Corporation ausgegeben hat, sowie eine Warnung, sich nicht dazu verleiten zu lassen, für die Deutschen zu arbeiten.

Die Kriegsberichterstattung auf diesem illegalen Blatt ist ganz anders als das, was die *Gazeta Zydowska* veröffentlicht, die mit Erlaubnis von Gouverneur Frank in Krakau gedruckt wird! Aber die Leser der offiziellen Zeitung übergehen die erste Seite ohnehin. Diese Zeitung wird wegen ihres Innenteils gelesen, der wertvolle Berichte aus den verschiedenen abgesonderten jüdischen Vierteln im gesamten Generalgouvernement bringt. So gesehen ist die *Gazeta Zydowska* die einzige legale Kontaktmöglichkeit zwischen den verschiedenen Ghettos. Den Mitteilungen, die die Judenräte oder Ältestenräte der diversen Gemeinden einsenden, kann man viele wichtige Informationen über die Lebensbedingungen, die Anzahl der Flüchtlinge in den einzelnen Städten und den Zustand der verschiedenen Hilfsorganisationen, Krankenhäuser usw. entnehmen.

Eine der beliebtesten Kolumnen in der Ghetto-Zeitung ist der sogenannte Briefkasten, wo die Fragen der Leser bezüglich dessen, was erlaubt ist und was verboten, beantwortet werden. Für gewöhnlich lautet die Antwort »verboten«, aber die Leser fragen trotzdem weiter. Der Mittelteil der Zeitung widmet sich literarischen Arbeiten von jiddischen Schriftstellern, die ins Polnische übersetzt wurden, und Originalwerken von jungen Autoren, die innerhalb der engen Ghettomauern immer noch gedeihen.

Auf der letzten Seite gibt es sogar noch einen Abschnitt mit Anzeigen, hauptsächlich von Ärzten, Apothekern und Schneidern aus Warschau und Krakau. Auf derselben Seite findet sich auch eine Vermisstenspalte, in der sich Eltern nach ihren vermissten Kindern und Kinder nach ihren verschwundenen Eltern erkundigen können. Das ist die einzige Möglichkeit, wie auseinandergerissene Familien ihre Lieben ausfindig machen können.

Die *Gazeta Zydowska* hat auch ein Redaktionsbüro in Warschau, in der Elektoralna-Straße. Die Zeitung hat eine große Verbreitung, jede Ausgabe wird von Hunderten von Menschen gelesen, da die Deutschen nur eine begrenzte Druckauflage erlauben. Es ist die einzige legale Zeitung für die drei Millionen Juden in Polen, und sie wird eifrig von Hand zu Hand weitergereicht.

Noch interessierter sind die Menschen daran, die verbotene Presse in Umlauf zu bringen, die zwar nur unregelmäßig erscheint, aber die einzige wahrheitsgetreue Informationsquelle über politische Ereignisse und den Verlauf des Krieges darstellt. Von Zeit zu Zeit bringt mein Vater eine solche Zeitung mit nach Hause. Bevor er sich traut, sie uns zu geben, schließt er die Türen ab. Er hat sich verpflichtet, sie noch am selben Tag an jemand anderen weiterzugeben, dessen Namen er partout nicht nennen will. Auf diese Weise verbreiten sich diese Blätter von Haus zu Haus.[72]

Innerhalb des Ghettos gehen angeblich mehr illegale Aktivitäten vor sich als sonst irgendwo in Polen. Nicht nur die jüdischen Arbeiterparteien, auch die PPS (Polnische Sozialistische Partei) haben entdeckt, dass es leichter ist, hier ihre illegalen Publikationen zu drucken und ihre Empfangs- und Sendegeräte zu verbergen. Man sagt auch, dass viele der aktivsten militanten polnischen Sozialisten im Ghetto leben.

Vor ein paar Tagen fand in der Sienna-Straße an der Ecke zur Sosnowa eine Suchaktion statt. Die Nazis waren unter dem Vorwand angerückt, das Mobiliar eines jüdischen Mieters zu beschlagnahmen, und entdeckten dabei eine Funkstation. Später erzählten uns die Bewohner des Wohnblocks, dass den ganzen Vortag über ein Nazi-Wagen ohne Unterlass die Straße rauf und runter gefahren war, bis er schließlich vor dem Eckhaus angehalten und die Gestapoagenten ausgespuckt hatte, die die Durchsuchung vornahmen. Anscheinend gehörte das Auto zur Funkabteilung der Gestapo und war mit einem speziellen Detektor zum Aufspüren von geheimen Funkstationen ausgestattet.

Alle männlichen Bewohner des Hauses, in dem die Funkstation gefunden wurde, wurden ins Gefängnis gesteckt, die meisten von ihnen gleich erschossen. Aber die geheimen Funkstationen existieren weiter, Untergrundverlautbarungen werden weiter veröffentlicht, und die Drohungen und Folter der Nazis schüchtern niemanden ein. Und was noch wichtiger ist, die Untergrundbewegung zahlt es den Nazi- und den polnischen Verrätern nach Möglichkeit mit gleicher Münze heim. Der berühmte polnische Filmstar Igo Sym, der mit den Nazis kollaboriert hat, wurde erst kürzlich von den Patrioten hingerichtet. Die Nazis haben in der ganzen Stadt rote Plakate ausgehängt und darauf eine Belohnung von zehntausend Zloty für die Auslieferung der »Verräter« in Aussicht gestellt. Unterdessen wurden ein paar Hundert prominente Polen als Geiseln in Haft genommen, und einige von ihnen wurden erschossen.

12. JUNI 1941

Im Ghetto wird es immer voller angesichts des steten Zustroms von neuen Flüchtlingen. Das sind Juden aus der Provinz, die all ihres Hab und Gutes beraubt wurden. Bei ihrer Ankunft spielt sich immer die gleiche Szene ab: Der Wachposten am Tor überprüft die Identität des Flüchtlings, und wenn er feststellt, dass es sich um einen Juden handelt, versetzt er ihm einen Stoß mit seinem Gewehrkolben als Zeichen, dass er unser Paradies betreten darf.

Diese Menschen sind zerlumpt und barfuß und haben die traurigen Augen von Hungernden. Die meisten sind Frauen und Kinder.

Sie kommen in die Obhut der Gemeinde, die sie in sogenannten Heimen unterbringt. Dort sterben sie früher oder später.

Ich habe ein solches Flüchtlingsheim besucht. Es ist ein trostloses Haus. Die Wände der ehemals getrennten Zimmer wurden eingerissen, um große Säle zu schaffen, es gibt keine Toiletten, und die Wasserleitungen sind zerstört. An den Wänden stehen Feldbetten aus mit Lumpen bedeckten Brettern. Hier und da liegt ein schmutziges rotes Federbett herum. Auf dem Boden sah ich halb nackte, ungewaschene Kinder teilnahmslos daliegen. In einer Ecke saß ein bezauberndes kleines Mädchen von vier oder fünf Jahren und weinte. Ich konnte mich nicht zurückhalten, ihm über das zerzauste blonde Haar zu streichen. Das Kind sah mich mit seinen großen blauen Augen an und sagte: »Ich habe Hunger.«

Ich schämte mich unendlich. Ich hatte an dem Tag zu essen gehabt, aber nicht einmal ein Stück Brot dabei, das ich diesem Kind geben konnte. Ich hatte nicht den Mut, ihm in die Augen zu sehen, und ging fort.

Tagsüber gehen die Erwachsenen raus, um sich Arbeit zu suchen. Die Kinder, die Kranken und die Alten bleiben auf ihren Feldbetten liegen. Die Menschen kommen aus Lublin, Radom, Lodz und Piotrkow – aus allen Provinzen. Alle erzählen sie furchtbare Geschichten von Vergewaltigung und Massenhinrichtungen. Es ist unbegreiflich, warum die Deutschen diesen Menschen erlauben, sich im Warschauer Ghetto niederzulassen, das doch bereits vierhunderttausend Juden beherbergt.

Die Sterberate steigt. Der Hunger allein tötet schon vierzig bis fünfzig Menschen pro Tag, aber es gibt immer Hunderte neuer Flüchtlinge, die ihren Platz einnehmen. Die Gemeinde ist machtlos. Alle Hotels sind zum Bersten voll, und die Hygieneverhältnisse sind grauenhaft. An Seife ist nicht heranzukommen, und was auf unseren Bezugsscheinen als Seife ausgegeben wird, ist eine klebrige Masse, die auseinanderfällt, sobald sie mit Wasser in Berührung kommt. Sie macht einen schmutzig statt sauber.

Eine der Plagen des Ghettos sind die Bettler, die sich immer noch weiter vermehren. Es sind Flüchtlinge, die hier keine Freunde oder Verwandten haben und für die es nicht einmal in den schrecklichen Obdachlosenasylen, die die Gemeinde eingerichtet hat, einen Platz gibt. In den ersten paar Tagen nach ihrer Ankunft schauen sie sich noch nach Arbeit um. Nachts schlafen sie in den Türeingängen, sprich auf der Straße. Wenn sie erschöpft sind und ihre geschwollenen Füße sich weigern, sie auch nur einen Schritt weiter zu tragen, setzen sie sich auf den Bordstein oder an eine Mauer. Sie schließen die Augen und strecken zum ersten Mal zaghaft eine Hand zum Betteln aus. Nach ein paar Tagen bitten sie mit offenen Augen um Almosen. Wenn der Hunger sie noch heftiger quält, fangen sie an zu schreien, und werden so zu sogenannten »rasenden Bettlern«. Jemand wirft ihnen zwanzig Groszy zu oder sogar einen halben Zloty, aber von so kleinen Beträgen können sie sich nichts kaufen.

Dann fangen diese frisch gebackenen Bettler an, von Tür zu Tür zu gehen, und fragen, ob noch irgendein Rest Suppe oder ein paar Scheiben altbackenes Brot im Haus sind. Der ungehaltene Hausherr erklärt, dass er nichts hat, dass er selber Flüchtlinge zu versorgen hat – eine Schwester mit drei Kindern aus der Provinz und die alte Mutter seiner Frau. Sein Zuhause ist in Aufruhr, er muss drei Untermieter samt ihren Familien beherbergen, und zu allem Überfluss, so denkt er besorgt, muss er auch noch ständig die Tür aufmachen. Wie unverschämt die Bettler mittlerweile sind! Aber die Bettler setzen ihre Wanderung von Tür zu Tür fort und fragen flehentlich: »Ist vielleicht noch etwas von Ihrem Abendessen übrig? Ein paar Scheiben altes Brot? Oder brauchen Sie vielleicht jemanden, der Ihnen den Müll rausbringt?«

Meine Mutter hat ihre zwei Dauer-Flüchtlinge, Landsleute aus Lodz, die jeden Tag für ihre Hauptmahlzeit vorbeikommen. Einer zu Mittag, der andere am Abend. Ich vermeide es, in die Küche zu kommen, während sie essen, damit ich ihre Gefühle nicht verletze. Aber jeden Tag sehe ich ähnlich ehrbare Bettler mit eingefallenen Gesichtern und ausdruckslosen Blicken auf den Stufen zu unserem

Haus sitzen und die Essensreste verzehren, die wohltätige und bessergestellte Hausfrauen ihnen gegeben haben. Oftmals schlafen sie nach einer solch wundervollen Mahlzeit aus etwas Grütze, Rote Bete, Borschtsch und anderen Überbleibseln ein und werden in süße Träume von vollen Tellern und weichen Betten entführt.

Als ich heute in den Hof kam, sah ich einen großen, auf den ersten Blick gut gekleideten jungen Mann bei der Mülltonne stehen. Er war einer von denen, die vor dem Krieg in Polen Geisteswissenschaften studiert hatten, ohne sich Gedanken über das tägliche Brot machen zu müssen. Als ob ihm bewusst würde, dass ihn jemand beobachtete, drehte er sich plötzlich um, und da bemerkte ich, dass sein Mantel vorne ganz zerrissen war, und durch sein aufgeknöpftes Hemd sah ich seine eingefallene Brust. Er bückte sich, um die Papiertüte aufzuheben, die neben ihm lag, und lief schnell weg. Dieser junge Mann hatte im Müll nach etwas zu essen gesucht. Ich hatte ihn überrascht, und er lief beschämt davon.

Vor einiger Zeit fiel ein Junge von etwa dreizehn Jahren in unserem Hausflur in Ohnmacht. Einer von den Mietern brachte ihn wieder zu sich und gab ihm etwas zu essen, denn der Junge war vor Hunger zusammengebrochen. Seitdem ist der kleine Szymek häufig zu Gast bei seinen Wohltätern. Er hilft ihnen beim Saubermachen und bekommt dafür einen Teller Suppe und ein paar Zloty die Woche. Er achtet sehr auf sein Äußeres. Jemand hat ihm einen alten Anzug geschenkt, der an ihm hängt wie ein Sack, aber er ist stolz, eine vollständige Garnitur Kleidung zu besitzen, denn bevor er in unser Haus kam, hatte er nur Lumpen an. Schnell wurde er bei allen Mietern beliebt. Er bringt für alle den Müll raus und verdient sich hier und da ein paar Zloty. Es hat sich herausgestellt, dass er viel älter ist, als ich anfangs dachte. Er sieht gar nicht aus wie achtzehn, so klein und dünn, wie er ist. Er ist Vollwaise und obdachlos. Als ich mich mit ihm unterhielt, war ich erstaunt über seine Intelligenz und sein ungebrochenes Vertrauen in die Zukunft.

Auf unserem Hinterhof in der Sienna-Straße 41 spielt sich tagsüber eine Menge ab, vielleicht weil hier mehr wohlhabende Men-

Professor Kellermann spielt auf seiner Geige,
vermutlich mit seiner Frau, gezeichnet von Mary Berg

schen leben als sonst wo. Vormittags kommt oft Professor Kellermann vom Leipziger Konservatorium her, um Geige zu spielen. Er ist ein kleiner, grauhaariger alter Mann mit faszinierenden langen Fingern. Wenn er zu spielen anfängt, öffnen sich auf allen Etagen die Fenster. Ich schließe dann oft die Augen und stelle mir vor, ich würde ein Konzert von einem großen Virtuosen besuchen, der dezent von einem entfernten Orchester begleitet wird. Aber sein Spiel wird oft durch die Geräusche der harten Brotstücke und der Münzen gestört, die man ihm hinunterwirft.

Wir haben den Professor auf eine Tasse Tee zu uns eingeladen. Er kam herauf, stellte seine Geige in eine Ecke und erzählte uns seine Geschichte. Im Januar diesen Jahres wurde er ins Ghetto gebracht. Gemeinsam mit seiner Frau war er zehn Tage lang in einem versiegelten Wagen gefahren. Mehrere Mitglieder seiner Gruppe waren unterwegs gestorben, und die Überlebenden fuhren mit den Leichnamen weiter. Es war ihm gelungen, seine beiden Söhne vor dem Krieg nach

England zu schicken. »Ich beklage mich nicht«, sagte er. »Ich verdiene den Lebensunterhalt für mich und meine Frau. Nachmittags gebe ich sogar ein paar Stunden, für die ich gut bezahlt werde, und im Großen und Ganzen sind mir die Leute äußerst wohlgesonnen. Und um ehrlich zu sein«, fügte er in reumütigem Tonfall hinzu, »wir deutschen Juden verdienen so viel Freundlichkeit gar nicht. Wir haben uns sehr gegen die osteuropäischen Juden versündigt.«

Meine Mutter bat ihn, meiner jüngeren Schwester Unterricht zu geben, die vor dem Krieg Geige gelernt hat. Er war einverstanden und kommt jetzt zweimal die Woche. Er bekommt fünf Zloty die Stunde.

Auf die Straße in der Nähe unserer Haustür kommt häufig eine junge Frau und singt. Sie ist verrückt. Frühmorgens wehen die Worte ihres wehmütigen Gesangs zu mir herüber. »Ein Pfeifen der Lokomotive, leb wohl, mein Geliebter, sei glücklich...« Das Lied endet damit, dass der Zug abfährt und die junge Frau auf ihren Geliebten wartet.

Diese Frau ist die Tochter eines reichen und bekannten Warschauer Kaufmanns. Während des Bombenangriffs brannte ihr Haus ab und ihr einziger Bruder kam in den Flammen um. Sie sprang aus dem dritten Stock in ein Netz und erlitt einen Nervenschock. Ihre Mutter wurde wie durch ein Wunder gerettet. Jetzt singt die junge Frau in der Sienna-Straße. Alle Anwohner kennen inzwischen den eigentümlichen Text ihres kleinen Liedchens über den abfahrenden Zug und die Rückkehr des Geliebten.

Heute gibt es keine Rückkehr mehr und für die Bewohner des Warschauer Ghettos fahren keine Züge; es gibt nur glühend heißen Asphalt und Horden von Kindern, die einem vor die Füße laufen und um eine Brotkruste betteln.

Zugegeben, nicht alle Kinder betteln. Viele von ihnen verdienen sich ihren Lebensunterhalt, oft sehr viel einfacher als die Erwachsenen. Es haben sich ganze Banden kleiner Kinder organisiert, bestehend aus Jungen und Mädchen im Alter von fünf bis zehn Jahren. Die kleinsten und ausgemergeltsten wickeln sich Leinensäcke um ihre knochendürren Körper. Dann schleichen sie sich durch die Stra-

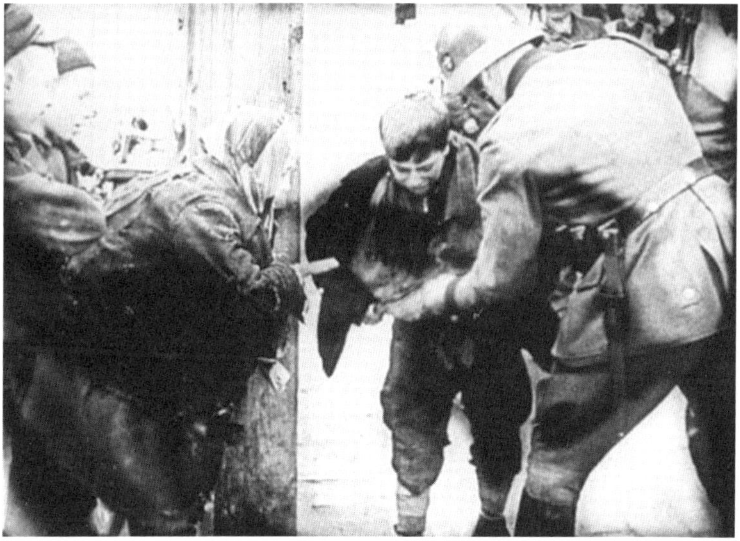

Ein Junge wird von einem deutschen Wachmann
beim Schmuggeln erwischt

ßen, die nur mit Stacheldraht abgesperrt sind, auf die arische Seite hinüber. Die größeren Kinder entwirren den Draht und schieben die kleineren durch. Der Rest hält Ausschau nach deutschen Wachposten oder polnischen Polizisten.

Ein paar Stunden später kommen sie beladen mit Kartoffeln und Mehl zurück. Für gewöhnlich gehen sie in die Vorstädte, wo Lebensmittel billiger sind als in der Stadtmitte. Häufig schenken Bauern ihnen Kartoffeln. Ihr schlimmes Äußeres erweckt Mitleid. Zusätzlich zu Säcken mit Kartoffeln bringen sie oft auch noch Landbrote mit. Mit einem zufriedenen Lächeln auf ihren kleinen grünen Gesichtern schleichen sie sich zurück ins Ghetto. Auf dieser Seite des Stacheldrahts warten ihre älteren Partner auf sie. Sehr oft bleiben sie stundenlang dort und warten, bis der Nazi-Posten damit beschäftigt ist, die Ausweispapiere eines ausländischen Staatsbürgers oder eines polnischen Nichtjuden zu kontrollieren, die einen Besuch im Ghetto machen wollen. Das gibt den Kindern die Gelegenheit, ihre Essenssachen hereinzuschmuggeln. Mal bemerkt der deutsche Wachposten sie gar nicht, mal schon, aber dann tut er so, als würde er sie nicht sehen. Letzteres geschieht seltener, aber es gibt auch Deutsche, vor allem unten den älteren, die selber kleine Kinder zu Hause haben müssen und aus diesem Grund einen Funken Mitleid für diese jüdischen Knirpse an den Tag legen, die aussehen wie mit einer samtigen gelben Haut überzogene wandelnde Gerippe. Aber die meisten der deutschen Wachmänner schießen kaltblütig auf die rennenden Kinder, und die jüdischen Polizisten müssen dann die blutenden Opfer aufheben, die hingefallen sind wie verletzte Vögel, und sie auf vorbeifahrende Rikschas werfen. Trotz allem herrscht, wenn die Kinder wohlbehalten mit ihren Trophäen zu ihren ausgehungerten Eltern zurückkehren, grenzenlose Freude im Haus. Die stärkehaltigen Kartoffeln und das Schwarzbrot schmecken wundervoll. Am nächsten Morgen versuchen die kleinen Hamsterer ein weiteres Mal, an der Ecke Sienna-Straße, Zelazna-Straße die Ghettogrenze zu überqueren. Und vielleicht hat ja derselbe gutherzige Wachmann Dienst, der sie schon mal vorbeigelassen hat.

17. JUNI 1941

Heute war ich bei einer Zusammenkunft der Leute aus Bielsk, zu der mich Vera Neumann eingeladen hatte. Wir kennen uns erst seit Kurzem, sind aber schon dicke Freunde. Sie ist eine große Blonde, vom Typ her echt deutsch und der lebende Gegenbeweis für die Rassentheorie der Nazis. Vera ist ganz alleine hier. Ihre Mutter ist vor einigen Jahren gestorben, und ihr Vater, der millionenschwere Besitzer mehrerer Fabriken, ist in Lwiw, das unter sowjetischer Besatzung steht. Ganz selten einmal bekommt Vera über einen gut bezahlten Schmuggler einen Brief von ihm, denn zwischen dem Generalgouvernement und dem sowjetisch besetzten Gebiet besteht keine offizielle Kommunikation. Bei diesen Anlässen ist das Mädchen immer außer sich vor Freude. Sie kommt mich dann besuchen und lacht und weint. Sie leidet sehr unter ihrer Einsamkeit und geht aus diesem Grund auch zu den Treffen der Flüchtlinge aus Bielsk, bei denen sie Freunde aus ihrer alten Heimat trifft und sich an das sorgenfreie, verschwenderische Leben erinnert, das sie einmal geführt hat.

Es gibt mehrere solcher Gruppen aus unterschiedlichen polnischen Städten – darunter auch Lodz und Lublin – und sie sind ziemlich rührig. Die größeren Gruppen haben eigene Zentralstellen, die den ganzen Tag über geöffnet sind. Manche haben sogar eigene Küchen, in denen sie die Obdachlosen verpflegen. Dort treffen sich die Flüchtlinge aus derselben Stadt und organisieren Unterstützung für die Neuankömmlinge. Von Zeit zu Zeit veranstalten sie auch Konzerte. Das gesamte Geld, das sie dabei einnehmen, geht an die Bedürftigen. Diese Gruppen werden häufig von der Gemeinde gebeten, sich ihrer Landsleute anzunehmen, und sie bringen sie dann bei den Flüchtlingen unter, die schon früher hergekommen sind. Alle Wohnungen im Ghetto sind überfüllt, und ein einzelnes Zimmer wird im Durchschnitt von sechs bis zehn Menschen bewohnt. Als Folge davon besteht eine ernsthafte Seuchengefahr, vor allem von Typhus. Der hauptsächliche Überträger dieser furchtbaren Krankheit ist die Kleiderlaus, und es ist schwer, diesem ekligen Insekt zu entkommen. Um sich zu infizieren, reicht es schon, auf der Straße in der Menge gegen jemanden zu stoßen. Erschreckende Nachrichten über Typhusopfer kommen von überallher.

Kapitel 5

Russische Bomben

26. JUNI 1941

Ich schreibe dies im Luftschutzkeller unseres Hauses. Als Mitglied des zivilen Luftschutzes habe ich Nachtdienst. Die Russen werfen ihre Bomben jetzt immer öfter. Wir befinden uns an einem gefährlichen Ort, nicht weit vom Hauptbahnhof. Es ist jetzt elf Uhr. Ich sitze in der Nähe einer kleinen Karbidlampe. Seit Beginn der Kampfhandlungen zwischen Russland und Deutschland ist es das erste Mal, dass es mir möglich ist, zu schreiben. Es war ein unglaublicher Schock. Krieg zwischen Deutschland und Russland! Wer hätte zu hoffen gewagt, dass es so schnell dazu kommen würde!

Am historischen 22. Juni gab unsere Theatertruppe um vier Uhr nachmittags ihre traditionelle Sonntagsvorstellung im Weisman-Saal. Misha hatte seine Nummer zum Besten gegeben, dann ging ich auf die Bühne. Ich kann nicht sagen, wieso, aber zum ersten Mal hatte ich Lampenfieber. Romek, der am Klavier saß, bemerkte meine Not und flüsterte auf seine typische liebevolle Art: »Hab keine Angst, denke nur an die Tonlage!« Sein Blick machte mir Mut, und nach den ersten Takten war mein Lampenfieber wie weggeblasen.

Ich sang mein erstes Lied und hatte gerade mit dem zweiten angefangen, als plötzlich eine fürchterliche Explosion zu hören war und die ganze Bühne bebte. Ich begriff nicht, was geschehen war. Durchs Fenster sah ich, wie das zerstörte Gebäude auf der anderen Straßenseite (das während der Belagerung Warschaus getroffen worden war) in tausend Stücke zerfiel. Was konnte das nur sein, ging es mir blitzartig durch den Kopf. Werden wir wieder bombardiert? Und von wem?

Die Zuschauer wurden unruhig, aber Romek hörte nicht auf zu spielen und flüsterte mir zu: »Sing weiter, es ist nichts.« Ich fühlte mich unsicher auf den Beinen, und alle möglichen Gedanken schwirrten mir durch den Kopf, aber ich sang weiter. Die Explosionen setzten sich fort, schienen aber in weitere Ferne gerückt zu sein. Als ich mit meiner Nummer zu Ende war, brach im Saal Panik aus, und das Publikum strömte auf den Ausgang zu. Harry versuchte noch, sie aufzuhalten, aber vergeblich. In wenigen Minuten war der Saal leer. Jemand kam mit der Nachricht, die Russen hätten den Bahnhof bombardiert und viele Häuser auf der rechten Seite der Sienna-Straße, wo wir wohnen, seien getroffen worden. Ich lief schnell zum Ausgang, aber Romek hielt mich auf. Erst als die Explosionen aufgehört hatten, gingen wir zusammen hinaus. An der Ecke Sienna-, Sosnowa-Straße sah ich, dass unser Haus unversehrt war, und atmete erleichtert auf. Auf der Straße rissen sich die Leute die Sonderausgabe des *Nowy Kurjer Warszawski*[73] mit seinen riesigen farbigen Schlagzeilen aus den Händen: »Krieg gegen die rote Plage« und »Die Deutschen verteidigen die Welt gegen die Bolschewistenflut«. Diese Schlagzeilen brachten alle zum Schmunzeln.

In Warschau wurde sofort der Belagerungszustand ausgerufen. Die Ausgangssperre im Ghetto ist jetzt von neun auf sieben Uhr vorverlegt, und für die Missachtung der Verdunklungsverordnung wird die Todesstrafe verhängt. Aber das ist ja alles nichts Neues. Die Sirenen heulen inzwischen ziemlich oft. Die grellen Leuchtraketen, die die Sowjetflieger über Warschau abwerfen, sind ungeheuer eindrucksvoll. Sie helfen der Roten Luftwaffe, die Waffenarsenale und Flugplätze im Raum Warschau zielgenau zu beschießen.

In der heutigen amtlichen Verlautbarung der Deutschen im *Nowy Kurjer Warszawski* heißt es: »Die sowjetische Bombardierung Warschaus in der vergangenen Nacht verursachte keinerlei militärische Schäden, doch die Zivilbevölkerung wurde sehr stark in Mitleidenschaft gezogen. Die Bolschewisten-Flieger konzentrierten sich auf die Wohnviertel der Stadt und beschossen außerdem ein Krankenhaus.« Die Redaktion der Zeitung appelliert an die polnische Bevölkerung,

»aktiv am heiligen Krieg gegen die roten Barbaren mitzuwirken«, und regt die Bildung einer speziellen polnischen Legion für den Kampf gegen die Bolschewiken an.

Am Nachmittag erhielt ich ein illegales Bulletin, in dem das genaue Gegenteil berichtet wurde. Die russischen Bomber hatten dem Hauptbahnhof schweren Schaden zugefügt und eine lange Schienenstrecke zerstört. Auch der Flughafen Okeçie war zerstört worden, und in ein paar Munitionsfabriken wurde eine große Zahl polnischer Arbeiter getötet.

Die Untergrundpresse erscheint inzwischen häufiger und erfüllt eine wichtige Funktion. Die kleinen Blätter schenken uns einen Hauch von Hoffnung und stärken unseren Kampfgeist.

Ich glaube, hier kommt ein Alarm – ja, ein langer Sirenenton. Ich muss schnell den Kommandanten wecken.

1. JULI 1941

Die nichtjüdischen noch im Ghetto verbliebenen Hauswarte wurden angewiesen, sofort wegzuziehen, und viele Juden sind ganz versessen darauf, ihre Posten zu übernehmen. Mein Vater hat versucht, die Stellung des Hauswarts in unserem Haus[74] für Onkel Percy zu sichern, der nichts zum Leben hat außer dem, was wir ihm geben. Aber unsere Reserven werden nicht mehr lange vorhalten, wenn wir weiterhin so viele Verwandte unterstützen. Es ist nicht leicht, an diesen Posten heranzukommen. Das einstimmige Einverständnis der Mieter ist notwendig, und selbst nachdem sich der Bewerber das verschafft hat, muss seine Einstellung noch von der Gemeindeverwaltung genehmigt werden.

Onkel Percy hat kaum Aussichten, genommen zu werden, da er ja kein Mieter in unserem Haus ist. Aus diesem Grund hat mein Vater schließlich beschlossen, sich selber zu bewerben und sich Percy zum Gehilfen zu nehmen. Dieser Plan könnte aufgehen. In unserem Haus wohnen vierhundert Mieter, und der Hauswart kann ganz gut verdienen.

4. JULI 1941

In der Schule für bildende Künste stehen die Abschlussprüfungen an. Das Schuljahr hat nur sieben Monate gedauert; die Deutschen haben sich geweigert, es zu verlängern. Die Professoren sind zufrieden mit den Fortschritten, die die Mehrzahl der Studenten gemacht hat. Allerdings herrscht großer Mangel an Arbeitsmaterial. Nur noch zwei Läden im Ghetto verkaufen kleine Mengen an Papier und Farbe – zu absurden Preisen. Ein Bogen Papier, der vor dem Krieg zwanzig Groszy kostete, kostet jetzt vier Zloty. Tusche, Pinsel und Federhalter sind nirgends aufzutreiben. Nichtsdestotrotz schaffen wir es irgendwie, mit unserem Unterricht weiterzumachen. Eine Reihe von Studenten war gezwungen, das Seminar abzubrechen, weil sie eine Arbeit annehmen mussten, um zu überleben.

Der beliebteste Student ist der dreiundzwanzigjährige Zdzislaw Szenberg, ein magerer junger Mann, der Armeestiefel und einen elegant geschneiderten Mantel trägt. Er hat ein schmales Gesicht und große, feurige dunkle Augen mit eigentümlich langen Wimpern, ziemlich ungewöhnlich bei einem Mann. Seine Hände sind mit einem phänomenalen Talent zum Zeichnen und Malen gesegnet. Er hat eine Vorliebe für künstlerische Gestaltung und macht sich über die Maler lustig, die seiner Meinung nach Zeit und Material für unnütze Dinge vergeuden. Aber das ist bei ihm nur Getue. Auch er malt die »Elends«-Gestalten aus dem Ghetto und Landschaften mit einer morschen Kastanie vor dem Hintergrund ausgebombter Häuser.

Joziek Fogelnest und Kazik Kestenberg sind ebenfalls interessante Typen. Sie ergänzen sich perfekt und sitzen immer zusammen an einem Pult. Sie treiben alle Lehrer zur Verzweiflung, und jedes Mal, wenn einer von ihnen ein Wort sagt, schallt das ganze Klassenzimmer vor Gelächter. Kazik hat ein lustiges lang gezogenes Gesicht, das einen an ein Pony denken lässt, und Joziek ist ein prächtig gebauter Kerl mit unschuldigen kindlichen Augen. Seine Brille rutscht ihm immer bis zur Nasenspitze herunter. Beide sind im gleichen Alter – neunzehn – und sie besuchen das Seminar nur, um keine Zwangsarbeit für die Deutschen leisten zu müssen. Sie haben nicht die leiseste

Ahnung von künstlerischer Gestaltung und die Aufnahmeprüfung nur mittels »Vitamin B« bestanden. Aber sie schaffen es, die Aufgaben, die unsere Lehrer uns stellen, zu bewältigen, indem sie sich als Neo-Impressionisten ausgeben und komplizierte, unverständliche und häufig auch ziemlich absurde Kompositionen malen. Wenn die Lehrer geltend machen, dass ihre Arbeiten die gestellte Aufgabe nicht lösen, werfen sie ihnen vor, konservativ zu sein und an veralteten Ideen festzuhalten, und dann fangen sie an, den tiefgründigen Symbolismus ihrer Kompositionen zu erläutern. Der Rest der Klasse platzt beinahe vor Lachen, und die Lehrer geben es auf und stimmen oftmals in die Heiterkeit ein.

Bolek Szpilberg ist noch so eine schrullige Persönlichkeit. Jeden Tag kommt er in einem anderen Anzug in die Schule. Er ist der Sohn reicher Eltern und ziemlich begabt. Er wirkt älter, als er ist, nämlich achtzehn, ist mittelgroß und sieht sehr vornehm aus. Bolek wurde in Palästina geboren, ist aber eigentlich britischer Staatsbürger und war als solcher verpflichtet, sich in regelmäßigen Abständen bei der Gestapo zu melden. Aber für eine stattliche Summe hat er sich eine italienische Geburtsurkunde beschafft und sich bei der Gestapo unter seinem eigenen Namen, aber als italienischer Staatsangehöriger eingetragen. In der Schule stolziert er ohne Armbinde herum.[75] Als allerdings einmal die Deutschen kamen, um unsere Schule zu inspizieren, hat er sich hastig eine Armbinde übergezogen. Er wurde rot im Gesicht und zitterte am ganzen Leib. Da merkte ich, was für ein Feigling er doch ist.

Unter unseren Studenten sind auch zwei deutsche Flüchtlinge, die Brüder Liebermann. Der jüngere von den beiden, sechzehn Jahre alt, ist sehr schmächtig und unattraktiv, aber ein geschickter Zeichner. Sein älterer Bruder, der dreiundzwanzig ist, zeigt ein besonderes Talent auf dem Gebiet der ornamentalen Kunst und der Plakatgestaltung. Sie sind die Neffen des berühmten deutsch-jüdischen Malers Max Liebermann.

Von den Mädchen beweist Inka Garfinkel in Innenausstattung und Modedesign eine außergewöhnliche Begabung. Sie hat originelle

Ideen, und ihre ganze Persönlichkeit ist unverwechselbar. Weil sie groß und schlank ist und rotbraune Haare, dunkle Augen und eine blasse Gesichtsfarbe hat, sieht sie aus wie ein Fotomodell in einem Modemagazin. Vor Kurzem habe ich eine Pastellzeichnung von ihr gemacht, die unserem Lehrer sehr gut gefiel. Inka weiß genau, was sie will. Bald wird sie den Studenten Jozef Swieca heiraten, einen Amtsträger bei der Ghettopolizei. Das Paar kennt sich seit einem Jahr, und sie sind so verliebt, dass sie die Welt um sich herum überhaupt nicht mehr wahrnehmen. Bis jetzt hat ihnen ihre finanzielle Lage einen Strich durch ihre Pläne gemacht, aber inzwischen verdient Inka ein bisschen etwas, und ihr Bräutigam bekommt ein gutes Gehalt, sodass sie ihre Hochzeit planen.

Nina Wygodzka und Janette Natanson sind unzertrennlich. Sie sind hübsch und sehen schick aus, benehmen sich aber furchtbar affektiert. Sie haben viel Erfolg bei den Jungs. Eine ihrer Eigenheiten ist, dass sie immer nur Französisch sprechen. Ich antworte ihnen jedes Mal auf Englisch. Sie sehen nicht jüdisch aus, weshalb es ihnen oft gelingt, auf die andere Seite zu gelangen. Dort erledigen sie wichtige Botengänge, für die sie gut entlohnt werden. Sie sind zwar noch sehr jung, haben aber schon viel Erfahrung. Beide sind Einzelkinder und leben bei ihren Müttern. Ihre Väter sind vor einigen Jahren gestorben. Nina ist neunzehn, mittelgroß, ziemlich mollig und trägt ihr Haar in Zöpfen um den Kopf gewickelt. Auch Janette ist mittelgroß, hat lange Locken und ein blasses, mit winzigen Sommersprossen gesprenkeltes Gesicht. Ihre grünen Katzenaugen sprühen Funken. Die beiden verdrehen allen Jungs in der Schule den Kopf und gelten als gefährliche »Vamps«.

Im Großen und Ganzen kommen die Studenten gut miteinander aus und helfen einander, so gut sie nur können.

10. JULI 1941

Die russischen Flieger suchen häufig das Umland von Warschau heim, und der Lärm der Bomben lässt die Luft erzittern. Ich höre oft das Dröhnen der russischen Flugzeuge, die das Ghetto verschonen.

Aus diesem Grund gehen wir nicht mehr so oft in den Keller, wenn wir den Alarm hören. Mittlerweile herrscht eine furchtbare Hitze, und ich sitze häufig auf dem Balkon unserer Wohnung im zweiten Stock. Die Tomaten, Erbsen, Möhren und Radieschen in den Blumenkästen gedeihen gut. Über mir ist der sonnige blaue Himmel das Einzige, was noch an Freiheit erinnert. Ich komme sehr oft mit meiner Freundin Lutka Leder hierher, die im sechsten Stock wohnt, und wir sprechen über unsere Pläne für die Zukunft. Lutka ist mit ihrer Stiefmutter und ihrer jüngeren Schwester hier. Ihr Vater befindet sich im russisch-besetzten Polen, und seit der deutschen Invasion Russlands hat sie nichts mehr von ihm gehört. Lutka ist eine rundliche Brünette von mittlerer Statur und achtzehn Jahre alt. Vera Neumann und Mickie Rubin kommen ebenfalls oft hierher.

Wir atmen die frische Luft ein und vergessen für eine kleine Weile die traurige Welt um uns herum. Aber ein kurzer Blick in den Hof, abgetrennt durch eine Mauer, reicht aus, um unsere süßen Träume zu vertreiben. Unser Balkon geht zur arischen Seite der Zlota-Straße hinaus. Aus einem Fenster im fünften Stock kommt Klaviermusik, meist dieselbe Melodie, Schumanns Träumerei[76]. Ich stelle mir oft vor, dass eine edle christliche Seele mit dieser gefühlvollen Weise die unglückseligen, hinter Zäunen eingesperrten Bewohner des Ghettos trösten möchte, und dass sie vielleicht sogar Bedauern darüber zum Ausdruck bringt, dass häufig Steine von der arischen Seite aus ins Ghetto geworfen werden. Diese Musik von Schumann versetzt uns alle in eine andere Welt.

Lutka träumt von ihrem geliebten Kazik Briliant, der nur ein Haus weiter wohnt. Unablässig denkt sie an ihn oder spricht von ihm, doch leider ist sie ihm vollkommen gleichgültig. Mickie Rubins Gedanken drehen sich immer nur um ihre Heimatstadt Leipzig, wo sie die schönsten Jahre ihrer Jugend verbracht hat. Sie ist sehr gefühlvoll und erinnert sich an die belanglosesten Begebenheiten aus ihrem Leben in der deutschen Stadt, aus der sie ins Ghetto deportiert wurde. Trotz des bitteren Unrechts, das ihr dort widerfahren ist, und des Leids, das die Deutschen ihr zugefügt haben, kann sie das Land nicht vergessen, in dem sie und ihre Eltern geboren wurden.

Ich bin erfüllt von düsteren Vorahnungen. In den vergangenen Nächten hatte ich schreckliche Albträume. Ich sah Warschau im Blut versinken. Zusammen mit meiner Schwester und meinen Eltern stieg ich über ausgestreckt daliegende Leichen. Ich wollte fliehen, konnte es aber nicht und wachte schweißgebadet, völlig verängstigt und erschöpft auf. Die goldene Sonne und der blaue Himmel reizen meine aufgewühlten Nerven nur noch mehr.

27. JULI 1941

Nach langem Kampf hat mein Vater endlich den Posten des Hauswarts bekommen, mit all den Privilegien, die dieses Amt mit sich bringt. Er ist jetzt seit zwei Wochen »im Amt«. Zusätzlich zu der üblichen jüdischen Armbinde trägt er nun eine gelbe Armbinde mit der Aufschrift »Hausmeister«. Außerdem hat er noch einen Ausweis von der Gemeinde bekommen, der bestätigt, dass er von der Zwangsarbeit befreit ist. Dadurch kann er sich frei auf den Straßen bewegen, ohne Angst vor Menschenjagden. Die Hauswarte sind von diversen Gemeindesteuern befreit, erhalten zusätzliche Essensrationen, zweihundert Zloty im Monat als Gehalt und können mietfrei wohnen. Aber den Großteil ihres Einkommens erzielen sie, indem sie nachts die Tür aufmachen. Entsprechend den Bestimmungen zur Ausgangssperre wird die Tür schon früh geschlossen, und damit sie wieder geöffnet wird, zahlen die Mieter zwanzig Groszy oder mehr. In manchen Nächten belaufen sich diese Gebühren auf bis zu zwanzig Zloty. Kurz gesagt, das Einkommen eines Hauswarts ist unter den gegenwärtigen Umständen ungewöhnlich gut. Kein Wunder, dass an den Posten schwer heranzukommen ist.

Weil mein Vater nicht kräftig genug ist, um die schweren Arbeiten eines Hauswarts zu erledigen, nämlich das Haus sauber zu halten, die Treppen zu schrubben und den Müll zu beseitigen, ist er seinem ursprünglichen Plan gefolgt und hat meinen Onkel Percy zu seinem Gehilfen gemacht. Ihm gibt er alles Geld, das er direkt erhält.

Am Anfang waren unsere Nachbarn misstrauisch gegenüber ihrem neuen Hauswart, der gestern noch ein Mieter gewesen war wie sie. Sie konnten sich nicht vorstellen, dass ein Kunsthändler und Experte für klassische Malerei die Pflichten eines gewöhnlichen Hausmeisters erfüllen kann. Aber sie gewöhnten sich schnell an die Vorstellung, dass auch ein ehrbarer Bürger Hauswart werden und trotzdem noch ein ehrbarer Bürger bleiben kann. Jetzt erweisen sie sowohl meinem Vater als auch meinem Onkel den größten Respekt. Übrigens sind sie nicht die Einzigen im Ghetto, die in der sozialen Rangordnung so tief gefallen sind. Der Hauswart von unserem Nachbarhaus ist Ingenieur Plonskier, ein enger Freund der Familie, und auch sehr viele Anwälte sind inzwischen froh, dass sie als Hauswarte arbeiten dürfen.

Kapitel 6

Typhus

29. JULI 1941

Die Typhusepidemie wütet. Gestern hat die Zahl der Todesfälle aufgrund dieser Krankheit die Marke von zweihundert überschritten. Die Ärzte schlagen verzweifelt die Hände über dem Kopf zusammen. Es gibt keine Medizin, und alle Krankenhäuser sind überfüllt. Auf den Stationen und Fluren werden ständig neue Betten aufgestellt, aber das löst nicht das Problem, die Zahl der Opfer steigt mit jedem Tag weiter.

Das Krankenhaus an der Ecke von der Leszno- zur Rymarska-Straße hat ein Schild ins Fenster seines Büros gehängt, auf dem steht: »Belegt«. Das Berson Kinderkrankenhaus in der Sienna-Straße ist vollgepackt mit Kindern unterschiedlichen Alters, die alle an Typhus erkrankt sind. Das Krankenhaus an der Leszno-Straße, Ecke Zelazna-Straße hat seine Pforten geschlossen. Es gibt keinen Platz für auch nur einen einzigen weiteren Patienten.

Vor ein paar Tagen habe ich in der Leszno-Straße einen Vater mit einem schon ziemlich großen Jungen auf dem Arm gesehen. Sowohl Vater als auch Sohn waren in Lumpen gekleidet. Das Gesicht des jungen Patienten war glühend rot, er war im Fieberwahn. Als er sich der Ecke zur Zelazna-Straße näherte, blieb der Mann zögernd vor der Krankenhaustür stehen. Er stand eine ganze Weile so da, offenbar im Unklaren, was er tun sollte. Schließlich legte der bedauernswerte Mann seinen kranken Sohn auf den Stufen ab, die zum Krankenhausbüro führen, und entfernte sich ein paar Schritte. Der erschöpfte Junge schlug krampfartig um sich und stöhnte schwer. Auf einmal kam eine Schwester mit weißer Schürze heraus und fing an, den gramgebeugten Vater auszuschimpfen, der mit gesenktem Kopf dastand und bitterlich weinte. Nach einer Weile fiel mir auf, dass der kranke Junge aufgehört hatte, um sich zu schlagen, als wäre er eingeschlafen. Seine Augen waren geschlossen, und über sein Gesicht hatte sich ein Ausdruck von Ruhe und Gelassenheit gebreitet.

Kurz darauf warf der weinende Vater einen Blick auf seinen Sohn. Er beugte sich über sein Kind und schaute, untröstlich schluchzend, lange auf sein Gesicht, als versuchte er, ein Lebenszeichen darauf zu entdecken. Aber es war vorbei. Bald erschien ein kleiner schwarzer Karren, ein kostenloser Dienst der Gemeinde, und der noch warme Körper des Jungen wurde den übrigen hinzugefügt, die schon in den Nachbarstraßen aufgelesen worden waren. Eine Zeit lang starrte der Vater dem wegfahrenden Karren noch nach. Dann verschwand er.

Dass Kranke vor Krankenhäusern abgesetzt werden, ist inzwischen Alltag geworden. Mütter, die es nicht mehr mit ansehen können, wie ihre Kinder ohne medizinische Hilfe leiden müssen, hoffen, dass es ihnen auf diese Weise gelingt, die Patienten ins Krankenhaus zu bekommen.

Deutlich verschärft hat sich die Seuche in der Gegend der Gesia-, Nalewki-, Nowolipki- und Nowolipie-Straße. Im Kleinen Ghetto ist die Lage etwas besser, weil hier verhältnismäßig wohlhabende Menschen wohnen, die sich eine private medizinische Versorgung leisten können.

Kürzlich wurde ein Anti-Typhus-Serum aus Lwiw importiert, das vor einem Monat an die Deutschen gefallen ist. Als die Sowjets Lwiw räumten, ließen sie einen großen Vorrat an Anti-Typhus-Serum in Tuben zurück. Jetzt wird die kostbare Arznei nach Warschau geschmuggelt. Doch nur reiche Leute können sie sich leisten – der Preis beläuft sich auf bis zu tausend Zloty pro Tube.

Manche Ghettobewohner erhalten per Post Pakete aus der Schweiz, die diverse Arzneien enthalten, vor allem ein Anti-Typhus-Serum. Das Schweizer Serum ist besser als das russische. Im Ghetto ist ein reger Handel mit Arzneimitteln im Gange. Heniek Grynberg, ein Bekannter von mir, hat damit zu tun. Er hat mir ein paar Einzelheiten verraten.

Mary und ihre Schwester Anna im Warschauer Ghetto

Heniek ist ein großer Blonder, ein richtig nordischer Typ, ohne einen einzigen jüdischen Gesichtszug. Durch einen Untergrundtunnel geht er oft auf die andere Seite, wo er, mithilfe gefälschter Ausweispapiere, leicht als Pole durchgeht. Irgendwie schafft er es, die Erlaubnis für einen Besuch in Lwiw zu erwirken, und dort kauft er dann eine bestimmte Anzahl von Tuben mit Anti-Typhus-Serum, für die ihm wohlhabende Juden im Ghetto im Voraus bezahlte Bestellungen mitgegeben haben. Diese Reise ist nicht leicht zu bewerkstelligen, trotz Henieks arischem Aussehen und seiner gefälschten Papiere. In den Zügen wird ständig kontrolliert, und die Deutschen konfiszieren nicht nur geschmuggelte Artikel, sie verhängen auch schwere Strafen – die besonders scharf ausfallen würden, wenn Henieks jüdische Identität herauskäme. Aber Heniek ist ein erfahrener Schmuggler. In den drei Kriegsjahren hat er schon mehrere Grenzen überschritten, bei verschiedenen Geschäften mitgemischt, sich vor der Polizei diverser Länder versteckt und es geschafft, allen erdenklichen Gefahren zu entgehen. Er ist in diesem neuen Geschäftszweig einer der Erfolgreichsten. Das kann man an seiner wohlhabend wirkenden Erscheinung und an den eleganten Kleidern erkennen, die seine Frau und seine Tochter tragen. Seine Schwester, Eva Grynberg, ist Mitglied in unserem Hauskomitee, und Rutka, seine Cousine, ist eine Freundin meiner jüngeren Schwester Anna. Rutka verbringt ganze Tage bei uns in der Wohnung, und meine Eltern behandeln sie fast wie eine dritte Tochter.

31. JULI 1941

Gestern fand die letzte unserer Prüfungen statt. Ich habe alles bestanden und mich auf der Stelle für den sogenannten Fortgeschrittenenkurs angemeldet, der noch einmal sieben Monate dauern wird.

Ich sitze gerade am Fenster unserer neuen Wohnung, die man uns als Hauswartfamilie gegeben hat, und beobachte die Straße. Das Fenster geht auf den Teil der Sienna-Straße hinaus, der nahe der Sosnowa liegt und auf dem immer sehr viel los ist. An der Ecke der Straße gibt es einen Zeitungskiosk. Es versteht sich von selbst, dass die dort verkauften Zeitungen geschmuggelt sind, da offiziell nur die *Gazeta Zydowska* im Ghetto verkauft werden darf. Aber hier sind auch der *Nowy Kurjer Warszawski*, *Das Reich*, die *Krakauer Zeitung* und sogar der *Völkische Beobachter* erhältlich.[77] Manchmal enthalten die offiziellen Nazi-Zeitungen interessante Artikel bezüglich der verschiedenen Ghettos in Polen.

Nicht weit vom Zeitungskiosk bietet ein Straßenverkäufer Süßigkeiten und Zigaretten an. Er ist ein älterer Mann mit dem Erscheinungsbild eines Intellektuellen. Wie im Halbschlaf lehnt er an der Mauer. Das Konfekt, das er verkauft, wird in winzigen Ghettofabriken aus Molasse und Sacharin hergestellt. Zucker kostet inzwischen dreißig Zloty das Pfund. Einiges von dem Konfekt ist in Papier eingewickelt, auf dem der Davidstern und die Aufschrift »Das Judenviertel« gedruckt sind. Man bezahlt dafür zwischen zwanzig und dreißig Groszy das Stück. Es gibt auch Süßigkeiten, von denen ein Stück einen ganzen Zloty kostet.

Ganz in der Nähe verkauft eine ältere Frau an einem kleinen Tisch Armbinden unterschiedlicher Qualität zum Preis von fünfzig Groszy bis zwei Zloty. Die billigsten sind aus Papier und haben einen Davidstern aufgedruckt. Die teuersten sind aus Leinen mit einem handgestickten Davidstern und Gummibändern. Im Ghetto gibt es eine große Nachfrage nach diesen Armbinden, da die Deutschen in diesem Punkt sehr empfindlich sind. Wenn ihnen ein Jude mit zerknitterter oder schmutziger Armbinde auffällt, bekommt er auf der Stelle Schläge.

In der Sienna-Straße gibt es mehrere beliebte Persönlichkeiten. Eine davon ist Frau Bela Gelbard, eine große, füllige und schick aussehende Dame mit glatten schwarzen Haaren, die von ein paar grauen Strähnen durchzogen sind. Sie geht langsam, bemüht, sich den Trippelschritten ihres schwarzen Hündchens anzupassen. Jeden Tag geht sie um dieselbe Stunde mit diesem Tier Gassi, und manchmal wird sie dabei von den Studenten unserer Schule umringt, für die sie sich besonders interessiert, da sie eine Kunstmäzenin ist. Sie führt mit ihnen lebhafte Diskussionen und fühlt sich unter jungen Menschen selber wieder jung, obwohl sie schon fast fünfzig ist.

Das Haus uns gegenüber, die Nummer 42, ist während der Belagerung abgebrannt. Heute Morgen setzte sich eine Frau mittleren Alters vor die Ruinen. Ihre nackten Füße, die sie vor sich ausstreckte, waren mit eitrigen Wunden überzogen, ihr Gesicht von Skorbut angeschwollen und ihre Nasenlöcher unnatürlich geweitet, als wäre sie am Ersticken. Sie versuchte, ihren schweren Körper hochzuhieven, schaffte es aber nicht. Leute gingen eilig an ihr vorüber, ohne sich auch nur umzuschauen. Aber sie hätten ihr ohnehin nicht helfen können. Aus einem Bündel neben sich zog sie ein Stück Brot und versuchte hineinzubeißen, aber ihre Zähne blieben stecken, und ihr Kopf sank schwer aufs Pflaster. Ein wenig später setzte sie sich auf, biss etwas Brot ab und fing an, darauf herumzukauen. Doch ihr Magen weigerte sich, es zu verdauen, und sie spuckte es wieder aus.

Mithilfe ihres Stocks versuchte sie noch einmal aufzustehen, und schließlich gelang ihr das auch. Sie machte ein paar Schritte, geriet ins Wanken, stützte sich aber verbissen auf ihren Stock. Auf einmal fing sie an, mit dem Kopf gegen die Mauer zu schlagen und zu rufen: »Ihr Leute, habt Erbarmen mit mir, tötet mich!«

Dann stürzte sie mit ausgestreckten Armen schwer, und ich dachte schon, ihr Leid wäre überstanden. Doch im nächsten Augenblick begann sie sich wieder zu regen und rief mit heiserer Stimme unverständliches Zeug. Ich lief zur Ambulanzstation und veranstaltete ein solches Theater, bis schließlich jemand geschickt wurde, um das arme Geschöpf wegzubringen.

Solche Szenen spielen sich in der Sienna-Straße verhältnismäßig selten ab, aber drüben bei der Grzybowska sind die Straßen voll von hungernden Menschen, die sich an die Gemeinde um Hilfe wenden. Eine große Zahl halb nackter Kinder, deren Eltern gestorben sind, sitzt in Lumpen auf den Straßen. Ihre Körper sind schrecklich ausgemergelt, und man kann durch die pergamentdünne gelbe Haut hindurch ihre Knochen sehen. Das ist das erste Stadium des Skorbuts. Im letzten Stadium dieser entsetzlichen Krankheit sind die kleinen Körper aufgedunsen und mit eitrigen Wunden übersät. Manche von diesen Kindern wälzen sich hin und her und stöhnen, weil sie ihre Zehen verloren haben. Sie haben kein menschliches Aussehen mehr, ähneln eher kleinen Affen als Kindern. Sie betteln auch nicht mehr um Brot, sondern um den Tod.

Wo seid ihr, ihr Auslandskorrespondenten? Warum kommt ihr nicht her und schildert die spektakulären Szenen im Ghetto? Sicher wollt ihr euch nicht den Appetit verderben. Oder überzeugt euch das, was die Nazis euch erzählen – dass sie die Juden im Ghetto eingesperrt haben, um die arische Bevölkerung vor Seuchen und Schmutz zu schützen?

Vor einiger Zeit habe ich im nazi-gesteuerten *Nowy Kurjer Warszawski* von spanischen und rumänischen Korrespondenten genau solche Berichte über das Ghetto gelesen. Und wie überrascht ich war, als ich sah, dass sich auch ein amerikanischer Korrespondent – der ein großes Magazin vertrat – von der Nazi-Propaganda über die hygienische Notwendigkeit für ein Ghetto in Warschau hatte täuschen lassen! Ist denn die ganze Welt vergiftet?[78] Gibt es nirgendwo mehr Gerechtigkeit? Hört niemand unsere verzweifelten Schreie?

Die Komitetowa-Straße nahe der Grzybowska ist ein lebender Friedhof mit Kindern, die von Skorbut zerfressen werden. Die Bewohner dieser Straße leben in Kellerhöhlen, in die nie auch nur ein einziger Sonnenstrahl dringt. Durch die kleinen schmutzigen Fensterscheiben kann man ausgemergelte Gesichter und zerzauste Köpfe sehen. Das sind die älteren Leute, die nicht einmal mehr die Kraft haben, sich von ihren Betten zu erheben. Mit sterbenden Augen blicken sie auf Tausende von Schuhen, die auf der Straße vorübergehen. Von Zeit zu Zeit wird eine knochige Hand aus einem dieser kleinen Fenster gestreckt, die um ein Stück Brot bettelt.

Die Ghettoszenen auf der Grzybowska sind nicht weniger traurig. Alle paar Schritte sind Eisen- oder Ziegelöfen aufgestellt, auf denen große Wassertöpfe kochen. Nicht weit entfernt liegen auf kleinen Tischen oder Bänken dünne Brotscheiben. Hier kann man für vierzig Groszy ein Glas heißes Wasser mit Sacharin und eine Scheibe Brot bekommen. Eine riesige Menschenmenge läuft inmitten eines unglaublichen Gewusels umher. Hier steht eine Frau, die aus Pferdeknochen gemachtes Gelee verkauft, zehn Groszy die Portion, dort ein Bonbonverkäufer, und ein Stückchen weiter verkauft eine Frau Fischfrikadellen, die sie aus den winzigen Fischen gemacht hat, die im Ghetto »Stinkerchen« genannt werden. Solche Fischfrikadellen kosten dreißig Groszy, mit einer Scheibe Brot dazu fünfzig Groszy. Auch die werden viel gekauft.

Die Grzybowska ist immer voll mit Scharen von Bettlern, denn hier befindet sich die größte von der Gemeinde betriebene Volksküche. Die Straße ist aber auch eine schlimme Brutstätte für Typhus. In jedem Haus gibt es mehrere Typhuspatienten. Aber diejenigen, die sich noch auf den Beinen halten können, hoffen, dass es ihnen gelingen wird, diesen ganzen Horror zu überleben. Alle bemühen sich, den Tod und die Zerstörung, die überall lauern, zu vergessen. Ein beliebter Ort, um sich abzulenken, ist das Café Hirschfeld im Herzen des Ghettos.

Dieses Lokal liegt an der Ecke Sienna-Straße, Sosnowa-Straße. Hier kann man alles haben, was das Herz begehrt: die teuersten Liköre, Cognac, Dosenfisch, Konservennahrung, Ente, Hühnchen und Gans. Der Preis für ein Abendessen mit Getränken beträgt zwischen hundert und zweihundert Zloty. In diesem Café treffen sich die wichtigsten Schmuggler mit ihren Geliebten. Hier verkaufen sich Frauen für eine gute Mahlzeit. Sechzehnjährige Mädchen kommen mit ihren Liebhabern hierher, ein paar Halunken, die für die Gestapo arbeiten. Diese Mädchen denken nicht darüber nach, was später aus ihnen wird – dafür sind sie zu jung. Sie kommen her, um gut zu essen. Am Tag darauf werden solche Mädchen unter Umständen zusammen mit ihren Liebhabern erschossen aufgefunden. Die organisierte Jugend im Ghetto verfährt gnadenlos mit Verrätern.

Ein Stammgast in diesem Café ist ein Gestapo-Agent, der unter dem Namen Milek bekannt ist – seinen richtigen Namen kennt keiner. Der große, wohlgenährte Blonde trägt Wehrmacht-Breeches und ein langes Sakko. Er ist ein berüchtigter Schürzenjäger, und wenn er ein Auge auf ein Mädchen wirft, kann sie ihm nicht entkommen, denn sollte sie sich widersetzen, wird ihr mit der Gestapo gedroht, was in der Regel den Tod bedeutet. Milek trägt immer eine Waffe und prahlt damit, schon mehrere Untergrundkämpfer erschossen zu haben, die versuchten, ihn zu beseitigen.

Heniek Grynberg ist ebenfalls häufig Gast im Café Hirschfeld, das sich gut für Geschäfte eignet, für den Kauf oder Verkauf eines zehnkarätigen Diamanten, eines Quantums Gold, eines Gramms Platin oder auch gefälschter Ausweispapiere. Heniek hat mir von den Tragödien erzählt, die sich zuweilen in dem Café abspielen. Die Deutschen halten häufig Razzien ab. Sie umzingeln das Lokal, durchwühlen die Taschen aller Gäste und ziehen mit einer ansehnlichen Beute wieder ab. Trotzdem ist das »Hirschfeld« immer bis zum Rand gefüllt. Zu den Stammgästen gehört auch Pola Fuchs oder, wie sie mit Spitznamen heißt, Polcia Mops. Sie ist achtzehn Jahre alt, groß, blond und hat wunderschöne Beine.[79] Ein junger Volksdeutscher aus Schlesien, Alfons P., hat sich in sie verliebt. Pola macht das Beste aus dem Verhältnis und hat ihn ja womöglich sogar gern. P. ist ein gut aussehender blonder junger Mann von mittlerer Größe, dessen Eltern deutschstämmig sind, der sich selbst aber als Pole betrachtet. Er ist ein Freund von Heniek Grynberg und hat ihm sogar einmal aus einer vertrackten Situation geholfen.

Immer wenn Alfons P. das Ghetto besucht, wohnt er mit seiner Geliebten bei Grynberg. Pola ist immer elegant gekleidet und trägt die teuerste französische Seide, die ihr Liebhaber ihr schenkt. Ich sehe sie oft über die Sienna-Straße gehen. Alle Bewohner des Viertels kennen sie gut.

In letzter Zeit ist es für Polen schwieriger geworden, das Ghetto zu besuchen, aber obwohl er seine deutsche Herkunft nicht zugibt, hat P. ausgezeichnete Verbindungen zur Gestapo. Doch wer kennt schon die ganze Wahrheit? Vielleicht ist er ja ein Gestapo-Agent.

Auch die Führer der Untergrundbewegung treffen sich im »Hirschfeld«. Die Tatsache, dass das Lokal als Treffpunkt der verdorbenen Elemente im Ghetto gilt, macht es zu einem perfekten Schlupfwinkel für die illegalen Kämpfer.

Trotz der diversen Verbote werden viele Dinge im Ghetto so wie auch auf der arischen Seite gemacht, die bei Todesstrafe untersagt sind. Genau genommen ist alles verboten. Es ist verboten, eine Zeitung zu drucken, die nicht vorher von den Nazis zensiert wurde, Heimatlieder zu singen, Gottesdienste oder Schulen zu besuchen, öffentliche Parks zu betreten, mit dem Zug zu fahren, Radios, Telefone oder Grammofonplatten zu besitzen – kurz gesagt, es ist verboten, zu leben! Und doch leben wir, trotz der Nazis, und hoffen, dieses Sklavenregime irgendwie zu überleben.

10. SEPTEMBER 1941

Unsere Theatertruppe LZA trifft sich häufig bei uns zu Hause. Ich habe das Gefühl, dass wir nicht mehr lange bestehen werden. Überall herrscht eine schreckliche Niedergeschlagenheit vor. Edzia Piaskowskas Mutter ist an Typhus erkrankt. Sie wohnen in der Karmelicka-Straße, in der die Seuche besonders heftig wütet. Edzia war gezwungen, von zu Hause auszuziehen, und jetzt wohnt sie bei uns. Miszas Vater ist ebenfalls sehr krank. Mietek Fein ist irgendwo in die Provinz gezogen, und wir haben nichts mehr von ihm gehört. Stefan Mandeltorts Vater ist an Typhus gestorben, und jetzt hat es Edek Wolkowicz erwischt.

Harry ist sehr niedergeschlagen. Die Ärzte haben kürzlich festgestellt, dass sich seine Tuberkulose verschlimmert hat. Bolek Gliksberg bereitet sich darauf vor, aus dem Ghetto zu flüchten. Dolek Amsterdam trägt eine Trauerbinde für seinen Vater. Ola ist sehr bedrückt. Ihre materielle Lage hat sich erheblich verschlechtert. Als sie hier ankam, bat sie mich gleich um etwas Brot, weil sie, wie sie sagte, vergessen habe zu essen, bevor sie von zu Hause wegging. Ich habe ihr selbstverständlich sofort ein kleines Abendessen angeboten.

Im Gegensatz zu den meisten von uns ist Tadek glänzender Laune, und das ist auch kein Wunder. Sein Vater, ein bekannter Lodzer

Tadek Szajer mit der Mütze
eines Krankentransportfahrers, um 1942

Anwalt, ist der Berater des Kommandanten der sogenannten »Dreizehn«, die die Spekulation im Ghetto bekämpfen. Er verdient gutes Geld, und ich habe den Verdacht, dass er heimlich mit den Nazis Geschäfte macht. Tadek wirkt immer wohl genährt, ist schick gekleidet und sieht richtig gut aus. Er ist in mich verliebt. Das hat er mir erst neulich ganz offen gesagt. Er kommt mich oft besuchen, zieht dann aber ein langes Gesicht, wenn er mich in Gesellschaft von Romek antrifft, den er ganz richtig als gefährlichen Rivalen sieht. Tadek und Romek sind gute Freunde und kommen normalerweise auch gut miteinander aus, aber sobald ich dabei bin, ist es mit ihrer Harmonie vorbei, und sie fangen an zu streiten.

Romek ist verbittert, denn er muss hart arbeiten, um seine Familie zu ernähren, und kommt jeden Tag erschöpft nach Hause. Dennoch besucht er mich beinahe jeden Abend. Tadek hat keine Sorgen, er studiert nur, und in seiner freien Zeit langweilt er mich mit seinen Liebeserklärungen. Er interessiert mich nicht, ganz im Gegenteil! Er nervt mich mit seinem piekfeinen Äußeren, seiner eleganten Kleidung und damit, dass er nie zu Fuß geht, sondern sich in einer Rikscha durch die Gegend fahren lässt. Gott weiß, dass ich nicht neidisch auf ihn bin, es betrübt mich nur, dass Romek so hart arbeiten muss. Aber er beklagt sich nicht über sein Schicksal. Wenn er mich besuchen kommt, setzt er sich in einen tiefen Sessel und sagt lange kein Wort, schließt nur die Augen, als würde er träumen. Er ist immerzu niedergeschlagen. Wenn er wieder geht, gibt er mir einen Kuss und bemüht sich, ein paar aufmunternde Worte über die Zukunft zu sagen. Aber vor ein paar Tagen umarmte er mich und sprach mit mir wie ein Erwachsener mit einem Kind: »Mädchen, es ist gut, dass du nicht allzu viel verstehst. Ich bin froh, dass du nicht so leidest wie ich.«

Mir kamen die Tränen, denn ich weiß und verstehe sehr wohl alles, bin aber machtlos und kann niemandem helfen.

Manchmal trifft sich unsere Gruppe auch bei Romek, obwohl der Weg von meinem Haus zu seinem gefährlich ist. Deutsche Wachleute schießen ohne Anlass oder Vorwarnung auf Passanten. Aus diesem

Grund haben mich Harry und Bolek, die bei uns in der Nähe wohnen, gestern abgeholt, und wir sind zusammen zu Romek gegangen.

Es war ein heißer Tag. Wir gingen gegen vier am Nachmittag los. Auf den Straßen eilten die Menschen mit außergewöhnlich angstvollen Gesichtern umher. Mit jedem Schritt war die Anspannung zu spüren. Als wir den Durchgang an der Ecke Leszno-Straße, Zelazna-Straße erreicht hatten, sahen wir, dass die Gegend vollkommen leer gefegt war. Ich bat Harry, mich wieder nach Hause zu bringen, aber es war schon zu spät, denn genau in diesem Augenblick bemerkten wir einen deutschen Wachposten, der seine Waffe auf uns richtete. Ich wurde innerlich wie tot und spürte, dass meine letzte Stunde geschlagen hatte. Meine Beine gaben nach. Die Jungs packten mich unter den Armen und begannen mutig, die Straße zu überqueren. Ich spürte ein stechendes Gefühl in meiner Schulter, als ob mich eine Kugel getroffen hätte. In der heißen Straße herrschte eine erstarrte Stille. Auf einmal ertönte ein trockenes Knacken und eine Kugel flog mitten über die Straße. Glücklicherweise hatten wir die gefährlichste Strecke schon hinter uns. Harry und Bolek waren totenblass. Ich selbst war grün im Gesicht, als wir Romeks Haus betraten. Ich war tief erschüttert und konnte mich nicht beruhigen.

Ein paar Minuten später kam Romeks Schwester Marysia ins Zimmer gestürmt und fing, immer noch keuchend, an, uns von den Schüssen auf der Straße zu erzählen. Romek blieb stumm, und ich konnte aus seinen Augen eine tiefe Schicksalsergebenheit ablesen. Später brachte er mich nach Hause. Als wir uns dem Durchgang an der Ecke Leszno-, Zelazna-Straße näherten, fanden wir dort einen mit einem Knüppel bewaffneten SS-Mann vor, der jedem Passanten auf den Kopf schlug. Alle Fußgänger waren gezwungen, diesen Spießrutenlauf zu absolvieren, weil man von der Leszno-Straße aus nicht anders ins Kleine Ghetto kommt.

Irgendwie schafften wir es, in der Menge unterzutauchen, die sich durch den Durchgang drängte, und konnten so zum Glück den Schlägen ausweichen. Alle Männer wurden gezwungen, beim Durchschreiten des Tores die Hüte abzunehmen, um so den Deutschen

einen Gruß zu entrichten. Als sie das taten, setzte der SS-Mann seine Schläge auf ihre unbedeckten Köpfe fort, und viele Leute kamen blutüberströmt auf der anderen Seite an.
Wann wird diese Hölle enden?

20. SEPTEMBER 1941

Die Nazis triumphieren. Kiew ist gefallen. Bald wird Himmler in Moskau sein. London erleidet schwere Bombardierungen. Werden die Deutschen diesen Krieg gewinnen? Nein, tausendmal nein! Warum werfen die Alliierten keine Bomben auf deutsche Städte? Warum ist Berlin immer noch unversehrt? Deutschland muss vom Angesicht der Erde hinweggefegt werden. Ein solches Volk sollte nicht existieren dürfen. Kriminell sind ja nicht nur die uniformierten Nazis, sondern alle Deutsche, die gesamte Zivilbevölkerung, die sich an den Früchten der Plünderungen und Morde erfreut, die ihre Ehemänner und Väter begehen.

Ein Junge hält den Kopf eines Mannes, der auf den Straßenbahnschienen im Warschauer Ghetto zusammengebrochen ist, 1941

Wenn wir doch nur Waffen hätten, wenn wir uns doch nur verteidigen, Rache nehmen könnten! Aber wir sind ohnmächtig; wir können nur die Köpfe neigen und zu Gott beten.

Morgen Abend ist Rosch ha-Schana, das jüdische Neujahr. Wir haben Angst, dass die Nazis für diesen heiligen Tag etwas Furchtbares planen, denn an jedem jüdischen Feiertag machen sie etwas besonders Brutales. Sie haben eine spezielle Warnung an die Gemeinde erteilt, dass sich die Juden nicht zum Gebet zusammenfinden dürfen, wenn sie nicht erschossen werden wollen. Unterdessen wird unaufhörlich über das Vorhaben gesprochen, die Sienna-Straße vom Ghetto abzutrennen. Die Deutschen verlangen sieben Pfund Gold als Lösegeld für die Straße. Unter den Anwohnern der Sienna-Straße werden Wertgegenstände gesammelt. Alle haben ihren letzten Ring oder Ohrring hergegeben, um eine solche Katastrophe zu verhindern.

Kapitel 7

»Die Gewalttat an deinem Bruder«

23. SEPTEMBER 1941

Leider waren unsere Befürchtungen vor den Feiertagen berechtigt. Gestern, am Abend von Rosch ha-Schana, bestellten die Deutschen die Vertreter der Gemeinde mit Ingenieur Czerniakow an der Spitze ein und verlangten, dass sie auf der Stelle fünftausend Mann für die Arbeitslager auslieferten. Die Gemeinde weigerte sich, diesem Befehl Folge zu leisten. Daraufhin brachen die Deutschen ins Ghetto ein und veranstalteten ein regelrechtes Pogrom. Die Menschenjagd dauerte den ganzen gestrigen Tag über und auch heute Morgen noch an, und von allen Seiten waren Schüsse zu hören.

Ich war zufällig auf der Straße, als die Jagd losging. Es gelang mir, mich in einen Toreingang zu flüchten, der mit Menschen vollgezwängt war, und ich wartete dort zwei Stunden lang. In Anbetracht dessen, dass man zu Fuß eine halbe Stunde von der Leszno- zur Sienna-Straße braucht, beschloss ich, um Viertel nach acht loszugehen, um vor neun daheim zu sein, der Sperrstunde, nach der der Aufenthalt auf der Straße verboten ist.

An der Leszna-Straße, Ecke Zelazna-Straße stand eine riesige Menschenmasse in Reih und Glied vor dem Arbeitsamt, die meisten davon junge Männer zwischen achtzehn und fünfundzwanzig. Die jüdische Polizei war gezwungen, dafür zu sorgen, dass niemand weglief. Die jungen Männer standen mit gesenkten Köpfen da, als würden sie gleich zur Schlachtbank geführt. Und tatsächlich sind ihre Aussichten nicht sehr viel besser als die Schlachtbank. Die Tausende von Männern, die bis jetzt in die Arbeitslager geschickt wurden, sind spurlos verschwunden.

Unter den Unglücklichen erkannte ich viele vertraute Gesichter, und ich war froh, dass Romek mich an diesem Abend nicht nach Hause gebracht hatte. Auf einmal ging die Tür zu einem Schreibwarenladen auf, in dessen Nähe ich wie versteinert dastand und auf die Verlorenen starrte, und ich spürte eine Hand auf meiner Schulter. Es war ein jüdischer Polizist, der mich hastig nach drinnen zog.

Nur einen Augenblick später fiel genau da, wo ich gestanden hatte, ein Mann um, getroffen von einer Kugel. Durch die Menge ging eine Wehklage wie elektrischer Strom und drang bis durch die geschlossene Tür des Schreibwarenladens. Der Mann stöhnte eine Weile lang, wurde dann aber zügig in einer Schubkarre weggebracht. Der Hauswart machte sich sofort daran, das noch warme Blut vom Pflaster abzuwischen.

Zitternd schaute ich auf meine Uhr. Die Sperrstunde, die Stunde des sicheren Todes in den Ghettostraßen, rückte näher. Instinktiv bewegte ich mich auf den Ausgang zu. Aber der Polizist wollte mich nicht gehen lassen. Als ich ihm erklärte, wie weit ich wegwohnte, und dass es mir egal sei, ob ich nun jetzt gleich oder später erschossen würde, versprach er, mich heimzubringen.

Ich verließ den Laden zusammen mit einigen anderen Leuten, die ebenfalls nach Hause wollten. Es war fünf Minuten vor neun. Der Polizist brachte mich bis vor unsere Tür, und als ich unsere Wohnung betrat, war es dreißig Minuten über die Sperrstunde. Meine Eltern hatten mich schon fast aufgegeben und bestürmten mich mit einer Flut von Fragen. Aber ich war nicht in der Verfassung, ihnen zu antworten, und fiel gleich auf mein Bett. Selbst jetzt noch, während ich diese Zeilen schreibe, bin ich von dem Erlebnis erschüttert, und ich sehe vor mir die Tausende junger Juden wie die Schafe vor dem Schlachthof stehen. So viele Söhne, Brüder und Ehemänner wurden ihren Angehörigen entrissen, die sie vermutlich nie mehr wiedersehen werden und von denen sie sich nicht einmal verabschieden können.

In ein paar Monaten werden die Mütter, Frauen und Schwestern dieser Männer amtliche Postkarten erhalten, die sie darüber in Kenntnis setzen, dass Nummer soundso verstorben ist. Es ist unvorstellbar, dass wir die Kraft haben, das zu überstehen. Die Deutschen sind überrascht, dass die Juden im Ghetto nicht Massenselbstmord begehen, wie es in Österreich nach dem »Anschluss« der Fall war. Auch wir selbst sind überrascht, dass wir es fertig bringen, all die Qualen zu ertragen. Das ist das Wunder des Ghettos.

25. SEPTEMBER 1941

Romek hat einen leichten Fall von Typhus. Die Flecken sind blass, und seine Temperatur ist nicht sehr hoch. Rutkas Zustand ist viel besorgniserregender – sie hat die Krankheit in ihrer schlimmsten Ausprägung. Vor ein paar Tagen sind bei ihr Komplikationen im Gehirn aufgetreten. Sie hat völlig den Verstand verloren und weigert sich, die Ärzte an sich heranzulassen. Diese haben ohnehin nur wenig Hoffnung, was sie betrifft. Meine Schwester Anna ist vollkommen verzweifelt. Sie weint Tag und Nacht und betet ununterbrochen für die unglückselige Rutka, ihre beste Freundin.

Edzia Piaskowskas Mutter fühlt sich schon viel besser. Vor ein paar Tagen sind ihre Schwester und ihr Schwager Roman Kantor, der berühmte Fechter, aus Lwiw angekommen. Unter der russischen Besatzung war er dort Fechtlehrer und kam sehr gut zurecht. Als die Deutschen nach Lwiw kamen, musste er fliehen.

Viele Flüchtlinge treffen jetzt aus den Gebieten ein, die bisher von den Russen besetzt waren. Überall, wo die Deutschen hinkamen, metzelten sie die jüdische Bevölkerung massenweise nieder. In Bialystok haben sie über tausend Juden in die große Synagoge getrieben und diese dann von allen Seiten angezündet.[80] In vielen kleineren Städten wurden die Rabbis und Gemeindeleiter auf den Friedhof gebracht und erschossen.

Die Flüchtlinge erzählten uns eine kuriose Geschichte. Kurz vor dem Einmarsch der Deutschen in Russland kursierten auf einmal Gerüchte, dass die Juden im Warschauer Ghetto im reinsten Paradies lebten. Wer für diese Gerüchte verantwortlich war, weiß niemand. Jedenfalls sind daraufhin viele Juden nicht zusammen mit der russischen Armee geflohen, sondern stattdessen nach Warschau zurückgekehrt. Jetzt erkennen sie, dass die Gerüchte das Werk von Nazi-Agenten waren, die sie auf diese Weise in die Todesfalle gelockt haben.

Die Menschenjagden dauern an. Oft sind Schüsse zu hören, und es ist gefährlich, hinaus auf die Straße zu gehen. Der Einzige meiner Bekannten, der mich trotz all dieser Schrecken noch besucht, ist Tadek Szajer. Ich habe den Verdacht, dass ihm sein Vater irgendein Dokument verschafft hat, das ihn davon befreit, ins Arbeitslager zu müssen.

Heute hat Tadek freudestrahlend vorbeigeschaut. Er hat eine kleine Schwester bekommen. Er kam direkt vom Krankenhaus, wo er sich das Neugeborene der zweiten Frau seines Vaters angeschaut hatte. Sie behandelt Tadek nicht wie ein Stiefkind, im Gegenteil, sie mögen einander sehr. Sie ist auch nicht sehr viel älter als er – er ist gerade zwanzig geworden und sie noch keine dreißig.

Tadek berichtete mir begeistert, wie hübsch seine neue Schwester ist. Ihr Vater hat entschieden, sie Ilana zu nennen. Tadek hat mir auch von den Mengen von Blumen erzählt, die die Mutter im Krankenhaus geschenkt bekam, und von dem aufwendigen Empfang, der gleich nach ihrer Rückkehr nach Hause geplant ist.

Er redete und redete, über die Fürsorge, die der jungen Mutter in dem prachtvollen Privatsanatorium zuteilwird, über die beiden Krankenschwestern, die sie betreuen, usw. usw. Aber während ich mir anhörte, wie er sich lang und breit über den Luxus dieser privaten Einrichtung ausließ, sah ich vor mir die obdachlosen nackten Kinder, die hungrig auf den staubigen Straßen liegen, die Kinder mit geschwollenen Bäuchen und verformten knochigen Beinchen, und mit einem Mal rief ich, als wäre ich gerade aus einem bösen Traum aufgewacht, laut aus: »Stopp! Sei still!« Aber dann wurde mir schlagartig klar, dass es ja nicht Tadeks Schuld ist, dass sein Vater mit zwielichtigen Geschäften reich wird. Ich gab mir Mühe, meine Abneigung gegen den Jungen zu überwinden, schaffte es aber nicht und bat ihn, unter dem Vorwand, ich hätte Kopfschmerzen, mich alleine zu lassen. Er ging dann ganz traurig und mit hängendem Kopf von dannen.

Unsere Theatertruppe hat ihre Vorstellungen vorerst ausgesetzt. Die aktivsten Mitglieder sind entweder krank oder in alle Winde verstreut. Harry ist ans Bett gefesselt; seine Schwindsucht wird immer schlimmer. Bolek hat es auf die arische Seite hinüber geschafft, und wir wissen weder, was aus ihm noch aus Mietek Fein wird. Stefan arbeitet in einer neu eröffneten Filiale des jüdischen Postamts.

Edek Wolkowicz hat sich erholt und seine Polizeiarbeit wieder aufgenommen. Er nimmt nicht einmal für einen kurzen Augenblick seine Mütze ab, nicht aus Stolz, sondern wegen seines kahlen, ausgemergelten Kopfes. Jeder, der Typhus überlebt, rasiert sich den Kopf, um zu verhindern, dass ihm die Haare ausfallen. In den Straßen des Ghettos sieht man viele Frauen mit kahl geschorenen Köpfen, die sie mit Kopftüchern umwickelt haben, wie zu einem Turban. Wer es sich leisten kann, lässt sich eine Perücke machen, aber die sind teuer und schwer zu bekommen.

Die Seuche fordert einen entsetzlichen Tribut. Zuletzt stieg die Sterberate auf fünfhundert pro Tag. Das Zuhause eines jeden, der an Typhus erkrankt, wird desinfiziert. Die Wohnungen oder Zimmer derer, die daran sterben, werden praktisch mit Desinfektionsmitteln überschwemmt. Die Gesundheitsabteilung der Gemeinde tut alles in ihrer Macht Stehende, um die Seuche zu bekämpfen, aber der Mangel an Medizin und Krankenhausbetten ist und bleibt die Hauptursache für die gewaltige Sterberate, und die Nazis machen es zunehmend schwer, medizinische Hilfe zu organisieren. Es ist eine weitverbreitete Ansicht, dass die Nazis das Ghetto absichtlich mit Typhusbazillen verseucht haben sollen, um Mittel der bakteriologischen Kriegsführung zu testen, die sie gegen England und Russland einsetzen wollen. Man sagt, die Gemeinde habe für diese Theorie unwiderlegbare Beweise von weltbekannten Bakteriologen, jüdischen Professoren aus Frankreich, Belgien und Holland, die von den Nazis hierher deportiert wurden. Somit geht es nicht mehr länger um unzureichende Hygienemaßnahmen oder die Überbevölkerung des Ghettos. Morgen platzieren die Nazis womöglich ihre Bazillen im saubersten Bereich des Ghettos, wo die Hygieneverhältnisse vorbildlich sind.[81]

Allerdings stören sich die Bazillen nicht an Rassengesetzen oder den Grenzen des Ghettos. Ein paar tödliche Typhusfälle wurden auf der arischen Seite verzeichnet, und auch einige Nazi-Wachleute haben sich infiziert. Doch selbst das wird von den Nazis für ihre antijüdische Propaganda ausgeschlachtet: Jetzt behaupten sie, die Juden würden ansteckende Krankheiten verbreiten.

28. SEPTEMBER 1941

Heute hatte ich Aufsicht bei der Ausstellung der Arbeiten unserer Schule. Am beliebtesten sind die Stillleben. Die Besucher weiden sich am Anblick der Äpfel, Möhren und anderen Essenssachen, die so realistisch gezeichnet sind. Weniger Zuspruch finden unsere Zeichnungen von Bettlern. Sie sind für niemanden eine Offenbarung. Die Ausstellung ist ungeheuer erfolgreich, viele Hunderte Menschen haben sie schon besucht.

Im ersten und zweiten Saal befinden sich die grafischen Arbeiten. Zuerst kommen Kompositionen aus verschiedenen Themenbereichen, ausgeschnitten aus schwarzem Papier auf weißem Hintergrund oder auch in zwei oder mehr Farben. Es gibt Entwürfe für Puderdosen, Bucheinbände, Zeitungsillustrationen, Briefpapier und Warenzeichen. Dann kommt die Abteilung Schriftarten. Verschiedene Alphabete mit stilisierten Buchstaben aus allen Zeitaltern werden gezeigt bis hin zu modernen Druckbuchstaben. Die gotische und die hebräische Schrift sind besonders prachtvoll. Sie sind mit schwarzer Tusche auf Pergament ausgeführt mit kolorierten Initialen.

Den Schriftarten-Exponaten folgen Plakate für geschäftliche Unternehmungen mit industriellen und volkstümlichen Themen für Theater, Fabriken, Cafés und Läden. Sie sind alle mit großer Präzision ausgeführt und doch auch voller Leben, und die Anordnung der Farben ist sehr kunstvoll. Wenn ich mir diese Entwürfe ansehe, fällt es mir oft schwer zu glauben, dass sie tatsächlich unserer Hände Arbeit unter diesen schlimmen Bedingungen sind.

Dann kommt die Abteilung mit Landschaften und Porträts. Allen fallen die Bilder von Zdzislaw Szenberg auf, die sich durch ihre originelle Komposition und brillante Perspektive auszeichnen. Die Porträts machen nicht weniger Eindruck. Ich wurde zu meinem Porträt von Inka Garfinkel beglückwünscht.

Viel gelobt wird auch das grafische Werk des begabten jungen Manfred Rubin. Die Lehrer prophezeien ihm eine glänzende Zukunft. Er hat viele Ideen und ein besonderes Talent für Illustrationen. Er hat schon ein paar größere Aufträge von verschiedenen Ghettofirmen bekommen.

Eine besondere Fläche ist dem Textildesign vorbehalten. Dank ihrer akribischen Ausführung und der Natürlichkeit der Farben sehen diese Exponate wie echte Materialproben aus. Vor dem Hintergrund dieser Proben wurden dezent Modezeichnungen eingeflochten. Das erzeugt eine interessante Wirkung. In dieser Abteilung ragt das Werk von Inka Garfinkel heraus. Sie hat mit Kühnheit und Leichtigkeit großartige Kleiderentwürfe gezeichnet und noch einige interessante Accessoires hinzugefügt. Ich bin überzeugt, dass sie, wenn sie den Krieg überlebt, eine der besten Modeschöpferinnen der Welt werden wird.

Auch der den Architekturentwürfen gewidmete Saal hat viele Besucher. Diese Exponate sind für den Durchschnittsbetrachter etwas kompliziert. Es gibt Pläne für moderne Wohnblocks und Zeichnungen von Nachkriegs-Einfamilienhäusern mit Gärten zu sehen, und diese Häuser haben viele Fenster. Sie wirken fast wie die Glashäuser, von denen der große polnische Autor Stefan Zeromski geträumt hat.[82] Die Besucher der Ausstellung blicken mit Stolz auf diese Wohnprojekte für die jüdische Bevölkerung in einem freien Polen der Zukunft, die die überfüllten Häuser auf der Krochmalna- und der Smocza-Straße ersetzen werden, in denen die dunkelsten Keller des Ghettos liegen. Aber wann wird das Wirklichkeit werden, und wer von uns wird es noch erleben?

In der Abteilung für Maschinenkonstruktionen gibt es Tische mit Entwürfen für unterschiedliche Maschinen, aber die können nur Fachleute verstehen.

Die Leute scheinen die Ausstellung voller neuer Eindrücke zu verlassen und sprechen sogar auf der Straße noch lange über die diversen Bilder und anderen Exponate. Sie können kaum glauben, dass solche Arbeiten innerhalb der Ghettomauern entstehen konnten, vor allem unter den gegenwärtigen Bedingungen mit fortwährenden Menschenjagden, Hunger, Seuchen und Terror. Und doch ist es so! Unsere Jugend hat den greifbaren Beweis für ihre geistige Stärke, ihre Widerstandskraft, ihren Mut und ihren Glauben an eine neue, gerechtere Welt geliefert.

Viele Besucher hatten strahlende Gesichter, als sie wieder gingen. Andere waren ernst und in sich gekehrt. Ich sah auch ein paar Leute mit Tränen in den Augen. Einer davon war der grauhaarige Professor Majer Balaban. Er wirkte tief bewegt, als er vor einem stilisierten hebräischen Originalplakat stand und mit leiser Stimme den wunderschönen Text aus *Obadja*[83] las. Ich hatte den Eindruck, er las den Text immer wieder neu, als wolle er die zeitgemäßen Worte des Propheten auswendig lernen.

> Wegen des Mordens, wegen der Gewalttat an Jakob,
> deinem Bruder,
> bedeckt dich die Schande,
> wirst du ausgerottet für immer.
> Als die Fremden sein Heer gefangen nahmen,
> als die Feinde seine Tore besetzten
> und das Los warfen über Jerusalem,
> da standest du dabei, du wurdest wie einer von ihnen...
> Stell dich nicht an der Wegkreuzung auf,
> um die Fliehenden niederzumachen.
> Liefere die Flüchtlinge nicht aus
> am Tag der Not.

Während meiner Dienstzeit heute sind mir mehrere Dutzend Leute aufgefallen, die vor demselben Plakat stehen geblieben sind. Der hebräische Buchstabe Lamed in dem zitierten Text ist so gezeichnet, dass er zum Gebet ausgebreitete Hände andeutet. Diese Besucher müssen Hebräisch gekonnt haben, und ich las auf ihren Gesichtern eine Mischung aus Befriedigung und Furcht angesichts der Verwegenheit des jungen Künstlers.[84]

1. OKTOBER 1941

Die Nazis verfolgen ganz genau den jüdischen Kalender. Gestern vor Sonnenuntergang, zum Zeitpunkt des Kol-Nidre-Gebets, mit dem der Gottesdienst am Versöhnungstag eröffnet wird, wurden große weiße Plakate ausgehängt mit der bitteren Ankündigung, dass vor dem 5. Oktober die Anwohner der rechten Seite der Sienna-Straße, von Abschnitten der Gesia- und der Muranowska-Straße sowie einer Reihe von Häusern in der Nähe der Ghettogrenzen ihre Wohnungen verlassen müssen.

Somit hat also das Lösegeld, das die Anwohner dieser Straßen gezahlt haben, nichts genutzt – was alle befürchtet haben, ist tatsächlich eingetroffen. Zunächst herrschte Panik, doch sobald die Nacht anbrach, war der Keller in unserem Haus voller Gläubigen, und es waren gedämpfte Klänge von Klageliedern zu hören. Versunken in ihren Gebeten vergaßen sie eine Zeit lang ihre Umgebung. Draußen stand eine Wache vor dem Hauseingang, um sie zu warnen, falls eine deutsche Bestie die Straße herunterkommen sollte.

Wie um die bedrückte Stimmung unseres Volkes noch zu verstärken, regnet es schon den ganzen Tag ohne Unterbrechung. Mein Vater ist den Tag über im Keller geblieben und hat gebetet, während sich meine Mutter nach einer neuen Wohnung umgesehen hat. Bis jetzt hat sie noch nichts gefunden, aber noch eine weitere schlechte Nachricht mit nach Hause gebracht. Es scheint, als wollten die Nazis das sogenannte Kleine Ghetto auflösen und nur die Chlodna-Straße und das hintere Ende der Zelazna dem Großen Ghetto hinzufügen.

Dieses Gerücht wird erhärtet durch die Tatsache, dass die christlichen Mieter in diesen beiden Straßen eine Anordnung erhalten haben, vor dem 15. Oktober auszuziehen. Die Anwohner der Sienna-Straße sollen angeblich Wohnungen in der Chlodna bekommen. Aber das geschieht erst später, und für den Augenblick müssen wir uns ein Dach über dem Kopf suchen. Morgen früh werden wir alle, ich eingeschlossen, losziehen und nach einer Wohnung Ausschau halten.

3. OKTOBER 1941

Eine große Zahl der Mieter in unserem Haus ist schon ausgezogen, aber wir finden einfach nichts Neues. Heute bin ich den ganzen Tag über zusammen mit meiner Tante Lucia in einer Rikscha herumgefahren, habe aber nichts gefunden. Die Adressen, die ich bekommen hatte, lagen alle in den äußersten Winkeln des Ghettos. Als Erstes »fuhren« wir zur Stawki-Straße[85], wo man uns sagte, dass drei Zimmer zu haben seien. Aber diese stellten sich als drei schmutzige Rattenlöcher heraus, und die Küche hatte kein fließendes Wasser. Die Gegend dort ist vollkommen ausgestorben, nichts als Ruinen und Aschehaufen. Das nächstgelegene Verkehrsmittel, will sagen: der nächste »Kohn-Heller«, ist mehrere Blocks entfernt. Und der Preis, der für diese Wohnung verlangt wird, beträgt zweihundert Zloty im Monat. Dann gingen wir zur Nalewki-Straße und sahen ein Zimmer mit Küche in der fünften Etage an, halb verfallen. In der Smocza-Straße zeigte man uns ein Zimmer, in dem noch die Leiche eines Mannes lag, der in der Nacht zuvor an Typhus gestorben war. Die Hauswirtin sagte uns, das Zimmer würde frei, sobald der Leichnam abtransportiert sei.

Wir liefen schnell weg und gaben jede weitere Suche auf. Während ich diese Zeilen schreibe, sind meine Eltern unterwegs und suchen nach einer Wohnmöglichkeit. Ich habe alle meine Freunde mobilisiert, Jungs und Mädchen, damit sie uns helfen. Glücklicherweise müssen sie nicht auch noch nach neuen Wohnungen suchen.

6. OKTOBER 1941

Gestern befanden wir uns in einem Zustand völliger Verzweiflung. Der Karren mit unseren Möbeln war bereit, und wir hatten vor, vorübergehend bei meiner Schulkameradin Zosia Zakheim in der Panska-Straße 24 unterzuschlüpfen. Da kam auf einmal meine Freundin Ola Szmuszkiewicz angelaufen und sagte, sie hätte für uns zwei Zimmer in einer großen, komfortablen Wohnung in der Leszno-Straße gefunden, wo es sogar ein Klavier gibt.

Das ausgemergelte Pferd bog mit dem schwer beladenen Karren in die Chlodna-Straße ein. Wir mussten alle mithelfen, um es anzuschieben. Noch mehrere andere Gruppen von Leuten waren damit beschäftigt, halb toten Stuten auf die Sprünge zu helfen.

Mein Vater bleibt vorerst noch in der Sienna-Straße, da die Deutschen allen jüdischen Hauswarten befohlen haben, auf ihren Posten zu bleiben, bis sie von nichtjüdischen Hausmeistern ersetzt werden. Somit ist Vater ganz allein in dem leeren Haus. Heute habe ich ihm etwas zu essen gebracht und bin eine Weile geblieben. Die Sienna-Straße bietet einen beängstigenden Anblick. Die ganze Gegend, in der noch vor wenigen Tagen reger Betrieb herrschte, ist jetzt wie ausgestorben. Ein Stacheldrahtzaun wurde mitten über die Straße gespannt. Von Zeit zu Zeit lässt sich ein bewaffneter Nazi-Wachmann oder ein polnischer beziehungsweise jüdischer Polizist blicken. Überall sind die Fenster geschlossen und die Türeingänge mit Pappe zugeklebt. Die jüdischen Hygienetrupps haben alle Häuser vollständig desinfiziert, bevor sie sie der arischen polnischen Bevölkerung zur Nutzung übergeben haben.

Auf manchen Balkonen stehen immer noch Kästen mit halb verblühten Blumen. Auf Lutka Leders Balkon sind ein paar Tomatenpflanzen übrig geblieben. Die kleinen roten Kugeln bewegen sich im Wind. Anscheinend hat Lutka, bevor sie weggegangen ist, vergessen, die kostbaren Früchte zu ernten, die sie den ganzen Sommer über gehegt und gepflegt hat. Sie war sehr bestürzt darüber, dass sie fort musste, weil sie dadurch von ihrem Nachbarn Kazik Briliant getrennt wird, der inzwischen in ein Viertel weit weg von ihr gezogen ist. Und so sind alle Hoffnungen, die sie sich auf ihn gemacht hatte, zunichte geworden.

Ich bin lange durch das Treppenhaus spaziert, und in meinen Ohren hallten noch die Gespräche und das Lachen nach, das ich immer durch die offenen Türen gehört habe, und die Klänge der Klaviere und Grammofone. So viele angenehme Erinnerungen verbinden sich mit dem Haus in der Sienna-Straße. Unser Jugendkomitee hat dort ausgezeichnete Arbeit geleistet, und auch unser

Hauskomitee war ein Vorbild für alle anderen Häuserkomitees. Unsere Mieter kamen gut miteinander aus. Von dort aus konnten wir auch auf die andere Seite hinübersehen und hielten so die Illusion aufrecht, wir stünden geradewegs am Tor zur Freiheit.

10. OKTOBER 1941

Heute ist der erste Schnee gefallen. Seltsamerweise ist jedes Jahr seit dem Ausbruch des Krieges der erste Schnee an meinem Geburtstag gefallen. Aus dem Nachbarzimmer dringt der Geruch von frisch gebackenen Keksen. Fräulein Sala wuselt in der Küche herum und bereitet eine Mahlzeit für die Gäste zu, die ich eingeladen habe. Ihre kleinen Hände bewegen sich flink. Ich kann sehen, wie sie sorgfältig winzige Teigstücke in eine Pfanne legt. Mein Gott, wie schrecklich dünn sie ist! Sie hat sehr viel abgenommen, seit ich sie das letzte Mal gesehen habe.

Fräulein Sala war einige Jahre meine Gouvernante. Sie kam zu mir, als ich neun Jahre alt war, nachdem mehrere Kindermädchen gekündigt hatten, weil sie meine Launen nicht mehr aushielten. Meine Mutter erzählt mir häufig, was für ein unerträgliches Kind ich war. Ich ließ keinen in meine Nähe und war wild, ungebändigt und widerspenstig. Aber das kleine Fräulein Sala fand Gnade vor meinen Augen, nicht etwa weil ich sie respektierte, sondern weil sie mir leidtat. Die ersten paar Tage gab ich ihr Saures, aber dann änderte ich mit einem Mal meine Taktik. Fräulein Sala war glücklich bei uns und gewann meine Schwester und mich mit der Zeit so lieb, als wären wir ihre eigenen Kinder. Sie blieb bei uns bis zum Ausbruch des Krieges und war schon fast wie meine zweite Mutter. Als wir aus Lodz flohen, ließ meine Mutter ihr viele Wertgegenstände da, damit sie sie verkaufen und mit dem Geld ihren Lebensunterhalt bestreiten konnte. Einige Zeit später ist sie zusammen mit ihrer Familie ebenfalls nach Warschau geflohen und hat uns dort aufgespürt. Ihr Vater und ihr Bruder sind Geiger. Früher waren sie Mitglieder in einem guten Kaffeehausorchester, heute spielen sie auf der Straße und geben Musikunterricht. Eine ihrer vier Schwestern ist Mathematiklehrerin an einer illegalen Privatschule. Ihre jüngste Schwester starb vor zwei Monaten an Typhus, und jetzt liegt ihre Mutter im Bett. Fräulein Sala hält sich noch mit ihrer letzten Kraft am Leben. Sie kommt uns oft besuchen, versucht sich dann nützlich zu machen und bleibt zum Essen.

Ich beobachte oft, wie sie mehrere Teller Suppe vertilgt und heißhungrig unsere Reste aufisst, als hätte sich der ganze Hunger im Ghetto auf sie konzentriert. Ich kann nicht verstehen, wo das ganze Essen in ihrem schmächtigen kleinen Körper hingeht. Nachdem sie gegessen hat, schneidet sie sich schüchtern ein paar Scheiben Brot ab und wickelt sie in Papier ein. Sie sagt dann, sie sei jetzt satt und werde ihr Brot später aufessen. Aber ich weiß, dass sie es für ihre hungernde kranke Mutter aufbewahrt.

Jetzt steht sie in der Küche und backt Kekse für meine gut genährten Freunde, während ihre Familie so furchtbar Hunger leidet.

Es ist wirklich unanständig, Geburtstage zu feiern, wo doch um uns herum so viel Unglück und Elend herrschen. Onkel Percy ist schwer an Typhus erkrankt. Sein Zustand ist so gut wie hoffnungslos, und meine Mutter verbringt ganze Tage bei ihm. Mehrere ehemalige Anwohner der Sienna-Straße sind an Typhus gestorben, nachdem sie in ihre neue Unterkunft gezogen waren. Alleine aus unserem Haus sind sechs Personen tot, darunter Ingenieur Sapoczynski und die Frau des Anwalts Zalszupin. Typhus breitet sich mit beängstigender Geschwindigkeit aus. Gestern habe ich an mir eine Laus entdeckt. Falls sie verseucht war, werde ich in zwei Wochen die ersten Symptome der Krankheit zeigen.

Das sind die Umstände, unter denen ich auf die Freunde warte, die ich zu meiner Geburtstagsfeier eingeladen habe. Sie erinnern mich schon die ganzen letzten Wochen daran, sodass ich nicht den Mut aufgebracht habe, ihnen diese Freude zu verwehren.

Meine Freunde sind gerade gegangen. Wir haben ein paar angenehme Stunden miteinander verbracht, die uns in eine vollkommen andere Welt versetzt haben. Meine Gäste waren Bronka Kleiner, Irka Bialokorska, Ola Szmuszkiewicz, Edzia, Vera Neuman, Lutka Leder,

Romek, Tadek, Dolek, Edek, und sogar Harry hat sein Bett verlassen, um bei der Feier dabei zu sein. Wir haben viel geredet und über unsere Pläne für die Zeit nach dem Krieg gesprochen. Ich musste einige Abschnitte aus meinem Tagebuch vorlesen, die alle gelobt haben, und mehrere meiner Freunde haben mir hübsch eingebundene kleine Notizbücher geschenkt, damit ich meine Chronik weiterführen kann.

Wir tranken Kirschlikör, den meine Mutter im ersten Kriegsjahr gemacht hatte. Wir brachten mehrere Toasts aus und sangen sogar das traditionelle Geburtstagslied »Hundert Jahre«[86]. Am Ende spielte Romek Klavier und wir tanzten dazu. Ein paar Minuten vor neun gingen alle Gäste heim.

Tadek und Romek, die ganz in der Nähe wohnen, gingen als Letzte. Ich habe sie ein Stück begleitet. Als wir aus meinem warmen Zimmer in den Schneesturm traten, schnitt uns ein eisiger Wind ins Gesicht, und die Kälte drang mir bis ins Mark, obwohl ich einen Pelzmantel anhatte. Das einzige Licht kam vom Schnee und von den Nachtschildern der Läden. Anstelle der früheren Neonlichter haben die Schaufenster jetzt Blenden aus schwarzem Papier, die nicht den kleinsten Widerschein durchlassen. Doch trotz der Dunkelheit ist es möglich, die Aufschriften zu lesen, die mit weißen Papierstreifen auf die schwarzen Blenden geklebt sind. Sie helfen uns, Lebensmittelgeschäfte von Schreibwarengeschäften zu unterscheiden.

Die Mauern entlang saßen zusammengekauerte Menschen wie ausrangierte Lumpenbündel. An einer Stelle stolperte ich über einen menschlichen Körper. In der Dunkelheit fiel mir nicht auf, dass ich auf einen Leichnam getreten war. Es war eine halb nackte Leiche, nur mit ein paar flatternden Zeitungsblättern bedeckt, die der Wind vergeblich von den Steinen wegzureißen versuchte, die sie unten halten sollten. Die langen milchig-weißen Beine waren steif und ausgestreckt.

Als ich von diesem grausigen Ausflug zurückkam, war auch meine Mutter von Onkel Percy zurück. Heute hat ihm der Arzt die letzten entscheidenden Spritzen gegeben. Wenn ihm die nicht helfen, ist er verloren. Rutka fühlt sich schon viel besser, aber sie lässt immer noch niemanden in ihre Nähe, mit Ausnahme meiner Schwester Anna, die keine Minute von ihrer Bettkante weicht.

29. OKTOBER 1941

Heute bin ich mit Romek zur Premiere eines Stückes im Femina Theater gegangen. Es war eine musikalische Komödie, die vom heutigen Ghettoleben handelt und den Titel trägt *Die Liebe sucht ein Zimmer*. Ein junges Paar tritt auf, das eine Bleibe sucht. Nach langer Suche und viel Herumgefahre in »Kohn-Hellers« finden sie schließlich ein winziges Zimmer im Haus einer raffinierten Hauswirtin, die ein großes Zimmer unterteilt hat, damit sie es an zwei Paare vermieten kann. Sie treibt noch ein weiteres Paar für die andere Hälfte des Zimmers auf, und dann geht der Trubel los.

Zufällig passen beide Paare eigentlich gar nicht zueinander, und infolgedessen entwickeln sich zwei verbotene Liebesabenteuer, zunächst nur heimlich, aber wegen der überfüllten Wohnverhältnisse kommt es bald heraus. Die Ehemänner tauschen die Räume, und eine Zeit lang sind alle glücklich, doch dann fangen die Männer an, sich mit ihren ehemaligen Frauen zu streiten.

Als die Männer am Abend erschöpft von der Arbeitssuche heimkommen, erwischen sie ihre Frauen, wie sie mit dem Vorsteher des Hauskomitees flirten, der ein lustiges Liedchen singt über die verschiedenen Steuern, die er für die Gemeinde eintreiben muss.

Die beiden Liebesverhältnisse enden traurig: Alle vier jungen Leute werden wegen Nichtzahlung ihrer Miete auf die Straße gesetzt. Das Stück schließt mit einer Massenszene in einer Straßenbahn, in der die Fahrgäste gewollt witzige Geschichten über das Leben im Ghetto erzählen, vor allem über die diversen Komitees und Ausschüsse, die sich beständig vermehren.

Das Publikum lachte herzhaft und verbrachte ein paar angenehme Stunden in dem komfortablen Theater, in dem es die draußen lauernden Gefahren vollständig vergaß. Der Autor des Stückes ist Jurandot[87], und die Hauptrollen spielen Stefania Grodzienska,

Aleksander Minowicz, Rigelski, Noemi Wentland. Liebermann hat die Kulissen gemalt.

Im Theater traf ich viele Bekannte, darunter Ola Szmuszkiewicz, meine Schulkameradin, die ich ein Jahr nicht gesehen hatte. Sie war in Begleitung des Polizisten Max Bekerman. Sein Vater, der vor zwei Monaten an Typhus starb, hatte eine hohe Stellung bei der jüdischen Ghettopolizei inne. Während des Ersten Weltkriegs war er einer der Gründer der Polnischen Legion und ein enger Freund von Marschall Jozef Pilsudski.[88] Die Totenfeier für den Polizeikommandanten Bekerman wurde mit großer Feierlichkeit vollzogen. Alle Gemeindeoberen, die gesamte jüdische Polizei sowie Tausende Zivilisten begleiteten ihn zu seiner letzten Ruhestätte.

Dann traf ich noch Edzia mit ihrem Freund Zelig Silberman, der einer der erfolgreichsten Schmuggler der Sienna-Straße war, bevor sie vom Ghetto abgetrennt wurde. Er hat in diesem Gewerbe ein Vermögen gemacht und würde Edzia gern heiraten, aber ihre Eltern sind gegen die Verbindung, weil sie so viel jünger ist als er. Edzia ist erst siebzehn und Zelig dreißig. Der Altersunterschied hindert sie allerdings nicht daran, sich zu lieben. Im Ghetto gibt es viele solche Paare aus ziemlich jungen Mädchen und älteren Männern. Man begegnet selten einer Frau oder einem Mann alleine. Männer und Frauen fühlen sich noch stärker als in normalen Zeiten zueinander hingezogen, als würden sie nach Schutz und Zärtlichkeit hungern. Einen engen Freund zu haben, hilft einem, die Niedergeschlagenheit zu überwinden. Niemand möchte allein sein. Und doch ist die Moral im Ghetto genauso stark wie in Vorkriegszeiten.

Die Zahl der Eheschließungen ist in der letzten Zeit, verglichen mit den ersten Monaten des Krieges, zurückgegangen. Der Hauptgrund dafür ist der Mangel an Wohnungen, der ein schwerwiegendes Problem im Ghetto darstellt. Man hat in der Gemeinde ein eigenes Amt eingerichtet, um die Lage in den Griff zu bekommen, aber es kann so gut wie nichts ausrichten. Seine Aufgabe besteht darin, geeignete Untermieter für die Besitzer leerer Zimmer zu finden und dafür zu sorgen, dass junge Paare ein gewisses Maß an Privatsphäre genießen können. Aber heutzutage liegen bei allen die Nerven blank, und die Untermieter kommen in der Regel nicht gut mit ihren Zimmerwirten aus. Sehr oft sind sie außerstande, die Miete zu bezahlen, und die Vermieter haben nichts zum Leben. Dazu kommt, dass die Gemeinde verschiedene Steuern erhebt. Nur wenige Menschen verdienen sich heutzutage ihren Lebensunterhalt mit normaler Arbeit. Echtes Geld kann man nur mit unredlichen Geschäften machen, aber nicht viele betätigen sich darin. Die meisten Juden leiden lieber Hunger, als dass sie Handlanger der Nazis werden.

Aber manchmal werden Menschen gezwungen, diese Rolle einzunehmen. Wenn jemand dabei erwischt wird, wie er einen geringfügigen Gesetzesverstoß begeht, indem er zum Beispiel die Armbinde ein kleines bisschen anders trägt als vorgeschrieben, wird er verhaftet und gefoltert. Ein solcher Mensch würde dann oft am liebsten Selbstmord begehen, was aber nicht so einfach zu bewerkstelligen ist. Unter diesen gequälten Menschen, die seelisch und körperlich gebrochen sind, suchen sich die Deutschen ihre Opfer und stellen sie vor die Wahl Leben oder Tod. Solche Menschen haben jegliche Widerstandskraft verloren; sie willigen in alles ein und werden so automatisch Werkzeuge der Gestapo. Ihre Hauptaufgabe ist die Denunziation. Die Nazis wollen wissen, wer Schmuck oder Devisen besitzt. Ein Denunziant kann den Fängen der Nazis niemals entkommen. Er muss etwas »leisten«, um in die Gunst zu gelangen, leben zu dürfen und etwas zu essen zu erhalten. Und die Nazis drohen ihm beständig mit einer Fortführung der Folter.

Im Ghetto gibt es eine ganze Reihe solcher Gestapoagenten, aber sie sind nicht wirklich gefährlich, denn sie sind mehr oder weniger bekannt, und wann immer es möglich ist, warnen sie sogar die potenziellen Opfer der Gestapo vor geplanten Haussuchungen. Allerdings gibt es ein paar Unterweltfiguren, die wirklich gefährlich sind, weil sie ihre Dienste für die Gestapo ernsthaft betreiben, genauso wie sie früher mit voller Überzeugung Verbrechen begangen haben.[89]

Selbst diese traurigen Umstände geben uns Anlass zu diversen Klatschgeschichten und Witzen und dienen als Stoff für Lieder und

Sketche, die in Cafés und Theatern gesungen beziehungsweise gespielt werden.

Jeden Tag kann man im Kunstcafé in der Leszno-Straße in verschleierter Form Lieder und Satiren über die Polizei, den Ambulanzdienst, die Rikschas und sogar die Gestapo hören. Sogar die Typhusseuche ist Gegenstand von Witzen. Es ist ein Lachen unter Tränen, aber es wird jedenfalls gelacht. Das ist unsere einzige Waffe hier im Ghetto – unser Volk macht sich lustig über den Tod und über die Nazi-Verordnungen. Humor ist das Einzige, was die Nazis nicht verstehen.

Diese Programme sind ungeheuer erfolgreich. Früher war ich empört über die Scherze, die sich die tragischsten Vorfälle im Ghettoleben zur Zielscheibe nahmen. Aber allmählich bin ich dahintergekommen, dass es für unsere Missstände kein anderes Heilmittel gibt. Man hat Marionetten gemacht, die unsere Gemeindeleiter und die Vorsitzenden der verschiedenen Wohlfahrtseinrichtungen darstellen sollen. Eine der reichhaltigsten Quellen für den neuen Humor sind die Gespräche, die man in den »Kohn-Heller«-Straßenbahnen hört.

Was die Besitzer dieser Straßenbahnwagen angeht, so reden jetzt alle über das Kind, das Madame Kohn letzte Woche zur Welt gebracht hat. Herr Kohn hat die Bevölkerung über dieses Ereignis mittels riesiger Plakate in Kenntnis gesetzt, die nicht nur in den Straßenbahnwagen aufgehängt wurden, sondern auch an den Mauern der wichtigsten Straßen. Diese Plakate verkündeten, dass die Beschneidungsriten in einem großen Saal vorgenommen werden, dass ein feierlicher Empfang samt Essen für wichtige Gäste stattfindet und dass bei der Gelegenheit Geld für die Fürsorge gesammelt wird.

Ich habe das Plakat mit einem Gefühl von Ekel gelesen und sah viele Leute ausspucken, nachdem sie diese taktlose Darstellung des angeblich wohltätigen Zwecks einer verschwenderischen Party gelesen hatten, die inmitten von Hunger veranstaltet wird.

Fantastische Geschichten sind im Umlauf über das luxuriöse Leben der Herren Kohn und Heller. Jeden Tag geben sie Empfänge, während vor ihrer Haustür Menschen vor Hunger sterben. Diese beiden Männer haben noch andere Einkommensquellen als ihre Straßenbahnen. Sie spielen eine wichtige Rolle bei der sogenannten Transferstelle.[90] Diese Einrichtung, die von den Deutschen gefördert wird, ist befasst mit dem Austausch von diversen Handelsgütern zwischen dem Ghetto und dem arischen Teil von Warschau. Alles, was auf legalem Weg ins Ghetto gelangt, wird von diesem Amt kontrolliert, das bei jeder Transaktion eine stattliche Provision kassiert. Kohn und Heller haben großen Einfluss in der Transferstelle und werden häufig von Geschäftsleuten auf beiden Seiten der Mauer bestochen. So fungieren sie als Vermittler zwischen den Deutschen und den Eigentümern der verschiedenen Ladungen von Lebensmitteln und Industriegütern, die aus dem Ghetto in den arischen Teil Warschaus wechseln, beziehungsweise umgekehrt. Die hungernden Menschen im Ghetto müssen alle höhere Preise für Brot und Kartoffeln bezahlen, damit sich die Taschen von Herrn Kohn und Herrn Heller füllen.

15. NOVEMBER 1941

Zwei neue Klassen für jüngere Studenten haben in unserer Schule angefangen. Unsere jetzige Unterkunft ist viel kleiner als unsere alte in der Sienna-Straße. Oft hören wir wegen des Lärms aus den Nachbarräumen, die nur durch hauchdünne Trennwände von unserem abgeteilt sind, gar nicht, was unsere Lehrer sagen. Von den ehemals hundert Studenten in unserer Klasse sind nur noch etwa fünfundzwanzig übrig. Viele sind nicht mehr imstande, das Unterrichtsgeld zu zahlen, und eine große Zahl ist an Typhus gestorben.

Hier haben wir keine Zentralheizung wie in der Sienna-Straße. Unsere Hände sind eiskalt, und es ist unmöglich, einen Stift zu halten. Wir sitzen in unseren Mänteln und Wollschals da. Der kleine Eisenofen in der Mitte des Klassenraums reicht nicht aus, um diesen zu beheizen. Von beiden Seiten sind die riesigen venezianischen Fenster mit Eis überzogen. Der Ofen wird mit dem Holz von den Bänken beheizt, die früher im Flur gestanden haben.

In der letzten Zeit hat sich an den verschiedenen Schulen eine große Zahl von »Lernkreisen« gebildet in der Absicht, Fächer zu erlernen, die offiziell verboten sind. Diese Kreise sind spontan aus unserem tiefen Bedürfnis heraus entstanden.

Bei den Zusammentreffen dieser Kreise wird hauptsächlich Polnisch gesprochen, aber in vielen Fällen verwendet man aus Prinzip Jiddisch oder Hebräisch. Das Interesse an Hebräisch ist enorm gestiegen, weil die Jugend in hohem Maße ihre Hoffnungen auf Palästina setzt. In manchen Kreisen ist die verwendete Sprache Englisch oder Französisch, für gewöhnlich erstere. Viele von meinen Freunden besuchen spezielle Englischkurse. Auch englische Literatur wird sehr viel gelesen.

Der konspirative Charakter dieser Kreise rückt sie nahe an die politische Untergrundbewegung. Häufig finden unsere Treffen in denselben Räumen und Kellern statt, in denen sich auch die Zellen der politischen Parteien treffen.

Die Zahl der Untergrund-Nachrichtenblätter wächst mit jedem Tag. Niemand Bestimmter bringt sie in Umlauf, sie wandern einfach von Hand zu Hand, und wer sie als Erster bekommen hat, bleibt ein Rätsel.

Kapitel 8

Das Grauen geht um

22. NOVEMBER 1941

Heute haben die jährlichen Winter-Hilfssammlungen angefangen. Der Vorsitzende der Gemeinde, Ingenieur Czerniakow, stand zusammen mit allen Mitgliedern des Rates mit Sammelbüchsen auf der Straße und steckte den Spendern Papierblumen in die Kragenaufschläge.

Die Gemeinde hat einen Wettbewerb ausgerufen für ein Plakat in Verbindung mit dieser Hilfsaktion. Dr. Poznanski, der pädagogische Leiter in der Gemeinde, kam in unseren Unterricht, um die Wettbewerbsbedingungen zu erläutern. Der letzte Termin für die Einreichung von Entwürfen ist der 24. Dezember.

Heute habe ich auf meinem Heimweg von der Schule bei Rutka vorbeigeschaut, die endlich außer Gefahr ist. Als ich hereinkam, lag sie auf einem Feldbett. Mit ihrem blassen Gesicht, ihrem silberblonden, kurz geschorenen Haar und den glanzlosen Augen sah sie aus wie ein Kind. Als sie mich sah, lächelten ihre weißen Lippen, und sie versuchte, den Kopf zu heben. Dann fing sie an zu flüstern. Ihr geschwächter Körper zitterte und ihr Kopf ging aufgeregt hin und her, während sie sich Mühe gab, etwas zu sagen.

Zuerst hatte ich den Eindruck, sie hätte den Verstand verloren. Sie sprach in kurzen, wirren Sätzen. Aber nachdem sie die Anfangsschwierigkeiten überwunden hatte, klang sie allmählich vernünftiger. »Jetzt bin ich wieder gesund. Endlich habe ich es überwunden. Warum siehst du mich so an? Habe ich mich so arg verändert? Sag mir die Wahrheit!«

Mir standen die Tränen in den Augen und ich brachte kein Wort heraus. Rutka sah aus wie eine Tote. Das macht der Typhus mit einem. Ich bemühte mich, sie davon zu überzeugen, dass sie gut aussah und dass in ein paar Tagen keine Spur mehr von ihrer Krankheit zu sehen sein würde. Ich klang allerdings nicht sehr überzeugend und wurde immer verlegener, als es plötzlich an der Tür klingelte und Romek hereinkam. Sofort wechselten wir das Thema. Romek hat seine Typhuserkrankung, die bei ihm in einer außergewöhnlich leichten Form auftrat, praktisch unbeschadet überstanden. Er ist jetzt in sehr guter Verfassung.

Ich habe das Gefühl, dass sich Rutka nie mehr vollständig erholen wird. Wird sie jemals wieder laufen können? Vorläufig kann sie sich nicht einmal aufsetzen.

Auch Onkel Percy geht es besser. Die starken Spritzen, die unser beherzter Arzt ihm gab, waren seine Rettung. Heute kam er uns mit seiner Frau Lucia zum ersten Mal seit seiner Krankheit besuchen. Er hat sich kaum bewegt und sich die ganze Zeit über auf Lucia gestützt. Er ist nur noch ein Schatten seiner selbst. Er ist erst siebenundzwanzig Jahre alt und war früher kräftig und gut aussehend, und jetzt geht er gebückt und ist nur noch Haut und Knochen. Bei jedem Schritt sieht man im Ghetto solche menschlichen Wracks, und das sind noch die Glücklichen, die dem Engel des Todes entkommen konnten.

Draußen tobt ein Schneesturm, und der Frost malt Muster auf die Fensterscheiben. In diesen schrecklich kalten Tagen ist ein Name in aller Munde: Kramsztyk, der Mann, dem die Verteilung des Brennstoffs untersteht. Leider ist die Menge an Kohle und Holz, die die Deutschen dem Ghetto zugewiesen haben, so gering, dass sie kaum ausreicht, um die offiziellen Gebäude zu beheizen, wie die Gemeindeverwaltung, das Postamt, die Krankenhäuser und die Schulen, sodass fast nichts mehr für die Gesamtbevölkerung übrig bleibt. Auf dem Schwarzmarkt erzielt Kohle irrsinnige Preise und ist oft gar nicht zu bekommen.

Auf den Straßen sind erfrorene Leichname ein zunehmend häufiger Anblick. In der Leszno-Straße sitzen vor dem Gerichtsgebäude viele Mütter mit Kindern, die in Lumpen gehüllt sind, aus denen rot gefrorene kleine Füße herausragen. Manchmal knuddelt eine Mutter

Die Brücke über die Chlodna-Straße im Warschauer Ghetto 1942. Die Familie Wattenberg wohnte in einem der Wohnblocks in der Nähe der Brücke, bevor sie ins Pawiak-Gefängnis gebracht wurde.

ein erfrorenes Kind und versucht, den leblosen kleinen Körper noch zu wärmen. Manchmal kuschelt sich ein Kind an seine Mutter in dem Glauben, sie würde schlafen, und versucht, sie zu wecken, obwohl sie in Wahrheit schon tot ist. Die Zahl dieser obdachlosen Mütter und Kinder nimmt von Tag zu Tag zu. Nachdem sie ihren letzten Atemzug getan haben, bleiben sie oft noch stundenlang auf der Straße liegen, weil sich niemand um sie schert.

Die kleinen Kutschen von Pinkerts Bestattungsunternehmen haben ununterbrochen zu tun. Wenn ein Bettler an einem Toten ein brauchbares Kleidungsstück entdeckt, nimmt er es sich, bedeckt den nackten Leichnam mit einer alten Zeitung und legt ein paar Ziegelsteine auf das Papier, damit es nicht vom Wind weggeweht wird. In der Komitetowa- und der Grzybowska-Straße sieht man in diesem Jahr weniger Bettler als im letzten. Sie sind schlicht und einfach weggestorben.

Der Hunger nimmt immer schlimmere Formen an. Die Preise für Lebensmittel steigen. Ein Pfund Schwarzbrot kostet inzwischen vier

Zloty, Weißbrot sechs Zloty. Butter kostet vierzig Zloty das Pfund und Zucker zwischen sieben und acht Zloty.

Es ist nicht leicht, mit einem Päckchen in der Hand durch die Straßen zu gehen. Wenn ein hungriger Mensch jemanden mit einem Päckchen entdeckt, das aussieht, als wäre etwas Essbares drin, geht er ihm nach, und bei einer günstigen Gelegenheit schnappt er es sich, macht es hastig auf und stillt auf der Stelle seinen Hunger. Ist in dem Päckchen nichts zu essen, wirft er es weg. Nein, das sind keine Diebe, es sind nur Menschen, die der Hunger in den Wahnsinn getrieben hat.

Die jüdische Polizei wird mit ihnen nicht fertig. Wer würde es auch schon übers Herz bringen, solche bedauernswerten Geschöpfe zu belangen?

1. DEZEMBER 1941

Die Deutschen haben dem Ghetto eine große Ladung Kartoffeln zugeteilt. Zuerst waren die Leute erstaunt über diese unvermutete Großzügigkeit. Aber ihre Verwunderung hielt nicht lange an. Es stellte sich nämlich heraus, dass die Ladung ursprünglich für die Nazi-Soldaten an der russischen Front bestimmt, aber unterwegs eingefroren war. Da entdeckten die Nazis ihre mildtätige Seite und schickten die gefrorenen Kartoffeln ins Ghetto.

Jetzt bilden sich lange Schlangen vor den verschiedenen Lebensmittelläden. Die Leute wollen alle ein paar gefrorene Kartoffeln haben. Zwar können sie nicht normal gekocht werden, lassen sich aber ausgezeichnet zu Kartoffelpuffer verarbeiten. Wo man auch hinkommt, steigt einem der Geruch von gebratenen Kartoffelpuffern in die Nase. Als Fett benutzen wir schwarzes Hanföl, das billigste, das es gibt. Aber selbst das kostet noch acht Zloty das Pfund.

Fräulein Sala strahlte vor Freude, als meine Mutter ihr etwas von den Kartoffeln abgab. Beladen mit ein paar Tüten dieser feuchten, fauligen Dinger lief sie nach Hause zu ihrer Familie, um ihren Hunger zu stillen. Ihre Mutter ist vor ein paar Wochen gestorben, und ihr Vater liegt mit Typhus im Bett.

Die Seuche wütet unvermindert weiter. Mehrere Menschen werden in einem Grab beerdigt. Wegen des Mangels an medizinischem Personal ist in der Leszno-Straße Nummer 3 ein medizinischer Lehrgang eingerichtet worden, um eine große Zahl an Krankenschwestern auszubilden und die Kenntnisse der ehemaligen Medizinstudenten aufzufrischen.

Die Hygieneverhältnisse verschlechtern sich immer mehr. Die meisten Abwasserrohre sind eingefroren, und in vielen Häusern können die Toiletten nicht benutzt werden. Menschliche Exkremente werden häufig zusammen mit dem Müll auf die Straße hinausgeworfen. Die Karren, die früher regelmäßig den Müll aus den Hinterhöfen abtransportiert haben, kommen jetzt nur noch selten oder gar nicht. Vorläufig wird dieser ganze Dreck von der Kälte desinfiziert. Aber was wird passieren, wenn die erste Frühlingsbrise weht? Es wird ernsthaft befürchtet, dass auch noch eine Choleraepidemie ausbrechen wird, um das Maß unseres Unglücks vollzumachen.

9. DEZEMBER 1941

Amerikas Eintritt in den Krieg hat Hunderttausende entmutigte Juden im Ghetto mit neuer Hoffnung erfüllt. Die Nazi-Wachmänner an den Toren machen lange Gesichter. Einige sind jetzt bedeutend weniger unverschämt, aber bei anderen hat es das genaue Gegenteil bewirkt, und sie sind unerträglicher denn je. Die meisten Leute glauben, dass der Krieg jetzt nicht mehr lange dauern wird und dass der Sieg der Alliierten feststeht.

Berichte aus dem Lodzer Ghetto haben uns erreicht, wonach die Deutschen alle Pelze, warme Unterwäsche und Wollkleidung konfisziert haben und sogar Tallits. Es wird erwartet, dass das Warschauer Ghetto auch bald an der Reihe sein wird.

11. DEZEMBER 1941

Heute habe ich viele interessante Details über eine ziemlich abgeschiedene kleine Welt innerhalb des Ghettos erfahren. Das sind die Konvertiten, die vielleicht tragischsten Gestalten unter uns. Ich hatte sie schon bei mehreren Gelegenheiten gesehen, aber bis jetzt noch keinen engeren Kontakt mit ihnen gehabt. Vor Kurzem habe ich sie dann durch Julia Tarnowska kennengelernt, eine Studentin in einer der unteren Klassen an unserer Schule.

Julia ist die Tochter des Schriftstellers Marceli Tarnowski. Sie ist eine Exzentrikerin und fällt gern auf. Schon an ihrem allerersten Tag in der Schule bin ich mit ihr über das Thema ihrer jüdischen Herkunft aneinandergeraten.

Julia ist, wie ihre Eltern, Konvertitin. Von ihrer jüdischen Herkunft erfuhr sie erst, als ihre Familie den Befehl erhielt, aus ihrer Wohnung auf der arischen Seite auszuziehen und sich im Ghetto niederzulassen. Dieser Vorfall hat sie schwer erschüttert, und sie hat sich noch nicht in ihr Schicksal gefügt. Sie ist fortwährend ungehalten und wütend, und ich habe das Gefühl, dass sie mehr Groll gegen die Juden hegt als gegen die Nazis. Sie sieht ihr Los als Ergebnis eines fatalen Irrtums, für den ich und meinesgleichen verantwortlich sind.

Um den Hals trägt sie ein großes silbernes Kreuz, und sie versucht alle davon zu überzeugen, dass sie eine gläubige Christin ist, die mit dem Judentum nichts gemein hat. Einmal bemerkte ich, als ich sie so reden hörte, hitzig, dass auch Christus ein Jude war, sich seiner Herkunft aber nie geschämt hat, und bin dann an meinen Platz zurückgekehrt. Die ganze Klasse blieb stumm, und Julia traute sich nicht, mir eine Antwort zu geben. Anscheinend sah sie ein, dass ich recht hatte und dass alle anderen Studenten mit mir einer Meinung waren.

Am folgenden Tag kam sie auf mich zu, als wäre nichts vorgefallen, und seitdem schlägt sie einen ganz anderen Ton an. Sie macht diese Dinge nicht mehr zum Thema, und das Kreuz ist von ihrem Hals verschwunden. Vielleicht trägt sie es ja jetzt verdeckt, oder sie hat es womöglich ganz abgenommen.

Wegen dieses Vorfalls mit Julia Tarnowska fing ich an, mich für die Juden-Christen im Ghetto zu interessieren. Ihre Zahl beträgt inzwischen mehrere Tausend, und die Nazis haben sie aus verschiedenen Ländern zusammengeführt. Die Mehrzahl ist in der Hitlerzeit übergetreten, was bedeutet, dass sie erst seit Kurzem dem Christentum angehören, weil sie hofften, dem Schicksal der verfolgten Juden zu entgehen. Aber es gibt auch Konvertiten, die schon vor Jahrzehnten den jüdischen Glauben abgelegt haben und deren Kinder als fromme Christen erzogen worden sind. Diese Kinder waren es gewohnt, jeden Sonntag zur Kirche zu gehen, und ihre Seelen waren sogar mit Antisemitismus vergiftet, den ihre eigenen Eltern ihnen eingetrichtert haben in dem Versuch, jede Spur ihrer jüdischen Herkunft auszulöschen.

Diese als Christen geborenen Kinder jüdischer Eltern erleben jetzt eine doppelte Tragödie, verglichen mit jüdischen Kindern. Sie fühlen sich vollkommen verloren, und es gab sogar schon Fälle von Selbstmord unter ihnen, was bei den jüdischen Jugendlichen noch nicht vorgekommen ist.

Allerdings gibt es auch Christen mit weit zurückliegenden jüdischen Wurzeln, die aufgrund der erbitterten Verfolgung der Juden durch die Nazis zum Judentum zurückgefunden haben. Eine Reihe von Christen der dritten Generation, die nicht ins Ghetto brauchten, sind spontan zur Gestapo gegangen und haben verlangt, dorthin geschickt zu werden. Sie tragen die Armbinde mit Stolz, wie eine moderne Dornenkrone und ein Martyrium.

Derzeit gibt es im Ghetto drei Kirchen: eine auf dem Platz vor dem Eisernen Tor, die teilweise durch Bomben zerstört wurde, eine weitere in der Leszno-Straße nahe der Karmelicka und eine dritte in der Zelazna-Straße. Nur die Kirche in der Leszno-Straße ist geöffnet, dort werden auch regelmäßig Gottesdienste abgehalten, wobei die Priester jüdischer Herkunft sind.

Die Konvertiten haben ihre eigenen Küchen, die wichtigste liegt in der Nähe der halbzerstörten Kirche am Eisernen Tor. Anscheinend stehen die Konvertiten bei den Nazis in besonderer Gunst, denn das Essen ist dort viel besser und preiswerter als in anderen Ghettoküchen. Das soll wohl als Lockmittel für die Missionstätigkeit dienen, die die Konvertiten betreiben.

Julia hat mich einmal zu sich nach Hause eingeladen, wo ich ihren Vater kennengelernt habe, einen dünnen mittelgroßen Mann mittleren Alters. Er geht ein wenig gebückt, und seine Stirn ist von tiefen Falten durchfurcht. Sie hat mir anvertraut, dass er Tag und Nacht an einem Buch über das Ghetto schreibt.

14. DEZEMBER 1941

Heute habe ich ein Konzert von Vera Gran besucht, die sehr erfolgreich ist. Sie singt klassische Lieder sowie auch moderne Stücke des jungen Komponisten Kuba Kohn, die ein Produkt des Ghettos sind. Seine Musik bringt all die Traurigkeit und all den Widerstand des Ghettos zum Ausdruck. Sie hat eine neue, originelle Note, die nur in dieser Atmosphäre von Leid, Folter und verbissenem Durchhaltevermögen entstehen konnte.

17. DEZEMBER 1941

Heute haben wir eine Mitteilung vom Wohnungsamt erhalten bezüglich des Hauswartpostens, den mein Vater in der Chlodna-Straße Nummer 10 übernehmen soll. Er muss sich sofort dort einfinden, aber wir dürfen erst einziehen, wenn die Straße zugemauert ist.

Die gleiche Anweisung ist an alle Hauswarte ergangen, denen Häuser in der Chlodna-Straße zugewiesen wurden, die jetzt zum Ghetto gehört. Sie müssen die von den nichtjüdischen Mietern verlassenen Häuser reinigen und für ihre künftigen jüdischen Bewohner herrichten.

Romek, der beim Bau der Ghettomauern als Aufseher angestellt ist, arbeitet jetzt in der Chlodna-Straße und nimmt immer mal wieder für meinen Vater etwas zu essen mit hinüber. Romek arbeitet hart. Sein Gesicht ist dunkelbraun, als wäre es von der Sonne verbrannt, aber ich weiß, dass es von dem eisigen Wind gegerbt wurde. Er bleibt jetzt immer zwölf Stunden am Tag in der Kälte, und seine Finger haben Frostbeulen. Gestern kam er mich besuchen und setzte sich wie immer ans Klavier. Er legte seine langen, schmalen Hände auf die Tasten, aber seine Finger, die einmal wunderschöne Klänge hervorzaubern konnten, blieben reglos und stumm. Ich sah, wie er kämpfte. Sein Gesicht war schmerzverzerrt, aber seine geschwollenen starren Hände wollten ihm nicht gehorchen. Eine Weile saß er so da, ganz ohne Worte, dann nahm er seine Finger von den Tasten, drehte sich zu mir hin und fragte mit tränenerstickter Stimme: »Meinst du, ich werde je wieder spielen können?«

Ich schwieg, schaute auf seine Hände und konnte nicht glauben, dass es dieselben Hände waren, die sich vor noch nicht allzu langer Zeit gewandt über das Klavier bewegt hatten. Romek war schrecklich niedergeschlagen, und ich spürte, dass er versuchte sich zu beherrschen, um nicht in bittere Tränen auszubrechen. All seine Hoffnungen sind dahin, denn statt Klavier zu spielen, muss er unablässig die Ghettogrenzen hoch- und runterlaufen und dafür sorgen, dass die Mauern solide sind, dass keine Steine lose bleiben, durch die nachts Essen hereingeschmuggelt werden könnte.

Zur gleichen Zeit, in der die Mauer in der Chlodna-Straße hochgezogen wird, wird eine Brücke gebaut, um die Gehsteige zu verbinden, denn die Straße selbst ist als Verkehrskorridor für den arischen Teil der Stadt vorgesehen. Das gesamte Baumaterial dafür muss von der jüdischen Gemeinde gestellt werden.

24. DEZEMBER 1941

Heute tragen auf der arischen Seite alle ihren Sonntagsstaat. Ich bilde mir sogar ein, den Geruch von gutem Essen riechen zu können. Es ist Heiligabend. Noch vor einem halben Jahr gab es Gerüchte, wonach der Krieg bis Weihnachten vorbei sein würde und am 11. November, dem Waffenstillstandstag, die alliierten Truppen in Warschau einmarschieren würden. Es befinden sich zwar ausländische Truppen in Warschau, ganze Bataillone von ihnen marschieren in grünen Uniformen durch die Straßen, aber es sind feindliche Truppen, die die Bevölkerung in Angst und Schrecken versetzen.

Soeben haben die Nazis angeordnet, dass vor dem 1. Januar 1942 – was für ein Neujahrsgeschenk! – die Ghettobewohner all ihre Pelze, Pelzmäntel, -schals, -muffe und sogar noch sämtliche kleinen Reststücke abgeben müssen. Mehrere Sammelstellen wurden schon von der Gemeinde dafür eingerichtet. Der Befehl wurde von Kommissar Auerswald unterzeichnet.

Bis jetzt hatte es noch keiner eilig damit, den Befehl zu befolgen. Überall hört man geheimnisvolles Flüstern. Die Leute beraten sich darüber, ob es besser ist, die Pelze zu verkaufen oder sie zu verstecken. Viele Polen nutzen die Gelegenheit, um sich ins Ghetto zu schleichen und teure Persianer, Silberfuchse und Nerze zu Spottpreisen aufzukaufen. Die Leute verkaufen ihre Pelze lieber für einen Apfel und ein Ei, als sie den Deutschen auszuhändigen. Aber manche haben sich entschlossen, sie zu verstecken, und versuchen sichere Aufbewahrungsorte zu finden. Die Strafe für die Unterschlagung auch nur des kleinsten Stückchens Pelz ist der Tod. Aber die Todesstrafe droht uns in so vielen Fällen, dass uns diese neue Androhung nur ein müdes Lächeln entlockt.[91]

Tadek Szajer (Mitte, in seiner Ambulanzdienstuniform) mit Freunden im Ghetto

Heute war der letzte Tag, um an unserer Schule noch Entwürfe für Winterhilfe-Plakate einzureichen. Die Jury wird aus unseren Lehrern sowie den Direktoren Poznanski und Jaszunski bestehen, und den Vorsitz wird Ingenieur Czerniakow haben. Anfang Januar werden die Ergebnisse bekannt gegeben.

26. DEZEMBER 1941

Wir haben die Erlaubnis bekommen, in die Chlodna-Straße umzuziehen, und heute habe ich unser neues Haus besichtigt. Es ist ein altes zweistöckiges Gebäude, in dem einmal ein polnischer Magnat aus dem 17. Jahrhundert gewohnt hat. Die enge Wendeltreppe, die gotischen Türme und Basreliefs an der Fassade erinnern an eine mittelalterliche Burg. Es sieht sehr romantisch aus. Im Hof steht noch ein kleineres Gebäude, das später hinzugefügt wurde. Darin befindet sich die Warszawianka Bäckerei, die jetzt von jüdischen Bäckern übernommen wurde. Die Mauer wird an der Ecke dieses Hauses gebaut. So werden wir also direkt an der Ghettogrenze wohnen. Die roten Ziegelsteine wachsen und wachsen, genau wie die Brücke an der Ecke der Chlodna- und der Zelazna-Straße.[92] Überall sind wir eingemauert, eingesperrt.

28. DEZEMBER 1941

Heute haben wir eine Feier für die jungen Designer veranstaltet. Die Studenten haben den Saal wunderschön geschmückt, und es gab ein Unterhaltungsprogramm. Auf einer kleinen Bühne, die an einem Ende aufgebaut war, traten Künstler auf. Ich habe bei den Darbietungen mitgemacht und ein paar Lieder auf Englisch gesungen. Wir tanzten zu den Klängen eines Orchesters. Es war warm, denn der kleine Eisenofen war voll mit prasselndem Holz von den Schulbänken. Es gab sogar ein Buffet, auf dem Kekse und Getränke angeboten wurden. Aber der Preis für einen Keks betrug drei Zloty und der für ein kleines Glas Likör fünf Zloty.

Die Lehrer tanzten mit ihren Schülern, und alle waren gut gelaunt, aber ich musste immerzu an Romek denken, wie er da draußen in der Kälte stand und den Bau der Ghettomauer beaufsichtigte.

Noch vor acht Uhr ging ich heim. Der scharfe Wind ging mir bis ins Mark. Ich schreibe diese Zeilen beim Licht einer Karbidlampe. Ihre bläuliche Flamme flackert nicht – es ist, als wäre sie versteinert.

Als ich nach Hause kam, fand ich dort einen versiegelten Umschlag vor, den Tadek Szajer für mich abgegeben hatte. Er enthielt eine Fotografie von ihm in seiner Ambulanzuniform. Er arbeitet jetzt als Freiwilliger für den Ambulanzdienst, um sein schlechtes Gewissen zu beruhigen,[93] denn er fühlt sich teilweise für die fragwürdigen Geschäfte seines Vaters verantwortlich.

Auf der Rückseite der Fotografie steht etwas geschrieben, was deutlich macht, wie ihn sein Gewissen plagt: »Eines Tages, in vielen Jahren, wenn ich weit fort bin von dir, wirst du dich vielleicht an den Ambulanzdienst von der Leszno-Straße 13 erinnern… und an Tadek, der dich sehr, sehr lieb hat.« Darunter ist das rote Markenzeichen von Photo Baum-Forbert zu sehen, die immer schon eines der größten Fotografiegeschäfte in Warschau waren und heute das beste im Ghetto sind. Herr Baum, der allgemein bekannt ist für seine Filme *Die polnischen Wälder* und *Lamed Vuv*, ist irgendwo in Russland, und das Geschäft wird jetzt von den beiden Brüdern Forbert geführt.

Es gibt noch verschiedene andere Fotografen im Ghetto, zum Beispiel Photo Doris, aber die gesamte Kunstwelt lässt sich bei Baum-Forbert fotografieren. Sogar hochrangige Nazi-Militärs und -funktionsträger zählen zu ihren Kunden.

Kapitel 9

Ein weiteres Jahr

31. DEZEMBER 1941

Der letzte Tag des alten Jahres... Mögen die Tage so schnell vergehen wie möglich. Vielleicht überleben wir ja trotz allem den Krieg und entkommen lebend den Ghettomauern. Die Kaffeehaus-Strategen sagen, die Offensive der Alliierten beginnt im Frühjahr 1942. Unterdessen sind die Russen auf der Flucht und geben eine Stadt nach der anderen auf. Die einzigen guten Nachrichten kommen aus Afrika, aber das ist so weit weg.

Heute tritt unsere Theatertruppe im Weisman-Saal auf. Die Eintrittskarten waren vor zwei Tagen schon ausverkauft. Alle Einnahmen gehen an Korczaks Kinderheim.

1. JANUAR 1942

Ich fühle mich vollkommen leer, als würde ich über einem Abgrund hängen. Der gestrige Abend war eine Mischung aus Unterhaltung und Albtraum. Nach der Vorführung schlugen meine Freunde von der LZA vor, Silvester bei mir zu Hause zu feiern. Meine Eltern waren schon schlafen gegangen in ihrer neuen Wohnung auf der Chlodna-Straße, also konnten wir hier ungestört die Nacht verbringen. Meine Gäste waren Harry mit seiner geliebten Anka Laskowska, Dolek mit Stefa Musskat, Bronek, Romek und ein paar weitere Pärchen. Statt Sekt hatten wir Limonade und statt Kuchen Brote mit kleinen eingelegten Fischen, den sogenannten »Stinkerchen«. Auf meinem Tisch brannte die kleine Karbidlampe. Das Zischen ihrer Flamme wurde von der Unterhaltung übertönt, aber das Gas, das sie ausströmte, roch in der stickigen Luft im Zimmer umso stärker.

Die Stunden vergingen wie im Flug, aber gegen Mitternacht fiel mir auf, dass die kleine Flamme der Lampe erschreckend weit heruntergebrannt war, und ich hatte vergessen, für den Silvesterabend neues Karbid zu kaufen. Harry tröstete mich damit, dass es doch passend wäre, das neue Jahr im Dunkeln zu begrüßen.

Im selben Augenblick sah Dolek auf seine Uhr und rief: »Es ist fast Mitternacht.« Eine Weile herrschte völliges Schweigen. Romek ging zum Klavier, als vom Kirchturm in der Nähe die Uhr anfing, zwölf zu schlagen.

Bevor die Uhr (die wir im Chor begleiteten) aufgehört hatte zu schlagen, wurde die Flamme meiner Lampe länger und schmaler, dann ging sie mit einem Knistern aus. In diesem Augenblick schlug die Uhr zum zwölften Mal. Das Zimmer war dunkel. Ich zog die schwarze Papierblende hoch, und etwas Licht fiel herein. Draußen fiel leichter Schnee, und der Mond zog bedächtig über den bedeckten Himmel.

Im Halbdunkel sah ich, wie Romek seine Finger auf die Tasten legte. Mit großer Anstrengung fing er an, Chopins Trauermarsch zu spielen. Niemand sagte ein Wort. Anka schmiegte sich eng an Harry, Dolek an Stefa, Tadek an Bronek – sie alle waren zusammen, nur ich war allein. Traurige Gedanken schossen mir durch den Kopf. War das nicht alles symbolisch? Stand mir vielleicht etwas Furchtbares bevor, etwas, das mich von meinen Freunden trennen würde?

Auf einmal rief jemand: »Romek, wie wäre es mit etwas anderem? Er konnte noch nie den Trauermarsch spielen, und ausgerechnet in dieser Nacht hilft die Muse ihm auf die Sprünge.«

Romek gab keine Antwort. Er versuchte es mit ein paar anderen Noten, aber es kam nichts. Schließlich stand er vom Klavier auf und setzte sich neben mich. »Weißt du«, flüsterte er, »ich habe eine seltsame Vorahnung an diesem Neujahrstag, merk dir meine Worte.«

Ich weiß nicht, was er meinte, doch selbst im Halbdunkel konnte ich in seinen Augen abgrundtiefe Verzweiflung lesen.

Ein wenig später fingen wir alle an zu reden. Harry sagte, unsere Theatertruppe hätte keine Existenzberechtigung mehr, weil die meisten Mitglieder nicht mehr da wären, und wir müssten neue Leute suchen, was nicht leicht sein würde. Niemand widersprach ihm. Anscheinend dachten wir alle genauso. Wir alle waren von der gleichen Teilnahmslosigkeit überwältigt, dem Gefühl, dass das jetzt das Ende war.

Um sechs Uhr morgens begannen sich meine Gäste zu verabschieden. Romek ging als Letzter. Um sieben musste er an seiner Ghettomauer sein.

16. JANUAR 1942

Heute war der letzte Tag zur Abgabe unserer Pelze. Die Nazis hatten zwei Fristverlängerungen gewährt, weil sie einsahen, dass es niemand eilig hatte, sich von ihnen zu trennen. Nach der zweiten Verlängerung fingen sie an, Haussuchungen durchzuführen, begleitet von Angst und Schrecken.

Seit drei Tagen stehen vor den Sammelstellen der Gemeinde lange Schlangen. Die Bevölkerung hat endlich begonnen, den Nazi-Befehl umzusetzen. Aber die Nazis werden es in unseren Pelzen nicht sehr warm haben. Alles, was nicht versteckt oder verkauft werden konnte, wurde zerschnitten und zerstört. Die Pelze sind voller Löcher, und bei den Persianer- oder Fuchskragen sind die Haare geschoren. Als Entschädigung für ihre Pelze bekommen die Besitzer einen gelben Zettel, für den sie eine Sondersteuer von zwei Zloty bezahlen müssen.

Man erzählt sich, dass die Nazis mit den Pelzen die Stiefel ihrer an der russischen Front frierenden Soldaten füttern wollen. Aber es wird ihnen nicht gelingen, viel von ihrer Beute aus Warschau wegzuschaffen, denn die größten Lagerhäuser, die sich außerhalb der Ghettogrenzen befanden, wurden von Agenten des Untergrunds in Brand gesteckt.

Es gibt schon verschiedene Pelz-Ersatzstoffe zu kaufen, um die abgeschnittenen Kragen und Futter zu ersetzen.

Wir wohnen jetzt in der Chlodna-Straße. Als Hauswarts-Familie gehören uns zwei dunkle kleine Zimmer. Es gibt keine Toilette. Wir kochen auf einem kleinen Eisenofen. Die Wände sind mit Eis überzogen, und wenn sich der Ofen erwärmt hat, fängt das Eis an zu schmelzen.

Die Chlodna-Straße bietet mit ihrer komplizierten Geografie einen seltsamen Anblick. Auch der Personenverkehr ist hier ungewöhnlich. Man sieht eine Masse von Menschen von der Ecke zur Zelazna-Straße kommen. Sie gehen zur Holzbrücke, die zwei Etagen hoch ist und die Gehsteige auf beiden Seiten der Straße verbindet. Sie füllen die ganze Brücke aus, von der aus man die gesamte Länge der Straße einsehen kann. Mauern erstrecken sich beide Gehsteige entlang, und zwischen den beiden Mauern bewegen sich wie durch einen Korridor die arische Bevölkerung und die Straßenbahnen. In der Mitte der Straße steht zwischen den Mauern die Kirche St. Borromäus, umgeben von uralten ausladenden Linden.

Ganz in unserer Nähe befindet sich das »Kapitol« des Ghettos. In der Chlodna-Straße 20 haben Präsident Czerniakow, Oberst Szerynski, der Leiter der jüdischen Polizei, sowie die hohen Funktionsträger der verschiedenen jüdischen Einrichtungen ihren Amtssitz. Das Fotogeschäft Baum-Forbert hat dieselbe Adresse, und ein großes Porträt von Czerniakow hat mehrere Tage lang vorne am Haus gehangen.

Auch der Vorsitzende des Versorgungsamts Gepner sowie die Polizeikommandanten Lejkin und Czerwinski wohnen in der Chlodna-Straße. Kommandant Lejkin hat eine Wohnung in unserem Haus. Marysia Eisenstadt, die »Nachtigall des Ghettos«, und Hirschfeld, dem das beliebteste jüdische Café gehört, sind ebenfalls in die Chlodna-Straße gezogen.

Die Betuchten, die es sich leisten konnten, die Offiziellen im Wohnungsamt zu bestechen, bekommen die besten Wohnungen in dieser Straße mit ihren vielen großen, modernen Häusern. Die Chlodna-Straße gilt allgemein als die Aristokratenstraße des Ghettos, so wie es am Anfang die Sienna-Straße war.

Der Hauswart in Nummer 8 ist Ingenieur Plonskier, unser ehemaliger Nachbar in der Sienna-Straße. In unserer Straße wohnen auch viele Ärzte, an fast jeder Tür hängt ein Arzt- oder ein Zahnarztschild.

Um sechs Uhr morgens müssen die Hauswarte den Schnee vom Gehweg entfernen. Kommandant Lejkin bringt den ehemaligen Anwälten und Professoren ihr neues Handwerk bei. Oft nimmt er eine Schaufel oder einen Besen in die Hand und erteilt den hilflosen Intellektuellen, deren Finger an diese neuen Werkzeuge nicht gewohnt sind, Unterricht.

Mein Vater arbeitet hart, und wir helfen ihm, indem wir die Treppe putzen und den Hof fegen. In unserem Haus gibt es nur eine geringe Anzahl von Mietern, und die Einkünfte aus dem Öffnen der Tür nach der Ausgangssperre belaufen sich nur auf ein paar Zloty pro Nacht – ein Bruchteil von dem, was wir in der Sienna-Straße bekommen haben. Aber mein Vater hat noch eine andere Einnahmequelle. In unserem Innenhof steht die Warszawianka Bäckerei. Jeden Abend bringt ein Wagen ein Dutzend Säcke geschmuggeltes Mehl dorthin, und jedes Mal, wenn mein Vater für einen solchen Transport das Tor aufmacht, erhält er eine bestimmte Geldsumme und am Morgen als zusätzliche Belohnung noch zwei kleine frische Brote.

Das ist so üblich auf allen Höfen, in denen Bäckereien liegen. Viele Hauswarte bekommen sogar einen festen Anteil, entsprechend der Anzahl der Säcke, die sie hineinschmuggeln. Aber so weit ist mein Vater in seinem neuen Beruf noch nicht aufgestiegen.

5. FEBRUAR 1942

Heute war die feierliche Preisvergabe an die Teilnehmer am Wettbewerb für ein Winterhilfe-Plakat. Ich habe den ersten Preis gewonnen – zweihundert Zloty. Präsident Czerniakow und Ingenieur Jaszunski, pädagogischer Leiter der Gemeindeschulen, übergaben den Gewinnern persönlich die Umschläge mit dem Geld und hielten für jeden eine kurze Rede.

Die Plakate, die Preise gewonnen haben, sind alle mit mehreren Farben gestaltet. Sie heutzutage zu drucken, würde sehr teuer werden.

Fürs Erste werden sie im Versammlungssaal der Gemeinde aufgehängt, und kleinere, in zwei Farben vervielfältigte Plakate werden für die Winterhilfe benutzt werden.

20. FEBRUAR 1942

Die Kältewelle wird immer schlimmer. In den Straßen sieht man immer mehr erfrorene Menschen. Sie legen sich mit angezogenen Knien in die Nähe von Türeingängen und erstarren, noch während sie gegen den Tod ankämpfen. Es ist ein grausiger Anblick, aber die Passanten sind daran gewöhnt.

Ein Pfund Kartoffeln kostet inzwischen zwei Zloty. Nur wenige Menschen im Ghetto essen noch normal: die Betreiber von Volksküchen, die ganz Reichen und die Lebensmittelschmuggler.

Tausende Ghettoarbeiter sind auf die Schmuggler angewiesen, und ihre Lage ändert sich buchstäblich mit jedem Tag. Wenn es in der vorangegangenen Nacht ein paar großen Transporten mit Lebensmitteln und Rohstoffen gelungen ist, ins Ghetto zu gelangen, haben die diversen Untergrundarbeiter Beschäftigung. Wenn es aber zu einer sogenannten »Schlacht« gekommen ist, das heißt, wenn die Gestapo ein paar Ladungen Getreide, Leder oder andere Materialien abgefangen hat, bleiben die Werkstätten leer und die Arbeiter müssen hungern.

Es gibt Hunderte geheime Handmühlen, in denen das geschmuggelte Korn gemahlen wird. Auch die Spreu wird verkauft, als besondere Mehlsorte, die man für schwarze Kuchen verwendet. Sie schmecken wie Heu.

Die geheimen Handmühlen werden in Kellern, auf Dachböden und in eigens gebauten Untergrundverschlägen versteckt. Sie werden vierundzwanzig Stunden am Tag bedient, aber der Achtstundentag wird streng eingehalten. Darauf achtet die Gewerkschaft des Untergrunds, und es gibt drei turnusmäßige Schichten. Die Arbeit, die darin besteht, dass man mit der Hand die Kurbel der Mühle dreht, ist schwer, wird aber gut bezahlt. Ein Arbeiter mit durchschnittlichem Geschick verdient zwanzig bis dreißig Zloty

Suche nach Essbarem im Hof in der Sienna-Straße 41, gezeichnet von Mary Berg

pro Tag, und die Nachtschicht bekommt noch eine Zulage von fünfzig Prozent.
Mit diesen Handmühlen werden auch verschiedene Sorten von Frühstücksflocken hergestellt. Kürzlich hat Tadek Szajer, ohne Wissen seines Vaters, eine Stelle in so einer Fabrik angenommen. Sein Gewissen treibt ihn dazu, diverse nützliche Arbeiten anzunehmen, weil er, wie er mir sagte, nicht von den fragwürdigen Geschäften seines Vaters leben will. Heute kam er gleich von der Arbeit aus zu mir und zeigte mir seine Finger, die mit Schwielen vom ständigen Drehen der Handmühlenkurbel übersät waren.

Ich habe das Gefühl, dass er das nur macht, um mich zu beeindrucken, denn bisher hat er die komfortable Wohnung seines Vaters und die üppigen Mahlzeiten noch nicht aufgegeben.[94]

Außerdem gibt es im Ghetto noch kleine Fabriken für Fischkonserven. Die dafür benutzten Fische sind die sogenannten »Stinkerchen«. Neulich haben es die Schmuggler geschafft, eine riesige

Ladung getrockneter Flundern herzubringen. Gemahlen schmecken die Flundern wie guter Hering, den man derzeit nirgendwo in Polen bekommt. Aus diesen Fischen werden verschiedene Aufstriche gemacht, die man sich dann statt Butter aufs Brot schmieren kann.

Einige von den Läden stellen Pferdewurst her – echte Fettsalami. Aber das ist ein teures Produkt, das sich nur sehr wenige leisten können.

Zahlreiche Läden stellen verschiedene Sorten Konfekt her. Jüdische Chemiker im Ghetto haben neue Zuckerersatzstoffe und künstlichen Sirup erfunden, die diesen Süßigkeiten einen eigenartigen Geschmack verleihen. Woher bekommen die Chemiker dieses Zeug? Ich denke oft, sie müssen das Geheimrezept für Manna kennen. Vielleicht haben in den alten Zeiten ja auch jüdische Chemiker verschiedene Sirups und Gewürze erfunden, um das Gras schmackhaft zu machen, das die Juden in der Wüste gegessen haben. Im Ghetto gibt es keine anständigen Labore, die Chemiker vollbringen all diese Wunder in Erdlöchern und dunklen Kellern.

Es gibt auch geheime Gerbereien, denn die Lederherstellung wird von den Nazis streng kontrolliert. Leder unterliegt einer Quote, und die dem Ghetto zugewiesene Menge an ungegerbtem Leder ist so klein, dass sie nicht einmal einen Bruchteil unseres Bedarfs deckt. Lederschuhe sind furchtbar teuer, aber trotzdem haben wir hier im Ghetto eine Schuhmode, und wer es sich leisten kann, trägt Offiziersstiefel. Diese Mode gilt sowohl für Männer als auch für Frauen. Der Preis für ein solches Paar Stiefel beträgt etwa fünfzehnhundert Zloty.

Es gibt viele neue Färbe-Läden. Wegen des Mangels an Rohstoffen werden alte Kleider gereinigt und gefärbt. Auch in dieser Hinsicht vollbringen unsere Chemiker Wunder. Man sagt, die Farben seien aus Ziegelsteinen aus der Ghettomauer hergestellt. Die ganz Schlauen behaupten, dass die Mauern nach und nach von den Chemikern auseinandergenommen werden. Schneider sind eifrig damit beschäftigt, die gefärbten Stoffe umzuarbeiten.

Den größten Umsatz von allen im Ghetto machen die Ärzte und Apotheken. Die Ärzte arbeiten in den Krankenhäusern und haben auch noch große Privatpraxen. Aber wenn es darum geht, Rezepte auszuschreiben, sind sie machtlos. Sie wissen, dass die unverzichtbarsten pharmazeutischen Artikel in den Ghetto-Drogerien nicht zu finden sind, da die Nazis nur lachhaft geringe Mengen an Medizin ins Ghetto lassen. Die Apotheken werden von der Gemeinde betrieben, die Apotheker sind bei ihr angestellte Funktionsträger.[95] Diese Kontrolle war unvermeidlich, denn arme Leute waren sehr oft nicht imstande, für ihre Rezepte zu bezahlen. Auch auf diesem Gebiet leisten unsere Chemiker wieder hervorragende Arbeit.

Wir sind also sozusagen von der Außenwelt unabhängig. Es ist nicht nur so, dass eine Reihe von Artikeln, die zuvor noch nie im Ghetto hergestellt wurden, nicht mehr von außen zu uns gelangen; wir exportieren sogar noch bestimmte Produkte wie Zigaretten, Sacharin, Wein und Liköre, Schuhe, Armbanduhren und sogar Schmuck. Alle diese Waren müssen durch die Transferstelle, und die hohen Zollgebühren stecken sich die Gestapo-Leute in die Tasche. Offiziell produzieren die jüdischen Arbeiter für die deutsche Verwaltung, die ihnen das Rohmaterial liefert, aber in Wirklichkeit agieren die deutschen Offiziellen als gut bezahlte Zwischenhändler zwischen dem Ghetto und den Kaufleuten auf der arischen Seite.

22. FEBRUAR 1942

Heute haben wir an unserer Schule leidenschaftlich über Lyrik diskutiert. Während der Pause holte Rachel Perelman, eine der Studentinnen, ein Exemplar einer Untergrundzeitung aus der Manteltasche. Die Zeitung hatte einen Teil von Julian Tuwims Gedicht »Polnische Blumen« abgedruckt, das der große polnische Dichter irgendwo im Exil geschrieben hatte.

»Wo ist Tuwim jetzt?«, fragte jemand.

»In England oder Amerika«, antwortete Rachel.

Wir drängten uns alle um die kleine Zeitungsseite und lasen die Strophen des Dichters, den wir immer schon verehrt hatten. Dass das

Gedicht aus der freien Welt kam, steigerte noch unsere Begeisterung, und wir erwarteten, dass dieser Dichter, der Jude ist, uns eine trostreiche Botschaft schicken würde.

Wir wurden enttäuscht. Das Gedicht war voller Liebe zu Polen, die meisterhaften Verse enthielten tiefgründige Symbolik, aber es gab kein Wort der Ermutigung, nach der wir alle dürsteten.

Die Debatte über dieses Gedicht verlief ziemlich hitzig. Einige von uns kritisierten den Dichter dafür, dass er nicht hier bei uns war. Andere sagten, es sei ein Glück, dass er entkommen sei, und dass es ihm im Ausland vielleicht gelingen könne, die Welt auf unser bitteres Schicksal aufmerksam zu machen.

»Aber weiß er denn überhaupt, was im Ghetto vor sich geht?«, fragte ein Student.

Ich versuchte Tuwim, der aus der gleichen Stadt stammt wie ich, zu verteidigen. Ich erinnerte mich, wie er in den Laden meines Vaters kam, um Bilder zu kaufen. »Vielleicht leidet er ja in seinem Exil, vielleicht ist sein Herz voller Sehnsucht nach seinem Heimatland«, sagte ich.

Aber meine Argumente bewirkten kaum etwas. Julian Tuwims junge Anhänger erwarteten in diesen stürmischen Zeiten von ihrem Lieblingsdichter energischere Verse. Dennoch drückten alle das kleine Stück Papier, als wäre es eine heilige Reliquie, und einige schrieben sich die Verse sogar ab. Auch ich habe sie aufgeschrieben:

Wie habt ihr gerochen, ihr Flieder von Warschau,
als, die Schlachtbank mit Glanz umhüllend,
anmaßend und kriegerisch,
der erste Frühling unserer neuen Knechtschaft kam?[96]

24. FEBRUAR 1942

Gestern hat mich Eva Pikman mit ihrer Freundin Bola Rapoport besucht. Sie baten mich um die Texte einiger englischer Lieder, die ich auf der Bühne gesungen hatte. Bola möchte Café-Sängerin werden und muss sich ein Repertoire aufbauen. Ich versprach, ihr ein

Programm zusammenzustellen. Sie ist ein bezauberndes junges Mädchen von neunzehn Jahren, eine typische südländische Schönheit. Nachdem wir eine Weile geredet hatten, stellte ich fest, dass ihr Vater amerikanischer Staatsbürger ist und dass er zurzeit im Lager Laufen in Deutschland interniert ist. Sie sagte, auch Frauen würden demnächst interniert. Ich muss meine Mutter überreden, dass sie sich noch einmal bei der Gestapo als feindliche Ausländerin meldet. Vielleicht werden wir dann ja als ihre Familie mit ihr zusammen interniert. Das Gerücht geht um, dass bald zivile und militärische Gefangene ausgetauscht werden.

Vor Kurzem hat eine aufsehenerregende Nachricht das Ghetto erschüttert. Oberst Szerynski wurde auf der arischen Seite verhaftet, als er versuchte, Pelze zum Verkauf einzuschmuggeln. Er sitzt derzeit im Gefängnis, und niemand weiß, was mit ihm geschehen wird.

27. FEBRUAR 1942

Romek arbeitet jetzt am Bau eines neuen Gefängnisses in der Gesia-Straße – das jüdische Viertel wird um ein weiteres öffentliches Gebäude bereichert. Was für eine Sorte Kriminelle wird dort wohl einsitzen? Werden es die Bettler sein, die sich auf der Straße Pakete schnappen, um ihren Hunger zu stillen, oder die unterernährten, stöhnenden Unglücksmenschen, die an den Mauern liegen, oder vielleicht solche, die die Ghettogrenzen überschreiten auf der Suche nach Arbeit? Die Deutschen verhängen gegen jeden, der das Ghetto verlässt, die Todesstrafe, und in letzter Zeit wurden mehrere Menschen für dieses Verbrechen erschossen. Aber niemand schert sich darum – es ist besser, an einer Kugel zu sterben als am Hunger.

In der Provinz werden überall abgeschottete Viertel für Juden eingerichtet, sogar in den Dörfern. Nichtsdestotrotz verlassen viele Juden Warschau und ziehen in kleinere Städte, vor allem im Raum Lublin, wo das Essen am billigsten ist. Gleichzeitig werden große Transporte mit Juden aus Deutschland, Österreich und der Tschechoslowakei nach Polen gebracht. Sie werden in Ghettos angesiedelt, in denen sie höchstwahrscheinlich an Hunger und Kälte sterben werden. Vor Kurzem wurde eine große Zahl ausländischer Juden nach Lodz gebracht. Der Vorsteher des Ältestenrates in Lodz, ein achtzigjähriger Mann mit Namen Rumkowski, lässt sich, anders als unser unbeugsamer Präsident Czerniakow, leicht von den Nazis beeinflussen und behandelt die Bewohner des Ghettos als seine Untertanen.

Neulich war Rumkowski in Warschau. Ich sah ihn mit einem hochrangigen Gemeindevertreter über die Leszno-Straße gehen. Er ist grau, hat sich aber gut gehalten und hat einen federnden Gang. An seinem Ärmel hatte er eine gelbe Armbinde mit der Aufschrift in Deutsch: »Vorsteher der jüdischen Gemeinde von Lodz«. Alle Nachrichten, die wir aus meiner Heimatstadt erhalten, kommen postalisch und beginnen mit den Worten: »Vorsteher Rumkowski teilt Ihnen mit, dass die Familie Sowieso lebt und bei guter Gesundheit ist.« Jegliche andere Korrespondenz ist untersagt.

Schüsse sind an den Ghettoausgängen inzwischen an der Tagesordnung. Meistens werden sie von irgendeinem Wachmann abgegeben, der sich die Zeit vertreiben möchte. Jeden Tag, ob morgens oder nachmittags, bin ich mir, wenn ich zur Schule gehe, nicht sicher, ob ich lebend wieder nach Hause komme. Ich muss an zwei der gefährlichsten deutschen Wachposten vorbei: an der Ecke Zelazna-Straße, Chlodna-Straße nahe der Brücke und an der Ecke Krochmalna-Straße, Grzybowska-Straße. An der letztgenannten Stelle steht in der Regel ein Wachmann, dem man wegen seiner berüchtigten Grausamkeit den Spitznamen »Frankenstein« gegeben hat. Anscheinend kann dieser Soldat nicht einschlafen, wenn er nicht ein paar Opfer auf seinem Konto verbuchen kann. Er ist ein echter Sadist.[97] Wenn ich ihn nur von Weitem sehe, läuft es mir schon kalt den Rücken runter. Er sieht aus wie ein Affe: klein und stämmig mit einer dunklen Grimasse. Als ich heute Morgen auf dem Weg zur Schule auf die Ecke Krochmalna-Straße, Grzybowska-Straße zukam, sah ich seine wohlbekannte Gestalt, wie sie einen Rikschafahrer quälte, dessen Gefährt ein paar Zentimeter näher an den Ausgang herangekommen war, als es die Vorschriften zuließen. Der unglückselige Mann lag in einer

Blutlache im Rinnstein. Eine gelbliche Flüssigkeit tropfte aus seinem Mund aufs Pflaster. Schnell erkannte ich, dass er tot war – ein weiteres Opfer des deutschen Sadisten. Das Blut war so schrecklich rot, dass mich der Anblick von Grund auf erschütterte.

Ein Mann wird im Ghetto von einem Nazi-Gendarmen angehalten, gezeichnet von Mary Berg

Kapitel 10

Der Frühling ist grausam

30. MÄRZ 1942

Es wird immer wärmer. Gestern wurde es, nach der langen schlimmen Kälte, endlich Frühling. Da unser Hof nicht asphaltiert ist, haben meine Eltern ihn zu einem kleinen Garten umgegraben. Die Samen, die wir beim Toporol gekauft haben, sind schon ausgesät. Kleine grüne Rettichblätter tauchten als Erste aus der schwarzen Erde auf. Wir haben auch noch Zwiebeln, Möhren, Steckrüben und anderes angepflanzt. Sogar ein paar Blumen haben wir. Und Anfang April werden wir Tomaten und Sonnenblumen pflanzen.

Vor ein paar Tagen traf ein Transport mit Juden aus Danzig in Warschau ein. Ich sah sie, als sie ins Ghetto geführt wurden. Es waren nur Frauen und Kinder darunter. Die Deportierten hatten elegantes Gepäck und waren viel besser gekleidet als unsere eigenen Ghetto-Leute. Alle Männer aus diesem Transport wurden ins Disziplinierungslager nach Treblinka geschickt, das schlimmste im Gebiet des Generalgouvernements. Die deutschen Behörden hatten den Ehefrauen und Müttern versprochen, dass ihre Männer nach ein paar Monaten Arbeit in diesem Lager zurückkehren würden. Über Treblinka sind verschiedene unbestätigte Gerüchte in Umlauf. Es heißt, die Arbeiter leben in Baracken, die von vier Stacheldrahtzäunen und einem elektrisch geladenen Kabel umgeben sind. Doktor Miechowski, einem Bruder der Freundin meiner Mutter, wurde die Stelle des Oberarztes in Treblinka angeboten, und er hat wegen seiner verzweifelten finanziellen Lage zugesagt. Sofort hat die Gemeinde seiner Familie einen Betrag von 5000 Zloty gezahlt. Es muss sehr schwere Arbeit sein, wenn dafür so viel Geld gezahlt wird.[98]

Rutka besucht uns jetzt häufiger. Sie sieht viel besser aus, mit jedem Tag geht es weiter aufwärts. Aber ihr schönes silberblondes Haar ist abrasiert. Sie trägt eine Perücke aus ihren eigenen Zöpfen, die ihre natürliche Haartracht ausgezeichnet imitiert. Rutka ist immer gut gelaunt. Ihre Augen strahlen vor Begeisterung, wenn sie von ihren Studien erzählt, die sie nach ihrer langen Krankheit wieder aufgenommen hat. Sie besucht eine geheime Privatschule, deren Oberlehrer und Organisator Professor Taubenszlak ist. Rutka, die sehr begabt ist, lernt gerne. Sie und meine Schwester Ann sind unzertrennliche Freundinnen, und sie nehmen zusammen Englischunterricht.

Über Rutka bekomme ich jeden Tag Briefe von Tadek Szajer. Er arbeitet inzwischen hart. Ich habe ihm gesagt, dass ich ihn nicht mehr sehen möchte, denn die Gespräche mit ihm machen mich nervös. Er hat darum gebeten, mir wenigstens schreiben zu dürfen. Da er bei Rutka in der Nähe wohnt, gibt er ihr seine Briefe mit. Sie sind auf grauem Briefpapier geschrieben, und jedes Wort drückt graue Schwermut aus. Er schreibt, dass er sich nach mir sehnt und den ganzen Tag an mich denkt, dass er hart arbeitet und dass seine trostlosen Abende so hoffnungslos sind… dass er einsam ist und nur auf den Augenblick wartet, da er mich wiedersieht. Er schildert all seine Sorgen und Nöte; sein ganzes Leben ist auf diesen grauen Seiten ausgebreitet.

Romek arbeitet wie gewohnt. Er sieht jetzt viel besser aus und hat etwas Selbstvertrauen gewonnen, vielleicht weil sein Lohn erhöht worden ist – nun verdient er ganze dreißig Zloty pro Tag, manchmal auch mehr, und dazu noch zwei Brote. Er hat einen besseren Posten, aber auch einen gefährlicheren. Er leitet einen großen Trupp Arbeiter und trägt bei der Erfüllung spezieller Aufgaben viel größere Verantwortung als vorher. Er erzählt mir, dass ihm die Nazis bei jedem Schritt damit drohen, ihn zu erschießen, ohne den geringsten Grund. Neulich hat ein Wachmann vor seinen Augen einen Arbeiter erschossen, weil man in seiner Tasche ein paar Gramm Butter gefunden hatte. Romek hat Nerven wie Drahtseile. Unter solchen Bedingungen zu arbeiten, ist furchtbar, er befindet sich in ständiger Lebensgefahr, und doch sieht er viel besser aus. Vielleicht liegt das ja daran, dass das Wetter mit einem Mal so mild geworden ist, als hätten wir nicht März, sondern Mai. Und seine Hände, die im Winter so geschwollen waren, weisen jetzt nur noch ein paar Narben von seinen Frostbeulen auf.

Vor Kurzem haben mich Harry und Anka besucht. Wie gewöhnlich schmiegen sie sich aneinander, ganz erfüllt von ihrer Liebe. Mir fiel auf, dass sie Ringe an den Fingern trugen. »Ihr habt also geheiratet, ohne es mir zu sagen?«, fragte ich. »Nein, das sind nur unsere Verlobungsringe«, erwiderte Harry mit strahlendem Gesicht. »Der Rabbi weigert sich, uns zu trauen, weil Anka noch nicht volljährig ist und wir die Erlaubnis ihrer Eltern brauchen… aber ihre Eltern sind dagegen«, erklärte er mit Enttäuschung in der Stimme. »Aber das spielt keine Rolle«, sagte Anka lachend. »Wir sind auch so verheiratet. Wir brauchen keine Zeugen. Kein Rabbi wird jemals in irgendeinem Dokument eine Verbindung bestätigen können, die so stark ist wie die, die uns für immer vereint.«

Ich beneide sie. Vielleicht ist es so ja besser. Sie denken nicht so viel über die allgemeine Lage im Ghetto nach. Sie regen sich nicht so auf wie wir anderen und achten mehr auf ihr eigenes Gefühlsleben. So sollte es ja vielleicht auch sein?

Die politischen Nachrichten sind besser geworden. Seit ihrer Niederlage in Leningrad scheinen die Deutschen viel stärker in der Defensive zu sein als bisher. Aber das Ende ist noch nicht in Sicht, und der Weg zum Sieg ist steinig.

14. APRIL 1942

Heute Morgen um sechs Uhr wurde Bola Rapoport zusammen mit ihrer Mutter und ihren beiden Schwestern im Pawiak-Gefängnis interniert. Ein deutsches Auto hielt vor den Türen der noch im Ghetto verbliebenen amerikanischen Staatsangehörigen und nahm alle Frauen mit. Nur Herr Rakow, ebenfalls amerikanischer Staatsangehöriger, wurde zusammen mit seiner Frau und seinen beiden Kindern zu Hause gelassen, weil er schwer krank ist. Ich dachte schon, meine

Mutter würde jeden Moment abgeholt, aber irgendwie hat niemand nach ihr gefragt. Das ist nur natürlich. Wie sollte man sie auch finden, jetzt, wo sie aus der Sienna-Straße weggezogen ist, ohne ihre neue Adresse zu melden? Sie muss zur Gestapo gehen. Das könnte uns vielleicht alle retten, oder wir werden womöglich alle zusammen interniert.

15. APRIL 1942

Heute erhielten wir einen rätselhaften Brief von Onkel Percy, der vor einer Woche nach Zaklikow-Lubelski abgereist ist. Er schreibt, dass er angekommen ist, seine Reise aber lang und gefährlich war, und dass er gerade noch rechtzeitig aus Lublin rausgekommen ist. Was er damit meint, erklärt sich vielleicht mit den Neuigkeiten, die Frau Minc, eine Mieterin in unserem Haus, uns heute Abend nach dem Essen erzählt hat. Ein naher Verwandter von ihr ist kürzlich im Ghetto angekommen und hat ihr Einzelheiten über das furchtbare Gemetzel von Lublin berichtet,[99] bei dem er seine Frau und zwei Kinder verlor. Das ist seine Geschichte: »Die Deutschen befahlen allen Juden, ihre Häuser zu verlassen und sich auf dem Marktplatz zu versammeln. Die Mehrzahl kam diesem Befehl nicht nach, sondern versteckte sich in Kellern und auf Dachböden. Manche verbarrikadierten ihre Wohnungen. Da eröffneten starke Verbände der SS das Feuer auf die Fenster, und jeder, der sein Haus verließ, wurde auf der Stelle erschossen. Kleine Kinder wurden mit Revolvern erledigt. Manche Menschen wurden gefoltert, bis sie das Bewusstsein verloren. Etwa die Hälfte der Ghettobevölkerung wurde ermordet und eine beträchtliche Zahl mit unbekanntem Ziel deportiert. Von den ursprünglichen vierzigtausend Juden blieben noch etwa zweitausend übrig. Diese zweitausend wurden ins Lager Majdanek in der Nähe von Lublin gebracht. Noch heute sind die Straßen des Lubliner Ghettos blutgetränkt, und die Opfer wurden noch nicht weggeholt. Die Häuser sind voller Leichen.«

Dem Verwandten, einem Augenzeugen des Massakers, gelang die Flucht, weil er sich in einem Haus versteckt hatte, das die Nazis übersahen. Die ganze Nacht hindurch kämpfte er sich durch Stacheldrahtgewirr und konnte mit größtem Glück entkommen.

Das alles klingt entsetzlich, und ich kann es einfach nicht glauben. So viele Menschen auf so grausame Weise zu töten. Vielleicht war das ja der Grund, warum Percy gezwungen war, seine Reise zu unterbrechen. Wie muss er gelitten haben, als er diese Tragödie mit ansah! Durch welches Wunder wurde er gerettet?

In letzter Zeit kursieren wilde Gerüchte im Ghetto. Man sagt, alle Juden würden in Arabien oder irgendwo in der Nähe angesiedelt. Was das wohl bedeuten mag? Gouverneur Frank war zuletzt ziemlich mild mit seinen Erlassen. Die Ausgangssperre beginnt später, und die Deutschen planen anscheinend, in Warschau reguläre Werkstätten einzurichten, was den Juden eine feste Arbeit garantieren würde. Aber das steht im Widerspruch zu dem Gerede über Massendeportationen.

Die *Warschauer Zeitung*, die offizielle deutschsprachige Zeitung in Warschau, schreibt, dass die Juden endlich ein brauchbarer Faktor geworden sind und dass die Produktion im Ghetto von Vorteil für die deutsche Armee ist. Wir haben jetzt schon lange keine Sprüche mehr gehört wie »Die Juden müssen aus Europa verschwinden«, womit die gesamte deutsche Presse im letzten Jahr immer aufgemacht hat. Jetzt ist alles still. Ist es die Ruhe vor dem Sturm? Was hat das Pogrom von Lublin zu bedeuten?

17. APRIL 1942

Ich bin kurz vor dem Durchdrehen. Kurz vor sechs Uhr heute Morgen kam Polizeihauptmann Hertz aufgeregt in unsere Wohnung gestürmt und sagte: »Bitte seien Sie auf alles gefasst. Um acht Uhr wird es ein Pogrom geben.« Dann rannte er wieder raus, ohne weitere Erklärungen. Das ganze Ghetto geriet in Panik. Hastig schlossen die Leute ihre Läden. Es gab das Gerücht, ein spezielles Vernichtungskommando, das gleiche, das das Lubliner Pogrom verübt hatte, sei in Warschau angekommen, um hier ein Massaker durchzuführen. Außerdem hieß es, Ukrainer und Litauer würden jetzt die Bewachung des Ghettos übernehmen, weil die Deutschen an die russische Front abzögen.

Im Verteilungsamt wurden alle Angestellten um sechs Uhr heimgeschickt und angewiesen, so schnell wie möglich in ihre Häuser zu gehen. Meine Mutter packte eilig etwas zu essen in einen Korb und ging mit Vater auf die Suche nach einem sicheren Unterschlupf in einem Keller. Ich war in Panik und bekam mein Zittern nicht unter Kontrolle. Jede Minute war wie eine Ewigkeit. Die Stunden vergingen – sieben, acht, neun… Jetzt ist es elf Uhr, und in der Stadt herrscht eine tödliche Stille.

Vor ein paar Minuten klopfte jemand an die Haustür. Wir waren sicher, dass es die Deutschen wären. Mein Vater machte auf – es war ein Bote von der jüdischen Polizeizentrale, der gekommen war, um Hauptmann Hertz zur sofortigen Meldung in die Ogrodowa-Straße zu bitten. Es muss etwas wirklich Schwerwiegendes passiert sein, wenn er so spät in der Nacht noch geholt wird.

Die Stunden ziehen sich zäh dahin. Kein Laut kommt von der Straße. Wir sind alle angezogen, bereit, jederzeit zu unserem Versteck zu laufen. Es ist furchtbar, in dieser ständigen Anspannung zu leben.

28. APRIL 1942

Die Zahl sieben scheint einen geheimnisvollen Einfluss auf mein Leben zu haben. Etwas Jähes, Unerwartetes passiert immer an Tagen, an denen diese Zahl vorkommt, besonders wenn ich vergessen habe, dass eine Sieben im Datum steht. Seit dem siebzehnten dieses Monats lebt das Ghetto ohne Unterlass in Angst und Schrecken. In der Nacht zwischen dem siebzehnten und dem achtzehnten wurden zweiundfünfzig Menschen getötet, hauptsächlich Bäcker und Schmuggler. Alle Bäcker sind in Panik. Epstein und Wagner, denen die Bäckerei in unserem Haus gehört, schlafen schon nicht mehr zu Hause. Die Deutschen kommen mit einer vorgefertigten Liste mit Namen und Adressen in bestimmte Häuser. Wenn sie die Menschen, nach denen sie suchen, nicht finden, nehmen sie sich stattdessen ein anderes Familienmitglied. Sie führen es ein paar Schritte vors Haus, lassen es höflich vorgehen, und schießen ihm dann in den Rücken. Am nächsten Morgen findet man diese Menschen dann tot auf der Straße. Wenn ein Hauswart nicht so schnell die Tür öffnet, wie die Deutschen es erwarten, wird er auf der Stelle erschossen. Wenn ein Mitglied der Familie des Hauswarts aufmacht, widerfährt ihm das gleiche Schicksal, und später wird dann auch noch der Hauswart getötet.

Gestern bin ich Eva Pikman besuchen gegangen. Bronka, Irka und Rena saßen mit düsteren Gesichtern da. Zycho Rozensztajn, der Sohn von Evas Vermieter, war ebenfalls anwesend. Zycho ist Polizist. Er erzählte uns makabre Geschichten. Mehrere Nächte in Folge war er gezwungen, Hinrichtungen beizuwohnen, denn die Deutschen verlangen, dass ihnen jüdische Polizisten beim Verüben ihrer Verbrechen helfen. Für gewöhnlich kommt eine Patrouille bestehend aus zwei oder drei deutschen Offizieren mit einer Namensliste in die jüdische Polizeizentrale und verlangt, dass sich ihnen ein hochrangiger und ein einfacher Polizist anschließen. Dann befehlen sie den jüdischen Polizisten, sie zu den angegebenen Adressen zu führen.

Zycho war tief in einem Sessel versunken, wir anderen saßen auf einer Pritsche. Er war blass und aufgewühlt. Mehrere schlaflose Nächte hatten bei ihm ihre Spuren hinterlassen. »Wenn ich wieder an der Reihe bin, an solchen Hinrichtungen teilzunehmen«, sagte er, »gehe ich nicht hin, selbst wenn man mich dafür tötet. Letzte Nacht nach ein Uhr, als sie alle ihre Opfer erledigt hatten, befahlen sie mir, vor ihnen herzugehen. Ich war überrascht, dass sie mich nicht zurückließen, und dachte, mein letztes Stündlein hätte geschlagen. Ich setzte mich in Bewegung. Ich spürte, wie meine Beine unter mir nachgaben. Warum schießen sie nicht?, dachte ich. Da hörte ich sie plötzlich laut lachen. Ihre Stimmen klangen auf der leeren dunklen Straße unheilvoll. Als ich außerhalb der Reichweite ihrer Pistolen war, fing ich an zu laufen… zu laufen wie der Wind, als wären sie hinter mir her. Als ich zu Hause ankam, war ich kaum noch bei Bewusstsein. Meine Mutter fragte mich, was geschehen sei, aber ich brachte es nicht übers Herz, ihr zu sagen, aus welchem

Grund ich in dieser Nacht zwischen zehn und zwei Uhr auf Streife gegangen war.«

Eva standen die Tränen in den Augen. Irka sagte immer wieder: »Nein, das ist unmöglich, unmöglich.« Rena saß eine Weile schweigend da, dann flüsterte sie: »Ich möchte so gerne leben.« Eva sagte: »Du wirst sehen, Mary, du wirst interniert genau wie Bola, und du wirst überleben, aber wir anderen sind alle dem Untergang geweiht.« Übrigens haben ein paar von uns Briefe von Bola Rapoport bekommen. Sie ist in Liebenau am Bodensee interniert und befindet sich bei guter Gesundheit. Wir sind froh, dass wenigstens eine von uns gerettet ist. Wie ich sie beneide! Ich möchte so sehr aus dieser Hölle entkommen… Ich habe keine Kraft mehr.

Wie es scheint, kann man die Deutschen bestechen, damit sie Familien internieren. Man muss natürlich irgendeinen Fetzen Papier haben, der bestätigt, dass wenigstens ein Mitglied der Familie ausländischer Staatsbürger ist. In dieser Hinsicht hat meine Mutter Glück, denn sie ist eine waschechte Amerikanerin, aber der Status meines Vaters, meiner Schwester und mein eigener ist ungewiss. Meine Mutter hat bei verschiedenen Stellen Erkundigungen eingezogen. Anscheinend kümmert sich ein gewisser Ehrlich, ein Gestapo-Mann, um diese Dinge. Wir werden ihn aufsuchen müssen. Vielleicht können wir ja auch interniert werden. Nach den ersten Internierungen scheinen nur noch wenige amerikanische Staatsbürger im Ghetto verblieben zu sein, vermutlich diejenigen, die sich wie meine Mutter verstecken.[100]

Letzte Nacht wurden sechzig weitere Menschen exekutiert. Sie gehörten zum Untergrund, die meisten von ihnen wohlhabende Leute, die die geheimen Verlautbarungen finanzierten. Auch viele Drucker, die im Verdacht standen, bei der Veröffentlichung der Untergrundzeitungen zu helfen, wurden getötet. Und wieder lagen am Morgen Leichen in den Straßen. Eines der Opfer war der reiche Bäcker Blajman, der Hauptgeldgeber einer Untergrundzeitung. Auch seine Brüder waren zum Tode verurteilt, ihnen gelang aber die Flucht, sie sind untergetaucht.

In unserem Garten ist alles grün. Die Frühlingszwiebeln schießen hervor. Wir haben unsere ersten Rettiche gegessen. Die Tomatenpflanzen breiten sich stolz in der Sonne aus. Das Wetter ist fantastisch. Das Grün und die Sonne erinnern uns an die Schönheiten der Natur, die man uns vorenthält. Ein kleiner Garten wie unserer ist uns daher lieb und teuer. Der Frühling ist in diesem Jahr unglaublich. Ein kleiner Fliederbusch unter unserem Fenster steht in voller Blüte.

4. MAI 1942

Auf der arischen Seite feierte die Bevölkerung den 1. und den 3. Mai mit einem vollständigen Boykott der Nazis. Während dieser Tage bemühten sich die Leute, nicht mit der Straßenbahn zu fahren oder Zeitungen zu kaufen, denn das Geld dafür geht direkt an die Deutschen. Jemand legte einen Kranz auf das Grab des Unbekannten Soldaten. Die Menschen blieben bewusst zu Hause, sodass in der Stadt Totenstille herrschte. Auch im Ghetto war die Stimmung irgendwie anders. Obwohl viele Polen, vom Antisemitismus vergiftet, leugnen, dass ihre Brüder jüdischen Glaubens ihre Mitbürger sind, zeigen die Juden trotz der unmenschlichen Behandlung, der sie ausgesetzt sind, auf jede nur erdenkliche Art ihren Patriotismus. In letzter Zeit war viel von den Partisanentrupps die Rede, die in den Wäldern der Region Lublin kämpfen. Unter ihnen sind viele Juden, die wie alle anderen auch für ein gemeinsames Ziel kämpfen. Und trotzdem sagen die polnischen Antisemiten: »Es ist schon gut so, lasst die Juden ruhig hinter ihren Mauern. Endlich wird Polen judenfrei.«

Oft bei uns zu Besuch ist Herr Przygoda, der Assistent von Nachlassverwalter Chaskelberg. »Sobald sich irgendetwas zu regen beginnt«, sagt er immer, »springe ich über die Mauern. In mir hat sich eine solche Wut angestaut, dass ich ganz schnell Deutsche zu Dutzenden umbringen werde.« Ich weiß, dass er zu einer der Untergrundparteien gehört. Jurek Leder, ein guter Freund von mir, der jetzt für die jüdische Polizei arbeitet, ist ein glühender polnischer Patriot. »Wenn ich doch nur hier herauskäme und mich den Partisanen anschließen könnte!«, sagt er. »Dann könnte ich endlich für Polen kämpfen. Ich liebe mein Heimatland, und selbst wenn hundert Antisemiten mich davon überzeugen wollten, dass ich kein Pole bin, würde ich es ihnen schon zeigen – wenn nicht mit Worten, dann mit der Faust.« Leders Vater ist ein polnischer Armeehauptmann, der jetzt in Russland interniert ist.

Es gibt viele Juden, die bereitwillig ihr Leben für Polen geben würden und die gegenwärtig im Untergrund tätig sind. Es gibt auch viele Juden, die die Zähne zusammenbeißen und den Mund halten, aber vor Scham und Demütigung erröten, wenn, wie es gelegentlich vorkommt, ein Pole von der anderen Seite der Mauer einen Stein ins Ghetto wirft. Neulich haben in Lastwagen vorbeifahrende Polen in der Chlodna-Straße Steine gegen Schaufenster und Wohnungsfenster geworfen und dabei wildes Triumphgeheul ausgestoßen.

Manche Juden schämen sich einzugestehen, dass Polen ihr Vaterland ist, auch wenn sie es lieben, weil sie sich daran erinnern, wie oft ihre polnischen Mitbürger zu ihnen gesagt haben: »Geh doch zurück nach Palästina, Jude«, oder dass in der Universität die jüdischen Studenten auf »Ghetto-Bänke« mussten und häufig von nichtjüdischen Studenten angegriffen wurden, aus keinem anderen Vergehen als ihrem jüdischen Glauben. Es ist eine Tatsache, dass sich viele Nichtjuden in Warschau von Hitlers Propaganda haben anstecken lassen. Natürlich gibt es auch Menschen, die diese Verirrungen sehen, aber sie haben Angst, etwas zu sagen, weil sie dann nämlich sofort beschuldigt würden, einen jüdischen Großvater oder eine jüdische Großmutter zu haben, oder womöglich sogar von den Juden bestochen worden zu sein. Nur wenige, und das sind Mitglieder der Arbeiterparteien, äußern offen ihre Meinung, und diese kämpfen zumeist in den Partisaneneinheiten. Würden sich alle arischen Polen zusammentun und versuchen, den Juden im Ghetto zu Hilfe zu kommen, könnten sie sehr viel für uns tun. Sie könnten zum Beispiel vielen Juden arische Dokumente beschaffen, ihnen in ihren Häusern Unterschlupf gewähren, ihnen die Flucht über die Mauer ermöglichen und so weiter und so weiter. Aber es ist natürlich einfacher, Steine ins Ghetto zu werfen.

6. MAI 1942

Trotz der derzeitigen Schreckensherrschaft hat die Gemeinde eine Reihe von Grundschulen für Kinder von sieben Jahren eröffnet. Der Unterricht ist auf Jiddisch.[101] Die Gemeinde stellt auch Lehrbücher zur Verfügung, an die heutzutage sehr schwer heranzukommen ist. Dieses Programm schließt auch beaufsichtigtes Spielen nach dem Unterricht ein. Es ist schön, eine Gruppe Kinder dabei zu beobachten, wie sie sich an den Händen halten und stolz mit ihrem Lehrer spazieren gehen.

Gestern ist Professor Greifenberg mit allen Studenten seiner Klasse an unserer Schule in den kleinen Park gegenüber vom Gemeindehaus gegangen. Dieser Park befindet sich auf dem Gelände eines zerbombten Hauses, auf dem die Toporol-Gärtner Gras und Blumen gepflanzt haben. Heute ist es dort grün. Jüdische Handwerker haben Schaukeln, Bänke usw. gebaut. Die Schüler unserer Schule haben auf eine der Mauern des zerstörten Hauses ein Wandbild mit Tierbildern gemalt. All dies dient dazu, den Ghettokindern ein Gefühl von Freiheit zu vermitteln. Der Park wurde heute eingeweiht, und Präsident Czerniakow und weitere hohe Gemeindefunktionäre haben an der Zeremonie teilgenommen. Lange Tische waren auf dem Gras aufgestellt, und darauf lagen kleine Tüten mit Melasse-Konfekt, das im Ghetto hergestellt worden ist. Jedes Kind bekam ein kleines Geschenk und eine Tüte Süßigkeiten. Ihre Freudenschreie und die frohen Lieder hallten durch die Luft. Die lächelnden rosigen Gesichter der Kinder waren wohl die schönste Belohnung für diejenigen, die dieses kleine Refugium der Freiheit für die kleinen Gefangenen des Ghettos geschaffen haben.

7. MAI 1942

Abie, der Bruder meiner Mutter, der bei der Polizei arbeitet, hatte vor Kurzem ein Erlebnis, das ihn um ein Haar das Leben gekostet hätte. Vor ein paar Tagen wurde er für eine nächtliche Streife in der Krochmalna-Straße eingeteilt, wo inzwischen der größte Teil des Schmuggels vonstattengeht. Seine Aufgabe war es, einen Abschnitt der Straße im Auge zu behalten und dafür zu sorgen, dass dort keine Schmuggler vorbeikamen. Aber was sollte er machen, als er sah, wie mehrere jüdische Schmuggler versuchten, ein paar Säcke mit Mehl und anderen Essenssachen über die Mauer zu werfen? Diese Säcke bedeuteten, dass das Ghetto mehr zu essen haben und dass der Brotpreis sinken würde. Abie ist selbst nicht gut bei Kasse, da kann er einen Laib Brot oder ein Pfund Mehl ganz gut gebrauchen. Die Schmuggler zahlen den jüdischen Polizisten bereitwillig ein paar Zloty oder geben ihnen etwas zu essen, wenn sie »wegschauen« oder sie vor anrückenden Nazi-Wachleuten warnen. Abie dachte gerade darüber nach, was er wohl am nächsten Tag essen würde, als ihm einer der Schmuggler Geld anbot. Alles wäre reibungslos abgelaufen, wenn nicht auf einmal zwei deutsche Wachleute aufgetaucht wären. In der Dunkelheit konnten sie nicht genau erkennen, was da vor sich ging, aber sie müssen gespürt haben, dass hier Schmuggler am Werk waren, und eröffneten das Feuer. Die Schmuggler wurden getötet, und Abie rannte um sein Leben. Die Deutschen bemerkten seine Polizeimütze und -armbinde und setzten ihm nach. Es gelang ihm, in einen Durchgang zu flüchten, der auf die ungerade Seite der Chlodna-Straße führte, wo sich in Nummer 17 eine jüdische Polizeistation befindet. Er hatte kaum Zeit, der Nachtschicht klarzumachen, dass sie, falls die Deutschen kämen, sagen sollten, in dieser Nacht sei keine Streife in diesen Abschnitt der Krochmalna-Straße geschickt worden, als seine Verfolger auch schon hereinkamen. Niemand verriet Abie, und die Deutschen gingen wieder, ohne irgendetwas erfahren zu haben. Abie hat sich immer noch nicht von dem Schock erholt.

Wie es aussieht, hat für die jüdischen Verräter im Ghetto nun endlich die letzte Stunde geschlagen. Letzte Nacht wurden der berüchtigte Milek und sein Partner Anders vom Untergrund exekutiert, einer zu Hause, der andere auf der Straße. Jurek Jawerbaum, ein enger Freund von Milek, sitzt im Pawiak.

Es wird allmählich heiß, und oft schnappe ich mir, statt zur Schule zu gehen, eine Decke und ein Kissen und nehme auf unserem

Dach ein Sonnenbad. Das wird im Ghetto oft so gemacht; die Häuser mit Flachdächern haben sich in Stadtstrände verwandelt.

In der Chlodna-Straße 20 kostet der Eintritt zum terrassenartigen Dach einen Zloty und fünfzig Grozy. Es gibt Liegestühle, kühle Getränke und einen Blick auf Warschau aus der Vogelperspektive. Auf unserem eigenen Dach bin ich immer alleine. Es ist angenehm, dort in der Sonne zu liegen, wo ich das Viertel hinter der Mauer sehen kann. Die weißen Türme einer Kirche sind ganz in meiner Nähe. Sie sind umgeben von Lindenzweigen, und der Duft dieser herrlichen Bäume reicht bis zu meinem Dach herüber. Weiter hinten stehen Privathäuser, die jetzt als deutsche Kasernen genutzt werden. Die Luft ist rein hier, und ich denke an die weite Welt, an ferne Länder und an die Freiheit.

Kapitel 11

Die Deutschen machen Bilder

8. MAI 1942

Die Deutschen haben beschlossen, über das Leben im Ghetto einen Film zu drehen. Schon früh heute Morgen haben sie eine gewaltige Kamera vor der Chlodna-Straße Nummer 20 aufgestellt und Bilder von der Straße gemacht. Später sind sie dann in eine der elegantesten Wohnungen gegangen und haben angeordnet, im Wohnzimmer den Tisch zu decken. Aus einem Restaurant in der Nähe konfiszierten sie die erlesensten Platten mit Fleischgerichten, Kuchen und Obst – vermutlich das einzige Obst, das im Ghetto zu haben ist. Sie schnappten sich die bestgekleideten Passanten, Männer und Frauen, und befahlen ihnen, sich um den Tisch zu setzen, zu essen, zu trinken und zu reden, und dann machten sie ihre absonderlichen Aufnahmen. Werden sie sie in Berlin zeigen, um zu beweisen, dass die Ghettobevölkerung alles im Überfluss besitzt und sogar Nahrungsmittel, die in Deutschland nicht zu haben sind?

Als ich in die Schule kam, standen alle Lehrer und Schüler an den Fenstern. Im Gemeindehaus auf der anderen Straßenseite gab es einen ungewohnten Trubel. Auch hier wurden Bilder gemacht. Starke Scheinwerfer waren in verschiedenen Bereichen des Gebäudes aufgestellt, und auf dem Boden lagen lange Stromkabel. Kameras auf Schienen fuhren mit ihren Bedienern in alle Richtungen, umgeben von einer Menschenmenge aus Gemeindeoffiziellen und Besuchern, die zufällig im Haus waren. Ich sah, wie ein Deutscher eine Gruppe aus mehreren Personen aufstellte, mit Präsident Czerniakow und den höchsten Gemeindevertretern in der Mitte. Später wurden aus irgendeinem Grund alle Leute in einen Saal getrieben und angewiesen, sich hinzuknien. Die Leichen in den Straßen werden natürlich nicht fotografiert und auch nicht die kleinen Kinder, die Hungerqualen erleiden.

Die Deutschen müssen sicher eine besondere Propagandaleistung vollbringen.[102] In letzter Zeit hat sich auch der Ton ihrer Kriegs-Kommuniqués verändert. Sie sprechen jetzt von »vorübergehenden Rückzügen« aus mehreren russischen Gebieten. Wer zwischen den Zeilen ihrer Presseerklärungen lesen kann, ist in Hochstimmung.

Die Nächte im Ghetto sind heiß und schwül. In unserem Garten riecht es nach Flieder, und nach Sonnenuntergang sitzen alle unsere Mieter im Hof. Jeder bringt sich seinen Stuhl mit, aber mein Lieblingsplatz ist ein Holzgestell, das zum Teppichklopfen benutzt wird. Manchmal singe ich abends, und seltsamerweise erhebt keiner der Mieter Einwände, vermutlich weil sie gerne mal ihre Sorgen vergessen.

Hauptmann Hertz, der oft mit uns im Hof sitzt, ist sehr pessimistisch und macht darüber hinaus auch noch makabre Scherze. Heute hat er uns zum Beispiel von einem Polizisten erzählt, der wegen ein paar Erdbeeren erschossen wurde. Der Polizist saß auf einem mit Heu beladenen Karren, der ins Ghetto hineinfuhr. Der deutsche Wachmann fragte ihn, ob in dem Karren auch noch etwas anderes wäre. Der Polizist tat so, als würde er nichts verstehen. Da befahl der Wachmann dem Fahrer anzuhalten und hob das Heu hoch. Darunter fand er Erdbeeren versteckt. Der Fahrer und der Polizist wurden auf der Stelle erschossen.

Hertz sagt: »Bald wird alles vorbei sein, und wir werden alle getötet.« Aber die meisten Leute glauben, dass ein Pogrom wie in Lublin in Warschau nicht passieren kann, weil es hier zu viele Menschen gibt. Offiziellen Zahlen zufolge leben 450 000 Menschen im Ghetto, aber eigentlich sind es viel mehr, denn in dieser Zahl sind die noch unregistrierten Flüchtlinge aus den Provinzstädten und die Massen von Juden aus Deutschland, der Tschechoslowakei und Österreich nicht enthalten. Es wird geschätzt, dass es in Wirklichkeit mehr als 500 000 sind. Eine solche Zahl von Menschen auszulöschen, erscheint unmöglich, unvorstellbar. Doch wenn es mit dem derzeitigen allnächtlichen Morden so weitergeht, ist es gut möglich, dass die halbe Ghettobevölkerung tot ist, bevor der Krieg vorüber ist.

In letzter Zeit sehe ich meine Freunde nicht mehr so oft wie früher, mit Ausnahme von Eva Pikman, die um die Ecke wohnt. Es ist inzwischen sehr gefährlich, lange Spaziergänge durchs Ghetto zu machen. Dennoch geht das Leben seinen gewohnten Gang. Die Geschäfte haben geöffnet, auch wenn nur sehr wenige Lebensmittel zu haben sind. Auch die Theater haben wie gewohnt geöffnet, und es laufen ein paar gute Stücke. Die Gemeinde erhebt jeden Tag neue Steuern und Abgaben.

17. MAI 1942

Vor ein paar Tagen gelang es einer Handvoll Leuten aus dem Lodzer Ghetto, durch die Vermittlung von Kohn-Heller Warschau zu erreichen. Sie mussten 20 000 Zloty pro Person zahlen. Gestern gegen vier Uhr stand ich alleine in der dunklen Küche unserer Wohnung und wusch Geschirr ab. Auf einmal steckte jemand seinen Kopf durchs Fenster und fragte, ob das die Pförtnerloge sei. Dann rief er mit veränderter Stimme laut aus: »Mary!« Als ich meinem geheimnisvollen Gast die Tür öffnete, entpuppte er sich als Heniek Zylber. Er war fast nicht wiederzuerkennen. Sein grünlich-blasses Gesicht ließ erkennen, dass er viele Monate Hunger gelitten hatte. Er sah mehr aus wie ein Skelett als wie ein Mensch, und sein eleganter Anzug wirkte unpassend. Ich war überrascht, dass es ihm gelungen war, aus Lodz herauszukommen. Den ganzen Krieg über habe ich Heniek immer unter außergewöhnlichen Umständen getroffen. Folgendes berichtete er mir über das tragische Schicksal meiner Heimatstadt.

Lodz ist zugrunde gerichtet von Tuberkulose, und da es an jeglicher Medizin mangelt, werden nur wenige Menschen noch sehr viel länger überleben. Es gibt nichts zu essen, ein Pfund Kartoffelschalen kostet acht Mark. Die Brotration beträgt nur etwa neunzig Gramm pro Person und Tag, gerade genug, um den Appetit zu wecken. Es gibt keinen Schwarzmarkt, und im Privaten wird nichts gekocht. In jedem Wohnblock wird einmal am Tag ein Gemeinschaftskessel mit Suppe zubereitet, und diese Suppe ist kaum mehr als Wasser. Einige Familien haben kleine Gemüsegärten in ihren Hinterhöfen, aber der Ertrag ist praktisch gleich null, weil niemand die Kraft hat, sie zu pflegen. Die Leute auf der Straße sehen aus wie Schatten. Es gibt einen allgemeinen Arbeitsdienst. In den von den Deutschen eingerichteten Werkstätten sind 150 000 Menschen angestellt, die unterernährt sind und unter unvorstellbar schlechten Bedingungen arbeiten. Die Deutschen verlangen eine bestimmte Produktionsmenge, die rechtzeitig fertig sein muss, ansonsten werden schwere Strafen verhängt. Menschen sterben oft aus schierer Erschöpfung. Es gibt niemanden, der die Leichen aus den Privathäusern abholt. Vor Kurzem wurde Heniek, zusammen mit einem Kameraden, für ein geringfügiges Vergehen dazu verurteilt, einen Leichnam aus einer Wohnung zu entfernen. Die Leiche befand sich schon im Zustand der Verwesung. »Ich weiß nicht, woher wir die Kraft genommen haben, sie nach draußen zu tragen und auf den Karren zu legen«, erzählte er mir. »Ich weiß noch, dass wir stundenlang den Karren hinter uns hergezogen haben, bevor wir unser Ziel erreichten. Nach dieser Tour musste ich eine Woche im Bett bleiben. Alle unsere Schulkameraden«, so schloss er, »arbeiten hart. Zu Beginn des Jahres 1940 war die Oberschule noch in Betrieb, aber inzwischen ist sie auf Befehl der deutschen Behörden geschlossen worden, unter dem Vorwand, es hätte eine Seuche gegeben.«

Rumkowski, der Vorsteher der Gemeinde in Lodz, benimmt sich wie ein Diktator. Man sagt, er wäre ein Irrer. Dieser alte Mann hat vor Kurzem seine achtzehnjährige Sekretärin geheiratet. Er läuft mit einer Reitgerte durch die Stadt, und wenn er zu den Leuten spricht, nimmt er den Tonfall der Nazis an. Gelegentlich schlägt er sie sogar. Die Schwindsucht wütet fürchterlich, es gibt niemanden im Ghetto, der nicht infiziert ist. Und die Deutschen bringen unentwegt neue Transporte mit Juden aus Deutschland herein.

Heniek sagte, als er in einem Lastwagen aus dem Ghetto ins arische Viertel fuhr und Straßen voller Menschen sah, die ganz normal herumliefen, und offene Läden, habe er sich gefühlt, als sei er im Paradies. Ihm fiel ein Korb mit Radieschen vor einem Stand auf. Er bat den Fahrer anzuhalten, und er und seine Gefährten stürzten sich auf den Verkäufer und kauften alle seine Radieschen.

Seit seiner Ankunft hier hat er erst heute genügend Kraft aufgebracht, um auszugehen. »Ich lerne laufen wie ein kleines Kind«, sagte er. »Außerdem bin ich auf Diät, weil mein Magen nicht an normales Essen gewöhnt ist. Ich habe seit eineinhalb Jahren kein Fleisch angerührt und weiß gar nicht mehr, wie es schmeckt. Alles erscheint mir immer noch so unwirklich. Ein paar Freunde in Lodz haben mich gebeten, ihre Verwandten zu besuchen, die in der Chlodna-Straße 10 wohnen, und ich war auf der Suche nach ihrem Hauswart, als ich dich fand.«

Lange Zeit überlegte ich, ob es der echte Heniek war, der da vor mir saß, oder nur sein Geist. Ich hatte ihn längst vergessen, und als ich keine Briefe mehr von ihm bekam, kam ich zu dem Schluss, dass er wohl gestorben wäre. Jedes Mal, wenn ich in diesem Krieg Heniek begegnet bin, war das vor einer großen Veränderung in meinem Leben oder vor einem denkwürdigen Abschied. Kann es sein, dass ich vielleicht von hier weggehe? Aber das ist absurd. Niemand kann das Ghetto verlassen.

27. MAI 1942

Der Mai ist in diesem Jahr ungewöhnlich heiß. Ich sonne mich immer noch auf dem Dach und bin inzwischen schon ziemlich braun. Wenn ich in den Spiegel schaue, versuche ich mir einzureden, ich wäre gerade von der See zurückgekehrt.

In unserem Garten sind kleine grüne Tomaten zum Vorschein gekommen. In der heißen Sonne werden sie schnell reif werden. Wir haben schon dreimal Rettich geerntet. Die Frühlingszwiebeln schmecken vielleicht am besten. Unsere Blumen duften so berauschend, und ihre Farben sind bezaubernd. Szymek kommt nicht mehr her, um die Arbeit zu erledigen… er wird nie mehr kommen. Vor ein paar Tagen ist er, nachdem er hier mit der Arbeit fertig war, aus Schwäche auf der Straße umgefallen. Abie fand ihn irgendwo in der Nähe der Nowolipie-Straße auf dem Gehsteig liegen. Der Junge hatte hohes Fieber. Es stellte sich heraus, dass er schon seit zwei Tagen krank war, aber er sagte kein Wort, weil er Angst hatte, seine Arbeit zu verlieren. Meiner Mutter war allerdings aufgefallen, dass sein Gesicht gerötet war und er sich nur mit großer Mühe bewegte, deshalb schickte sie ihn früher als gewöhnlich heim. Abie brachte ihn in einer Rikscha zu dem Flüchtlingsheim, in dem er wohnte. Dort starb er ein paar Stunden später. Die Todesursache war Scharlach. Und dabei wollte Szymek doch so gerne leben.

3. JUNI 1942

Einhundertzehn Menschen wurden soeben im Gefängnis in der Gesia-Straße erschossen, darunter zehn Polizisten. Die Deutschen haben das gemacht, um die Schmuggler einzuschüchtern. Aber nur wenige der Exekutierten waren Schmuggler. Die anderen hatte man verhaftet, weil sie auf die arische Seite gegangen waren, weil sie keine Steuern gezahlt oder auf der Straße gebettelt hatten. Alle Bemühungen, sie zu retten oder zu begnadigen, blieben erfolglos. Die Nazis haben riesige rote Plakate mit den Namen ihrer jüngsten Opfer aufgehängt.

Die Hinrichtung fand um sechs Uhr morgens im Gefängnishof statt. Die polnische Polizei hatte den Befehl, die Schüsse abzufeuern, aber sie weigerte sich. Sie wurde aber gezwungen, bei der Hinrichtung dabei zu sein, der außerdem noch Szerynski, der Kommandant der jüdischen Polizei, ein paar jüdische Polizeihauptmänner sowie die hohen Gemeindevertreter unter Führung von Präsident Czerniakow beiwohnten. Einer der Augenzeugen erzählte mir, dass mehrere polnische Polizisten weinten und einige von ihnen während der Hinrichtung die Augen abwandten. Einer der Gemeindevertreter fiel in Ohnmacht. Die jüdischen Polizisten waren am Boden zerstört.

Die Opfer gingen vollkommen gelassen in den Tod. Einige lehnten es sogar ab, sich die Augen verbinden zu lassen. Unter den Opfern befanden sich mehrere Frauen, zwei von ihnen schwanger. Nachdem dieses Verbrechen vor Zeugen verübt worden war, brachten Pinkierts Bestattungswagen die Leichen zum jüdischen Friedhof. Im Ghetto herrscht allgemeine Trauer.[103]

9. JUNI 1942

Heute haben wir erfahren, dass die Schweizer Kommission, die sich um amerikanische Staatsangehörige in deutsch-besetzten Ländern kümmert, einer Amerikanerin gestattet hat, Mann und Kind in ein Internierungslager mitzunehmen. Vor Kurzem hat sie unter deutscher Eskorte das Ghetto mit Ziel Berlin verlassen. Meine Mutter ist ganz verzweifelt, weil sie es versäumt hat, sich im April registrieren zu lassen, als die Internierung von Frauen begonnen hat.[104] Schon vor einiger Zeit schrieb sie an die Kommission, aber wir warten immer noch auf die Antwort. Meine Mutter hat auch noch an die Vertreterin der amerikanischen Kolonie auf der arischen Seite, Mrs. Lawrence, geschrieben[105] und sie um Informationen über den Gefangenenaustausch gebeten. Mrs. Lawrence antwortete, dass die Liste der Gefangenen, die ausgetauscht werden sollten, voll sei, empfahl meiner Mutter aber, sich so schnell wie möglich bei Nikolaus zu melden, dem Kommissar für auswärtige Angelegenheiten beim Generalgouvernement. Es ist allerdings nicht leicht, zu ihm vorgelassen zu werden.

15. JUNI 1942

Nach zahlreichen Versuchen hat meine Mutter ganz zufällig einen Weg zu Nikolaus' Büro gefunden. Vor ein paar Tagen traf sie eine Freundin, die ihr erzählte, sie kenne einen Juden, der unter Orf, Nikolaus' Stellvertreter, arbeite. Sein Name ist Z., und wie sich herausgestellt hat, kennen wir ihn von Lodz her. Meine Mutter suchte Z. auf, und er versprach, ihr zu helfen. Er erzählte meiner Mutter, wie er in die Fänge der Gestapo geraten war. Als er versuchte, mit einem gefälschten Pass die deutsche Grenze zu überqueren, wurde er verhaftet und nach langer und ausgefeilter Folter gezwungen, für die

Gestapo zu arbeiten. Jetzt ist er als polnisch-deutscher Dolmetscher im Gestapo-Hauptquartier in der Szucha-Allee angestellt. Er stammt aus einer bekannten Lodzer Familie, und es scheint, dass er trotz seiner Stellung ein anständiger Mensch geblieben ist. Er tut für uns, was er kann. Er hat meine Mutter bei der Gestapo registriert und versprochen, uns über die weitere Entwicklung auf dem Laufenden zu halten.

Im Ghetto gibt es drei Familien, die sich in einer ähnlichen Lage wie wir befinden: amerikanische Frauen, deren Ehemänner und Kinder in Polen geboren wurden. Meine Mutter hat diese Frauen über den bevorstehenden Austausch informiert und zu Z. geschickt. Auch sie wurden registriert.

30. JUNI 1942

Unser Haus ist eine regelrechte Pilgerstätte geworden. Eine endlose Schlange von Menschen kommt zu meiner Mutter, um ihr die Adressen von Verwandten und Freunden in Amerika zu geben, damit sie diese um Hilfe bitten kann. Der Austausch soll am 6. Juli stattfinden. Alle wollen dasselbe: Sie müssen uns eidesstattliche Erklärungen schicken, sie müssen uns hier heraushelfen… und vergessen Sie nicht, ihnen zu berichten, was wir hier durchmachen… und bitte, tun Sie das als Erstes, wenn Sie nach Amerika kommen, lassen Sie keine Minute verstreichen, damit wir den Augenblick unserer Befreiung noch erleben… Sie überschütten meine Mutter mit ihren Sorgen – sie haben nichts mehr zu veräußern, nichts, wovon sie leben könnten, und in ein paar Monaten werden sie zugrunde gehen.

Es ist furchtbar, sich das alles anhören zu müssen, vor allem da wir unsere eigenen Sorgen haben. Meine Mutter regt sich schrecklich auf, weil Nikolaus nur sie und meine Schwester Ann registriert hat. Er sagt, nur Kinder unter sechzehn dürften bei ihren Müttern bleiben, und Ann ist fünfzehn. Es sieht also so aus, als müssten Vater und ich hierbleiben. Aber obwohl wir nur wenig Hoffnung haben, sagen unsere Freunde, dass sich das schon regeln lässt und dass die ganze Familie gehen wird. Ich wünschte, ich könnte ihnen glauben.

Heute war ich bei Eva, und wir haben zusammen einen Brief an Bola geschrieben. Am Ende drückte ich meine Hoffnung aus, sie bald zu sehen. Ich weiß nicht, warum ich das geschrieben habe, denn ich glaube kein bisschen daran. Eva und Irka sagen immer wieder, dass ich sie bald verlassen werde, und sie beharren so sehr darauf, dass ich es am Ende auch noch glauben werde.

Als Zycho Rozensztajn ins Zimmer kam, sagte ich zu ihm: »Weißt du was, ich gehe nach Amerika.« »Tatsächlich?«, fragte er mit einem spöttischen Grinsen. »Und ich nach Afrika!« »Nach Amerika gehen« – diese Worte klingen utopisch.

5. JULI 1942

Es kommen immer weniger Studenten in unsere Schule, denn inzwischen haben sie Angst, auf die Straße zu gehen. Der Nazi-Wachmann Frankenstein wütet im Ghetto, an einem Tag tötet er zehn Menschen, an einem anderen fünf… jeder rechnet damit, sein nächstes Opfer zu werden. Vor ein paar Tagen habe auch ich den Schulbesuch vollständig eingestellt. Die Hitze ist furchtbar. Morgen früh lasse ich mir von meiner Cousine, Dr. Felicia Markusfeld, die Zähne machen. Ihr Mann ist Arzt und arbeitet im Krankenhaus in der Leszno-Straße. Sie wohnen auf der geraden Seite der Sienna-Straße, aber inzwischen gibt es einen Zugang von der Zelazna-Straße aus. Die Entfernung von der Chlodna- zur Sienna-Straße beträgt eine halbe Stunde zu Fuß, wenn man schnell geht. Ich muss die Zelazna-Straße in der Nähe des Stacheldrahtgewirrs überqueren, wo alle paar Schritte Wachen stehen. Die ganze Zeit denke ich, dass einer von ihnen gleich auf mich schießen wird, der Erste wird Frankenstein sein. Ich versuche mich nah an den Türeingängen zu halten, damit ich schnell rein kann, falls Schüsse fallen.

Die Menschenjagden im Ghetto gehen weiter. Es kursieren auch Gerüchte über eine bevorstehende Deportation des gesamten Ghettos. Ich weiß nicht, woher die ungeheuerliche Kunde kommt, die Warschauer Juden hätten nur noch vierzig Tage zu leben. Alle sagen dieses Gerücht weiter. Zweifellos haben die Deutschen es selber in Umlauf gebracht, um Panik zu schüren. Viele Juden melden sich bei den sogenannten »Shops« an, die sich inzwischen hauptsächlich in der Leszno-Straße befinden. Das sind Arbeitsstätten, die in erster Linie deutsche Militäruniformen herstellen. Es heißt, dass Menschen, die in diesen Werkstätten arbeiten, nicht deportiert werden.

Es gibt auch Gerüchte, dass das Krakauer Ghetto bald aufgelöst werden soll, obwohl das einstweilen noch nicht offiziell bestätigt ist.[106] Viele Juden, die ihre Herkunft verborgen haben und auf der arischen Seite geblieben sind, werden denunziert und ins Ghetto gebracht. Sie werden erschossen, sobald sie aus den Lastwagen gestiegen sind, die sie hergebracht haben.

Trotz alledem gehen die Konzerte der jüdischen Polizei im Femina wie gewohnt weiter. Sie sind äußerst populär. Im Orchester sitzen mehr als ein Dutzend der besten Musiker im Ghetto.

Eine der vielen Werkstätten im Ghetto, in denen hart um Anstellungen gekämpft wurde, da es hieß, Arbeiter würden nicht deportiert

14. JULI 1942

Heute bin ich in die Schule gegangen und habe Bolek Szpilberg getroffen, den ich schon lange nicht mehr gesehen hatte. Er erzählte mir, dass er sich als britischer Staatsangehöriger registrieren musste und jetzt Angst hat, ohne seine Eltern interniert zu werden.

Nach der Schule bin ich zu meiner Zahnärztin gegangen. Als ich dort auf dem Stuhl saß, hörte ich Tauben gurren. Dieses Geräusch kam von der arischen Seite, da die Fenster auf die ungerade Seite der Sienna-Straße hinausgehen. Meine Cousine Felicia, die mit ihren Instrumenten neben mir stand, sagte: »Weißt du, Mary, ich mag das Gurren der Tauben nicht. Für mich sind sie immer ein schlechtes Omen.« Ich weiß nicht, wieso, aber auch in meinen Ohren ruft dieses Geräusch ein unangenehmes, feindseliges Gefühl hervor.

15. JULI 1942

Heute traf ich auf dem Rückweg von der Schule die Frau des Hauswarts von Nummer 16. Sie stürmte ganz aufgeregt auf mich zu und sagte mir in einem Atemzug, dass gerade ein Polizist aus dem Präsidium mit einer Anordnung der Gestapo gekommen sei, dass sich alle ausländischen Staatsbürger am 17. Juli früh morgens am Pawiak-Gefängnis einzufinden hätten. Ich rannte nach Hause. Meine Mutter, die gerade beim Essen war, ließ, als sie die Neuigkeit hörte, den Löffel fallen, und ich dachte, sie würde ohnmächtig. Aber sie stand dann schnell vom Tisch auf und suchte Z. auf, um zu erfahren, was es mit dieser unvermittelten Anordnung auf sich hatte. Sie kam ohne konkrete Informationen zurück. Anscheinend wird sich morgen alles entscheiden. Später kam Hauptmann Hertz mit denselben Neuigkeiten. »Jetzt«, sagte er, »werdet ihr sehen, dass ich recht hatte. Wir sind alle verloren. Die ausländischen Staatsangehörigen werden weggebracht, weil die Deutschen nicht wollen, dass sie miterleben, was sie mit uns im Schilde führen.«

16. JULI 1942

Nach dem Abendessen ging meine Mutter mit Z. zur Gestapo, ins Büro von Orf. Er erklärte, dass meine Mutter berechtigt sei, ihre ganze Familie mit sich zu nehmen. Ich kann mein Glück immer noch nicht fassen. Es scheint unvorstellbar, dass ich tatsächlich diese Hölle verlassen soll. Und es ist entsetzlich, an alle meine Freunde und Verwandten zu denken, die hierbleiben müssen, nachdem ich weg bin.

Den ganzen Tag habe ich damit verbracht, verschiedene Kleinigkeiten zu kaufen, die für unsere Reise nötig sind. Meiner Mutter wurde gesagt, dass wir nur drei Tage im Pawiak bleiben und dann für einen Austausch nach Amerika geschickt würden. Alle meine Freunde kamen, um sich von mir zu verabschieden. Alle haben sie mich beneidet und waren verzweifelt wegen ihres eigenen Schicksals. Bronka Kleiner weinte. Sie gab mir ein Bild von sich und schrieb darauf: »Vergiss mich nicht auf deinem Weg ins Paradies.« Ich schenkte ihr alle meine Plakate, Blaupausen, Werkzeuge, Farben und Blätter.

Rutka kam mich am Abend besuchen, und wir gingen alle zusammen zu Forbert, um uns fotografieren zu lassen, als Souvenir. Der Fotograf machte ein schönes Bild: Anna, Rutka, Bronka und ich. Sie versprachen, dass es morgen Nachmittag fertig ist und sie es in den Pawiak schicken. Ich hatte noch Zeit, in der Schule vorbeizuschauen, und bat Rat Poznanski, mir ein Abschlusszeugnis für den dritten Lehrgang auszustellen. Er konnte das aber nicht machen, weil dafür die Unterschrift von Präsident Czerniakow nötig ist und der heute sehr beschäftigt ist. Er versprach, mein Zeugnis binnen vierundzwanzig Stunden in den Pawiak zu schicken.

Romek kam um acht Uhr zu mir (die Ausgangssperre beginnt erst um zehn). Er wollte partout nicht glauben, dass ich im Begriff bin, nach Amerika zu gehen. Er sah mich ganz seltsam an, als ob er sicher wäre, mich nie mehr wiederzusehen. Wir gingen die Chlodna-Straße entlang. Heute habe ich einfach meine Armbinde abgenommen. Schließlich bin ich jetzt offiziell amerikanische Staatsangehörige. Romek drückte meinen Arm und sagte immer wieder: »Ich weiß, dass du nicht gehst, es ist nur ein Scherz, nicht wahr? Du wirst mich nicht alleine lassen, du wirst nicht gehen.« Die Anwohner der Straße sahen mich neugierig an: »Das ist das Mädchen, das nach Amerika geht.« In dieser Straße kennt jeder jeden. Alle paar Minuten kamen Leute auf mich zu und baten mich, mir die Adressen ihrer amerikanischen Angehörigen aufzuschreiben und ihnen zu sagen, sie sollten alles Menschenmögliche für ihre unglückseligen Verwandten tun.

Es ist jetzt kurz vor Mitternacht. Mutter ist beim Packen. In unserer Wohnung herrscht eine fürchterliche Unordnung. Bis zehn Uhr war sie überfüllt mit Menschen, die alle aus demselben Grund hergekommen waren – um uns die Adressen von amerikanischen Verwandten zu geben und um Hilfe zu bitten. Es waren viele Frauen mit Kindern darunter, deren Männer und Väter 1939 zur Weltausstellung gefahren und in den Vereinigten Staaten geblieben waren. Sie brachten uns Dutzende von Fotografien mit. Es war ein grauenvoller Abschied. Im ganzen Haus wurde geweint, und die aufrichtigen Wünsche und tränenreichen Umarmungen nahmen kein Ende.

Ich nehme Abschied vom Ghetto. Überall ist es dunkel und still, aber mir kommt es vor, als käme von irgendwoher in der Ferne ein Schluchzen. Ich sehe Romeks Gesicht vor mir, so wie er aussah, als er sich von mir verabschiedete. Ich sagte ihm, er solle gehen, dass es besser für uns beide wäre… aber er weigerte sich, und als ihn schließlich die späte Stunde zum Gehen zwang, wollte er mir nicht die Hand geben. »Ich weiß«, sagte er, »wenn ich dir die Hand gebe, werde ich sagen: ›Bis bald‹, und das will ich nicht sagen, weil ich weiß, dass wir uns nie mehr wiedersehen werden.« Ich war verblüfft. »Du willst dich also nicht von mir verabschieden, Romek«, tadelte ich ihn, »willst du mich ohne ein Wort des Abschieds gehen lassen, nach zwei Jahren Freundschaft?«

Es wurde allmählich Abend. Der Himmel war noch rot von der untergehenden Sonne. Wir standen nahe an einer Mauer, vielleicht zum letzten Mal zusammen. Ich sah, wie seine Augen anfingen zu leuchten, als sei in ihnen eine Lampe angezündet worden. Es hatte den Anschein, als wollte er sich hinunterbeugen, um mich zu küssen, aber im letzten Augenblick richtete er sich wieder auf. »Nein«, sagte er, »wir werden nicht auseinandergehen. Ich möchte dich sehen, ich möchte dich hier bei mir haben, ich muss dich hier haben. Du wirst bleiben. Niemand wird dich mir wegnehmen.« Ich nahm seine Hand. »Was redest du denn da für einen Unsinn?«, fragte ich. »Freust du dich denn nicht, dass ich fort kann? Begreifst du nicht, dass ich so vielleicht auch andere retten kann, dich zum Beispiel?«

Ich spürte, wenn ich nur eine einzige Minute länger bleiben würde, würde ich in Tränen ausbrechen. Ich wandte mein Gesicht ab und streckte die Hand aus. Sie blieb in der Luft hängen. Auch Romek wandte sich ab und sagte mit resigniertem Tonfall: »Auf Wiedersehen.« Ich blieb wie angewurzelt stehen, unfähig, mich zu bewegen. Ich hoffte, er würde noch einmal zurückschauen, aber er tauchte in die Dunkelheit ein und verschwand.

Kapitel 12

Die Privilegierten kommen ins Gefängnis

19. JULI 1942

Es ist erst der dritte Tag seit unserer Internierung im Pawiak-Gefängnis, aber ich kann kaum glauben, dass wir nicht schon viel länger hier sind, denn in dieser kurzen Zeit ist so viel passiert. Wir haben uns inzwischen an die neuen Verhältnisse gewöhnt und haben das Gefühl, zur selben Familie zu gehören wie die Menschen, mit denen wir diesen Raum teilen.

Meine letzte Nacht in der Chlodna-Straße ist mir noch lebhaft im Gedächtnis. Wir trafen unsere letzten Vorbereitungen mit angespannten Nerven. Ich war vollkommen durcheinander und musste meinen Koffer mehrmals neu packen. Wieder und wieder stellte ich mir dieselbe Frage: »Habe ich das Recht, mich zu retten und meine engsten Freunde ihrem bitteren Schicksal zu überlassen?« Jeder von uns durfte nur einen Koffer mitnehmen, und ich musste sorgfältig aus meinen Sachen auswählen. Ich nahm dann aber meine Notizbücher, meine Fotografien, meine Zeichnungen und meine Armbinde mit.

Onkel Abie blieb über Nacht bei uns. Er wird unsere Möbel und die anderen Dinge bekommen, die wir zurücklassen. Mein Vater nahm seinen Tallit und seinen Gebetsriemen mit sowie das kleine Psalmenbändchen, von dem er sich während des gesamten Krieges auf all seinen Irrfahrten nicht getrennt hat. Um zwei Uhr morgens gingen wir schlafen, aber ich war gerade eingeschlafen, als ich von Schüssen ganz in der Nähe und dem Geräusch von Trillerpfeifen geweckt wurde. Ich lief zum Fenster. Meine Eltern waren schon vor mir da. Wir konnten nichts Ungewöhnliches in unserer Straße entdecken, doch das Schießen ging weiter. Der Himmel war rot, und einen Moment lang dachte ich, ein Haus würde brennen, aber es war der Sonnenaufgang, so rot wie das Blut, das während der vergangenen drei Jahre in den Straßen von Warschau vergossen wurde.

Um sieben Uhr morgens kamen zwei jüdische Polizisten, um uns in den Pawiak zu begleiten. Sie berichteten uns, dass der Grund für die Schüsse ein Angriff einer bewaffneten Gruppe aus der Untergrundbewegung auf eine Werkstätte war, die Uniformen für die deutsche Armee herstellt. Ich fragte mich, ob Romek wohl an dem Angriff beteiligt war, da ich wusste, dass er in letzter Zeit in der Untergrundbewegung sehr aktiv gewesen ist, auch wenn er mir nie irgendwelche Einzelheiten erzählt hat.

Mit Tränen in den Augen verließen wir unser Haus. Meine Eltern gingen vor, neben ihnen die beiden Polizisten und Onkel Abie. Meine Schwester Ann und ich folgten ihnen. Fräulein Sala, Bronka, Rutka und Vera, die bei Tagesanbruch gekommen waren, um die letzten Stunden mit uns zu verbringen, begleiteten uns. Menschen aus allen Nachbarhäusern in der Chlodna-Straße kamen nach draußen und sahen der Prozession mit traurigen Augen zu.

Dieser 17. Juli 1942 war ein sonniger Freitag. Der Himmel hatte eine klare blaue Farbe, vollkommen reingewaschen vom Rot des frühen Morgens, so wie auch das Pflaster vom Blut gereinigt war, das während der Nacht vergossen worden war. Mir kam es vor, als hätte es im Ghetto noch nie zuvor einen so schönen, klaren Tag gegeben.

Wir wurden in den Hof der Polizeistation in der Ogrodowa-Straße gebracht, wo wir etwa siebenhundert Staatsangehörige neutraler europäischer und amerikanischer Staaten vorfanden. Ein Polizeikommandeur überprüfte rasch unsere Papiere. Dann marschierte eine Gruppe Polizisten in zwei Kolonnen auf, bildete einen geschlossenen Kreis um uns und befahl uns, loszugehen.

Ich erkannte einen der Polizisten. Es war Jozef Swieca, der Verlobte meiner Freundin Inka. Er kam zu mir herüber und wünschte mir eine gute Reise. »Inka tat es sehr leid, dass sie nicht kommen konnte«, sagte er. »Sie bat mich, dir ihre Grüße auszurichten. Ich hoffe, wir sehen uns wieder«, fügte er automatisch hinzu, als würde er auch meinen, was er sagte.

Als wir auf die Straße hinaustraten, warteten dort Hunderte von Menschen auf beiden Seiten der Fahrbahn. Plötzlich hörte ich mehrere Stimmen gleichzeitig rufen: »Mary! Mary!« Ich sah Eva, Rena, Bronka und Vera Neuman, die versuchten, sich durch die Menge zu mir durchzudrängen. Vera und Rena schafften es auch, und Rena gab mir einen Beutel Konfekt sowie einen Brief. »Vergiss uns nicht!«, rief sie mir nach. Eva, Rena und Bronka winkten mir mit einer Hand zu, mit der anderen wischten sie sich über die Augen. Fräulein Sala folgte uns mit gesenktem Kopf und schluchzte laut.

Die Schar auf den Gehsteigen wurde immer größer. Alle wollten einen Blick auf die glücklichen siebenhundert ausländischen Staatsangehörigen werfen. An der Ecke Zelazna-, Leszno-Straße war die Polizei gezwungen, von ihren Stöcken Gebrauch zu machen, um die Menge zu zerstreuen, die den Durchgang blockierte. Von allen Seiten kamen Kommentare. »Es ist ein schlechtes Zeichen, wenn man sie abführt«, sagte einer. »Genau. Wir können nicht damit rechnen, dass das irgendetwas Gutes für uns verheißt«, erklärte ein Zweiter, und ein Dritter fügte hinzu: »Jetzt werden sie uns den Rest geben.«

Buchstäblich alle gesunden Bewohner des Ghettos waren an diesem Morgen auf den Beinen. An der Ecke zur Smocza-Straße, also im überfülltesten Teil des Ghettos, war der Zugang zur Straße vollständig versperrt. Schließlich erreichte unsere Prozession die Dzielna-Straße und blieb vor dem Pawiak-Tor gegenüber der Kirche stehen. Die deutschen Offiziere, die dort auf uns warteten, befahlen den jüdischen Polizisten, zu gehen. Onkel Abie, der uns geholfen hatte, unser Gepäck zu tragen, gab es uns hastig und flüsterte meiner Mutter zu: »Wie kannst du mich nur zurücklassen?«

Ich brach in Tränen aus. Der Tonfall von Onkel Abies Worten erschütterte mich bis ins Mark. Aber wir konnten nichts tun. Meine

Mutter nahm ihn ein letztes Mal in den Arm, und auch ich umarmte ihn herzlich.

Die Deutschen riefen in alphabetischer Reihenfolge die Namen auf und befahlen jedem Internierten, sich seinen Koffer zu nehmen. Wir verabschiedeten uns alle von unseren Freunden unter den jüdischen Polizisten und von unseren engsten Verwandten, denen es als Einzigen erlaubt war, uns zum Pawiak zu begleiten. Schließlich öffneten sich die Gefängnistore, und wir befanden uns hinter Gittern. Die Deutschen zählten uns andauernd. Ich weiß nicht, ob sie das taten, weil sie Angst hatten, dass jemand fehlte, oder dass sich jemand in dieses Paradies hinter Eisengittern geschmuggelt hat. Wir wurden durch verschiedene verschlungene Korridore geführt, bis wir auf dem großen Gefängnishof ankamen. In einer Ecke bemerkte ich Gefangene bei der Arbeit.

Im Hof waren ein Tisch und Stühle aufgestellt, und die deutschen Offiziere setzten sich und breiteten ihre Listen aus. Dann wies Vizekommissar Orf die amerikanischen und britischen Staatsangehörigen an, eine Gruppe zu bilden, und die Neutralen eine andere. Nun fing die eigentliche Registrierung an. Jeder Name wurde mehrmals verlesen, und die genannte Person musste vor dem Tisch erscheinen und Fragen beantworten. Als ich an die Reihe kam, packte mich die Angst, mein Vater und ich könnten womöglich nicht als für einen Austausch berechtigt anerkannt werden. Mit zitternden Knien trat ich an den Tisch. Die Deutschen fragten uns, warum nur die Namen meiner Mutter und meiner Schwester gemeldet worden seien. Meine Mutter erklärte, dass sich Kommissar Nikolaus zunächst geweigert habe, meinen Vater und mich zu registrieren, dass die Anweisung aber später geändert worden sei. Ohne ein Wort zu sagen, trug der deutsche Offizier unsere Namen in die Akte ein.

Nach der Registrierung trat eine Frau zu den Deutschen und fragte, was sie mit ihrem kranken Kind machen solle, das in einem Krankenhaus im Ghetto liege. »Mein kleiner Junge ist schwer krank und hat hohes Fieber«, erklärte sie. Der deutsche Offizier erwiderte: »Er muss sofort hergebracht werden!« Diese Antwort erstaunte uns sehr. Einige von uns waren der Ansicht, dass bestimmt eine drastische Aktion gegen die Ghettobevölkerung bevorstand.[107]

Wieder wurden wir durch verschlungene Korridore geführt. Am Ende wurde die Gruppe aus Amerikanern und Briten zu einem einstöckigen Gebäude gebracht, das früher von Gefängnisangestellten bewohnt gewesen war. Wir bekamen mehrere Zimmer zugewiesen, zehn Personen pro Zimmer, Frauen und Männer getrennt. Die anderen ausländischen Staatsangehörigen aus neutralen, besetzten und südamerikanischen Ländern wurden in Gefängniszellen gesperrt, die Männer im Zentralgebäude, die Frauen im speziellen Frauenflügel, dem sogenannten Serbia. Das Gerücht geht um, dass diese ausländischen Staatsangehörigen auf die arische Seite gebracht und freigelassen werden. Sie durften kein Gepäck mitnehmen.

Der Raum, in dem ich mich gegenwärtig befinde, liegt im zweiten Stock. Er ist etwa vier Quadratmeter groß. An zwei Wänden entlang liegen Strohmatratzen – sechs auf jeder Seite. Anderes Mobiliar gibt es nicht. Wir sollen ja nur zwei Tage hierbleiben. Zumindest wurde uns das gesagt, aber niemand glaubt daran. Ich weiß, dass meine Freundin Bola zwei ganze Wochen im Pawiak zugebracht hat, bevor sie ins Lager Liebenau gebracht wurde.

In unserem Zimmer halten sich dreizehn Frauen und ein achtjähriges Mädchen auf. Meine Mutter, meine Schwester und ich belegen zwei Matratzen, die zusammengeschoben ein großes Bett bilden. Zwei der Frauen sind Britinnen, der Rest Amerikanerinnen. Die ganze Wohnung besteht aus vier Zimmern, einer Küche und einem Bad. Zwei der Zimmer werden von Männern belegt. Die Aufseherin, die uns bewacht, hat einen eigenen kleinen Raum. Wir sind Gefangene, dürfen uns aber frei zwischen den Zimmern bewegen.

Am ersten Abend unserer Haft haben wir der Geschichte dieses Gefängnisses gedacht und der Heldentat von Jozef Pilsudski, der zehn Gefangene rettete, die hier von zaristischen Richtern zum Tode verurteilt worden waren. Der Vorfall diente als Thema für einen der besten polnischen Filme: *Die zehn aus dem Pawiak*.[108]

20. JULI 1942

Heute wurden wir zu einer neuen Registrierung beordert, die in dem kleinen Gefängnishof durchgeführt wurde. Es stellte sich heraus, dass die meisten von uns Staatsangehörige verschiedener südamerikanischer Republiken sind – es gibt nur einundzwanzig Staatsangehörige der Vereinigten Staaten. Die Übrigen sind, in der Reihenfolge ihrer zahlenmäßigen Stärke, Staatsangehörige aus Paraguay, Costa Rica, Nicaragua, Ecuador, Haiti, Bolivien und Mexiko.[109]

Damit ist klar, dass viele Juden mithilfe südamerikanischer Ausweispapiere aus dem Ghetto gerettet werden konnten. Die Deutschen erkennen die Gültigkeit solcher Papiere an, obwohl ihre Besitzer weder Spanisch noch Portugiesisch sprechen. Offenbar brauchen die Deutschen Menschenmaterial zum Austausch gegen die Deutschen, die in den amerikanischen Republiken interniert sind. Wie kann man die Welt nur wissen lassen, dass mit diesen kleinen Fetzen Papier Menschenleben gerettet werden können?

Am späten Nachmittag herrschte unter den Internierten eine furchtbare Aufregung. Von draußen trafen Briefe mit erschreckenden Nachrichten ein. Das Ghetto ist in Panik. Die Bevölkerung rechnet mit einer Massendeportation von dreihunderttausend Menschen. Präsident Czerniakow und alle Gemeindeoberen haben versucht, die Menschen zu beruhigen, indem sie verkündeten, die Deutschen hätten diese Gerüchte offiziell dementiert. Doch die Panik verschärfte sich noch, als bekannt wurde, dass an der Transferstelle mehrere Güterwagen für den Transport von Vieh angekommen waren, Waggons, in die vor einiger Zeit Juden gepfercht worden waren, um aus dem Ghetto in verschiedene Arbeitslager gebracht zu werden.

In den Augen der Ghettobewohner ist eine Deportation schlimmer als der Tod, denn sie bedeutet Tod nach den entsetzlichsten Torturen und Demütigungen, und sie bedeutet einen Tod ohne Beerdigung. Die Tausende von Juden, die mit den ersten Transporten fortgebracht worden waren, verschwanden ohne jede Spur.

Besonders erschüttert hat die Nachricht von der bevorstehenden Deportation eine junge Frau in unserem Zimmer, die ihre Eltern und drei jüngere Schwestern im Ghetto zurückgelassen hat. Sie liegt auf ihrer Matratze und brabbelt unverständlich vor sich hin.

Der »Informationsdienst« des Pawiak funktioniert gut. Die Wachen lassen sich problemlos bestechen, sie bringen Briefe rein und raus und berichten uns ausführlich, was im Ghetto vor sich geht.

Gegenüber von unserem Gebäude befindet sich die Gefängniswäscherei, in der viele weibliche Gefangene beschäftigt sind. Ganz in der Nähe ist eine Küche, in der Kartoffeln geschält und Rote Bete, Rüben und Möhren gewaschen werden. Ich kann das alles von unseren Fenstern aus beobachten, von denen ein paar zum Gefängnishof hinausgehen. Die weiblichen Gefangenen sitzen auf kleinen Stühlen und arbeiten ohne große Begeisterung. Es sind Frauen unterschiedlichen Alters und Aussehens. Manche haben intelligente Gesichter, blicken aber niedergeschlagen drein, und es liegt nicht das leiseste Lächeln auf ihren Lippen. Manchmal beißt eine der Gefangenen hastig ein Stück Möhre ab und schaut sich dann mit ängstlicher Miene um, ob eine der Wachen es bemerkt hat. Ich beobachte die Gefangenen auch, wenn sie ihren regelmäßigen Gang über den Hof unternehmen, mit den Händen auf dem Rücken.

Vom anderen Fenster aus, das auf die Dzielna-Straße hinausgeht, sehe ich den wachhabenden Polizisten auf und ab gehen. Es gibt keine Passanten, da die Pawia- und die Dzielna-Straße, die parallel auf beiden Seiten des Gefängnisgebäudes verlaufen, für den Verkehr gesperrt sind.

Nah an unserem Fenster sehen wir von Zeit zu Zeit einen jüdischen Polizisten aus Haus Nummer 27–31 kommen, Dr. Janusz Korczaks Kinderheim.[110] Durch die Fenster in diesem Haus kann ich viele kleine Betten sehen. In ruhigen Momenten höre ich die süßen Stimmen der Kinder, die dort leben und von dem, was um sie herum vorgeht, gar nichts mitbekommen.

Vor einer Stunde wies ein Wachmann alle britischen Staatsangehörigen an, mit ihrem Gepäck in den Hof zu kommen. Wir wissen nicht, ob sie tatsächlich weggeschickt werden. Unterdessen ist es in unserem Zimmer nicht mehr so voll. Auf der einen Seite sind die

Matratzen von der Familie W. belegt – der Mutter, einer Tochter namens Rosa und der Schwiegertochter Esther. Die beiden gegenüberliegenden Ecken beherbergen Frau H., Frau R. und uns. Auf den noch übrigen Matratzen liegen Frau G., ihre kleine Tochter Alusia sowie ein junges Mädchen, Guta E. Jede von uns ist mit etwas anderem beschäftigt, aber alle denken wir ununterbrochen an unsere Verwandten und Freunde nur ein paar Schritte von unserem Gefängnis entfernt im Ghetto, die wir nicht vor der über ihnen schwebenden Gefahr retten können.

Juden schmuggeln einen Sack mit Lebensmitteln ins Warschauer Ghetto

21. JULI 1942

Heute wurden sechzig Geiseln ins Gefängnis gebracht, darunter prominente Mitglieder des Ältestenrats sowie bekannte Ärzte und Ingenieure. Die prominentesten dieser Geiseln sind Ingenieur Jaszunski, der pädagogische Leiter der Gemeinde, Abraham Gepner, Vorsitzender der Versorgungsabteilung, S. Winter und Dr. Kohn.

Das Ghetto ist immer noch in Panik. Jeden Augenblick wird mit der großen Katastrophe gerechnet. Nazi-Wachleute laufen durch die Straßen und schießen völlig grundlos auf Menschen. Der Hunger wird immer verheerender – es gibt einfach keine Nahrungsmittel mehr. Ein Pfund Brot kostet inzwischen zwölf Zloty. Wir im Pawiak leben im gleichen Zustand der Panik. Auch wir sind buchstäblich am Verhungern. Unsere Reserven sind erschöpft. Das Essen, das wir hier bekommen, besteht aus ein wenig kochendem Wasser mit einem Stückchen Kartoffel oder Rote Bete darin. Diese Suppen werden zweimal am Tag ausgegeben, zum Mittag- und zum Abendessen. Morgens bekommen wir eine Scheibe Schwarzbrot und Wasser, das als »Kaffee« bezeichnet wird. Aber das ist nichts, verglichen mit der Hölle außerhalb der Gefängnismauern.

22. JULI 1942

Heute erlebte das Ghetto einen blutigen Mittwoch. Das Unheil, das alle erwartet haben, ist eingetreten. Die Deportationen und Straßenpogrome haben begonnen. Bei Tagesanbruch haben litauische und ukrainische Patrouillen, angeführt von SS-Leuten, das Ghetto umstellt, und alle zehn Meter waren bewaffnete Wachmänner postiert. Jeder, der sich den Toren näherte oder sich am Fenster zeigte, wurde auf der Stelle erschossen. Die Litauer und die Ukrainer gingen dabei mit großem Eifer ans Werk. Es sind kräftige junge Bestien von siebzehn bis zwanzig Jahren, die von ihren deutschen Lehrmeistern gezielt für diese Arbeit ausgebildet wurden.

Im Ghetto war schon lange von einem bevorstehenden Austausch der deutschen Wachmänner, in der Mehrzahl alten Soldaten, durch junge Ukrainer und Litauer die Rede. Jetzt haben sich diese Gerüchte, denen niemand so recht Glauben geschenkt hat, bestätigt.

Gestern Abend informierten die deutschen Behörden die jüdische Gemeinde, dass alle Bewohner des Ghettos nach Osten umgesiedelt würden. Nur vierzig Pfund Gepäck sind pro Person gestattet. Der gesamte noch verbleibende Besitz wird konfisziert. Alle müssen Proviant für drei Tage mitnehmen. Die Deportation war auf elf Uhr heute Morgen angesetzt. Der Befehl nimmt nur die Juden aus, die in deutschen Fabriken und Werkstätten angestellt sind, sowie Funktionsträger der verschiedenen Ghettoeinrichtungen. Dazu gehören die jüdische Polizei, die Gemeindevertreter, die Angestellten des Ambulanzdienstes, das Krankenhauspersonal, die Bestatter sowie alle Besitzer von Registrierungskarten des Arbeitsamtes, denen noch keine Arbeit zugewiesen wurde. Auch die Familien dieser Auserwählten sind von der Deportation ausgenommen.

Die jüdische Polizei ist mit der bedauernswerten Aufgabe betraut, während der Deportation für Ordnung zu sorgen und Gewalt gegen die anzuwenden, die sich nicht freiwillig ergeben.

Der Sammelpunkt für diese Massenmigration liegt auf dem Umschlagplatz in der Stawski-Straße. Die Deutschen verlangen 3000 Menschen pro Tag für die Deportation. Die Panik im Ghetto ist unbeschreiblich. Menschen laufen mit Bündeln in den Händen von einer Straße zur anderen und wissen nicht, was sie machen sollen. Viele versuchen, sich auf den letzten Drücker Arbeit in den deutschen Fabriken Többens und Schultz zu verschaffen, die im Ghetto ansässig sind. Mir wurde gesagt, dass manche Leute Bestechungsgelder von sage und schreibe eintausend Zloty für eine solche Anstellung bezahlen. Die Juden selbst bemühen sich, große Werkstätten zu errichten, um Waren für die Deutschen herzustellen und auf diese Weise von der Deportation bedrohten Menschen Arbeit zu geben.

Heute hat die jüdische Polizei alle Bettler von den Straßen aufgelesen und die Flüchtlingslager geleert. Die Unglückseligen wurden ohne Wasser und Brot in Güterwagen gesperrt. Die Transporte gehen in Richtung Brest, aber werden sie dort jemals ankommen? Es ist zweifelhaft, ob all diese hungernden Menschen lebendig an ihrem Zielort eintreffen werden. In den versiegelten Waggons werden sie zugrunde gehen. Hundert Menschen werden in einen einzelnen Waggon gezwängt. Der polnische Gefängniswärter, der uns all diese Einzelheiten zuflüsterte, hatte Tränen in den Augen. Er wohnt in der Nähe der Stawki-Straße und hat entsetzliche Szenen mit angesehen, wie Menschen mit Peitschen in die Waggons getrieben wurden, gerade so, als wären sie Vieh.

Heute haben wir ein Lebensmittelpaket von Onkel Abie erhalten, dem er einen Brief beigefügt hat. Zu unserem Glück ist er bei der

Polizei, sonst wäre er nicht in die Dzielna-Straße durchgelassen worden. Seine kurze Nachricht zeugt von Verzweiflung. Er kann den Gedanken nicht ertragen, dass er als Polizist bei der Deportation mitmachen muss, und erwägt, seinen Posten aufzugeben. Aber andererseits schützt ihn sein Posten ja auch vor der Deportation. Er möchte wissen, wie wir darüber denken.

Von unserem Fenster aus kann ich sehen, dass in Dr. Korczaks Kinderheim etwas Ungewöhnliches vor sich geht. Von Zeit zu Zeit geht jemand hinein und kommt ein paar Minuten später mit einem Kind an der Hand wieder heraus. Das müssen die Eltern oder Verwandten der Kinder sein, die in diesen dramatischen Momenten bei ihren Lieben sein wollen. Die Kinder sehen sauber aus und sind hübsch, wenn auch ärmlich gekleidet. Wenn ich mich aus dem Fenster lehne, kann ich die Ecke zur Smocza-Straße sehen. Dort herrscht ein furchtbares Durcheinander. Menschen laufen wie besessen hin und her. Manche haben Bündel dabei, andere ringen die Hände.

Die Dzielna-Straße muss für den Verkehr freigegeben worden sein, denn mit einem Mal sind dort viele Passanten aufgetaucht, nachdem sie bisher leer war. Oft sehe ich ganze Familien, Eltern mit ihren Kindern, und die Mütter halten Babys auf dem Arm, während die größeren Kinder hinter ihnen herlaufen. Es muss viele Juden geben, die sich freiwillig zur Deportation melden – die, die keinen anderen Ausweg wissen, keine Möglichkeit haben, sich zu verstecken. Die Deutschen geben ihnen ein Kilogramm Brot pro Person und versprechen ihnen bessere Arbeitsbedingungen. Aber diese verzweifelten Freiwilligen erfüllen nicht die Quote von 3000 Menschen pro Tag. Die Polizei muss den Rest mit Gewalt herbeischaffen. Sie zerren ihre Opfer aus ihren Wohnungen oder ergreifen sie auf den Straßen.

Kapitel 13

Die Kinder machen einen Spaziergang

24. JULI 1942

Präsident Adam Czerniakow hat Selbstmord begangen. Gestern Abend, am 23. Juli. Er konnte seine furchtbare Last nicht mehr tragen. Den Gerüchten zufolge, die uns hier erreicht haben, unternahm er diesen tragischen Schritt, als die Deutschen verlangten, die Kontingente für die Deportation zu erhöhen. Er sah keinen anderen Ausweg, als diese grauenvolle Welt zu verlassen. Seine engsten Mitarbeiter, die ihn kurz vor seinem Tod noch sahen, berichten, dass er bis zum letzten Augenblick großen Mut und Energie bewies.

Die Gemeinde hat einen neuen Präsidenten gewählt, um Czerniakow zu ersetzen. Es ist der alte Lichtenbaum, dessen Sohn, Ingenieur Lichtenbaum, Direktor des Bauamtes der Gemeinde ist.

Heute wurde eine neue Gruppe Geiseln aus den Mitgliedern des Ältestenrates zum Pawiak gebracht.

Szerynski steht wieder an der Spitze der Ghettopolizei, obwohl die Deutschen ihn vergangenen Februar verhaftet hatten.

Eine beträchtliche Anzahl von Juden hat es geschafft, auf die arische Seite hinüberzukommen, trotz der verschärften Überwachung. Wie man hört, hat eine bewaffnete Einheit des jüdischen Untergrunds einen deutschen Wachposten in der Nähe der Tore liquidiert und es dadurch einer großen Gruppe Juden ermöglicht, zu entkommen.

AUGUST 1942

Hinter den Pawiak-Mauern erleben wir das ganze Grauen, das im Ghetto um sich greift. In den letzten Nächten war es uns unmöglich, zu schlafen. Der Lärm von den Schüssen, die Verzweiflungsschreie machen uns wahnsinnig. Ich muss meine ganze Kraft zusammennehmen, um diese Zeilen zu schreiben. Ich habe den Überblick verloren und weiß nicht, welcher Tag heute ist. Aber was spielt es auch für eine Rolle? Wir befinden uns hier auf einer kleinen Insel inmitten eines Ozeans von Blut. Das gesamte Ghetto ertrinkt in Blut. Wir sehen hier ohne Übertreibung frisches menschliches Blut, wir können es riechen. Weiß die Welt da draußen davon? Warum kommt uns niemand zu Hilfe? Ich kann nicht mehr weiterleben. Meine Kraft ist erschöpft. Wie lange werden wir hier noch festgehalten und müssen das alles mit ansehen?

Vor ein paar Tagen wurde eine Gruppe von Neutralen aus dem Pawiak geholt. Anscheinend konnten die Deutschen sie nicht für einen Austausch gebrauchen. Von meinem Fenster aus sah ich mehrere Lastwagen voller Menschen. Ich habe versucht, unter ihnen bekannte Gesichter auszumachen. Einige Zeit später kam der Gefängniswärter keuchend zu uns und berichtete, dass die jüdischen Bürger neutraler europäischer Staaten gerade zum Umschlagplatz gebracht worden waren, um deportiert zu werden. Also werden wir wohl auch bald an die Reihe kommen. Ich hoffe, es wird sehr bald sein. Dieses Warten ist schlimmer als der Tod.

Die Deutschen haben ganze Straßen im Ghetto abgeriegelt. Da sich die 10 000 pro Tag, die sie inzwischen fordern, nicht eingefunden haben, wenden die Nazis nun Gewalt an. Jeden Tag belagern sie eine andere Straße und schließen alle Ausgänge. Sie dringen in die Wohnungen ein und überprüfen die Arbeitskarten. Wer nicht die notwendigen Dokumente besitzt oder nach deutscher Einschätzung nicht arbeitstauglich ist, wird sofort weggebracht. Wer versucht, sich zu wehren, wird auf der Stelle erschossen.

Gerade jetzt, während ich dies hier schreibe, findet eine solche Abriegelung auf der Nowolipie-Straße statt, nur zwei Blocks von unserem Gefängnis entfernt. Sie dauert nun schon seit zwei Tagen an. Die Straße ist komplett geschlossen; nur die jüdischen Polizisten dürfen sie noch benutzen.

Die Frauen und Kinder der in den deutschen Fabriken angestellten Männer sind zwar offiziell von der Deportation ausgenommen, aber das gilt nur auf dem Papier. In Wirklichkeit muss ein Mann, der von der Arbeit nach Hause kommt, oftmals feststellen, dass seine ganze Familie weggeschafft wurde. Verzweifelt läuft er in die Stawki-Straße, um seine Liebsten zu suchen, doch statt sie retten zu können, wird er nicht selten selbst noch in einen der Viehwaggons geschoben.

Die deutschen Fabriken im Ghetto arbeiten inzwischen zwölf Stunden am Tag mit nur einer Stunde Pause. Die Arbeiter bekommen einen Liter wässrige Suppe und ein Viertelpfund Brot pro Tag. Doch trotz ihres Hungers und ihrer Knechtschaft gehören diese Arbeiter zu den Glückspilzen im Ghetto, denn ihre Stellungen schützen sie vor der Deportation.

Dr. Janusz Korczaks Kinderheim ist jetzt leergeräumt. Vor ein paar Tagen standen wir alle am Fenster und sahen zu, wie die Deutschen das Haus umzingelten. Reihenweise kamen Kinder, die sich an den kleinen Händen hielten, nach und nach durch die Tür. Es waren Knirpse von zwei oder drei Jahren darunter, während die Ältesten vielleicht vierzehn waren. Jedes Kind trug ein kleines Bündel. Alle hatten weiße Schürzen an. Sie gingen immer zu zweit, ganz ruhig, sogar lächelnd. Sie hatten nicht die leiseste Ahnung, was ihnen bevorstand. Am Ende der Prozession marschierte Dr. Korczak, der darauf achtete, dass die Kinder nicht über den Gehsteig gingen. Von Zeit zu Zeit strich er mit väterlicher Fürsorge einem Kind über den Kopf oder den Arm und hielt Ordnung in den Reihen. Seine Hosen steckten in hohen Stiefeln, er trug einen Alpakamantel und eine marineblaue Mütze, die sogenannte Schiffermütze. Er ging mit festem Schritt und wurde von einem der Ärzte aus dem Kinderheim begleitet, der noch seinen weißen Kittel trug. Diese traurige Prozession verschwand um die Ecke Dzielna-, Smocza-Straße.[111] Sie

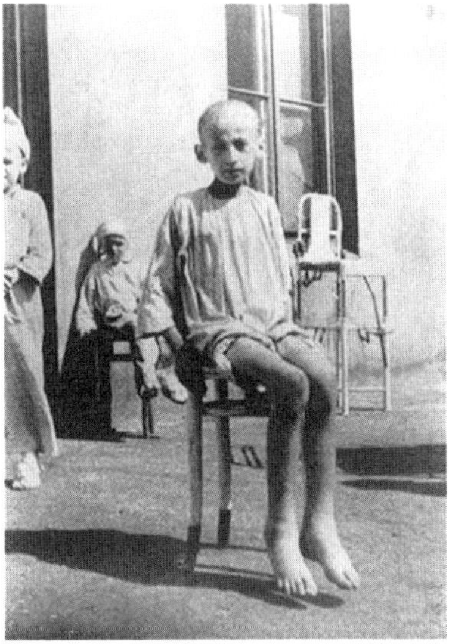

Eines der zahlreichen hungernden Kinder,
die im jüdischen Kinderkrankenhaus Berson und Bauman
in der Sliska-Straße behandelt wurden

gingen in Richtung Gesia-Straße, zum Friedhof. Auf dem Friedhof wurden alle Kinder erschossen. Unsere Informanten berichteten uns außerdem noch, dass Dr. Korczak gezwungen wurde, die Hinrichtungen mit anzusehen, und dass er selbst im Anschluss erschossen wurde.

Mit ihm starb einer der reinsten und edelsten Menschen, die je gelebt haben. Er war der Stolz des Ghettos. Sein Kinderheim machte uns Mut, und wir alle gaben mit Freuden einen Teil unserer knappen Mittel ab, um das vorbildliche Heim zu unterstützen, das von diesem großen Idealisten geleitet wurde. Er widmete sein ganzes Leben, seine gesamte schöpferische Arbeit als Pädagoge und Schriftsteller den armen Kindern von Warschau. Selbst im letzten Augenblick noch weigerte er sich, sie zu verlassen.

Das Haus steht jetzt leer, abgesehen von den Wachleuten, die immer noch die Zimmer der ermordeten Kinder sauber machen.

Gestern sah ich eine Abteilung vollbewaffneter Ukrainer und »Shaulisten« (Litauer) mit Helmen auf den Köpfen die Dzielna-Straße entlanglaufen. Es war alles ganz ruhig, bis ich plötzlich das Getrampel von Stiefeln hörte. Die Männer rannten mit gezückten Bajonetten wie bei einer Frontattacke. Diejenigen am Ende der Abteilung hatten kleine Beile in der Hand, solche, die man benutzt, um die Türen von verbarrikadierten Wohnungen aufzubrechen. Diese Bestien setzen auch oft Beile gegen Menschen ein. Die Litauer sind die Schlimmsten von allen.

Während der letzten beiden Wochen wurden über 100 000 Menschen aus dem Ghetto deportiert. Die Anzahl der Ermordeten ist ebenfalls sehr hoch. Wer kann, versucht eine Anstellung in den deutschen Fabriken Többens, Schultz und Hallmann zu bekommen. Für eine Arbeitskarte werden utopische Summen gezahlt.

Unsere Familie von Internierten im Pawiak umfasst inzwischen vierundsechzig Personen. Vereint in unserem gemeinsamen unbekannten Schicksal bemühen wir uns, unser graues, unglückliches Leben so gut es geht zu organisieren. Wir haben einen Sprecher gewählt, Herrn S., der von Zeit zu Zeit mit Kommissar Nikolaus über unsere Angelegenheiten spricht. Dieser Herr ist ein Staatsangehöriger von Costa Rica, spricht ausgezeichnet Deutsch und weiß mit dem Kommissar umzugehen. Zweimal die Woche dürfen wir das Gefängnistelefon benutzen, um mit dem Gestapo-Hauptquartier in der Szucha-Allee Kontakt aufzunehmen.

Nemetz, der Stellvertreter von Nikolaus, ein Offizier der SS, sucht uns häufig auf. Meistens sehen wir vom Fenster aus, wie er ankommt, und klären dann rasch unsere Angelegenheiten. Herr S. schreibt schnell unsere Anliegen auf, und wenn Nemetz hereinkommt, hat er eine Liste parat.

Nemetz ist bemüht, die Rolle des feinen Herrn zu spielen, so wie all die anderen deutschen Amtspersonen, mit denen wir es zu tun haben. Er verspricht uns immer, unsere Wünsche zu erfüllen, die für gewöhnlich sehr bescheiden sind – wir bitten zum Beispiel darum, dass das Stroh in unseren Matratzen ausgetauscht wird und unsere

Zimmer desinfiziert werden oder dass wir bessere Seife oder besseres Essen bekommen. Aber Nemetz hält seine Versprechen nie. Er ist höflich – anscheinend gibt es einen Befehl von oben, sich zuvorkommend gegenüber amerikanischen Staatsbürgern zu verhalten. Wenn er wieder geht, schüttelt er Herrn S. die Hand, lächelt jedem zu und verspricht, uns in ein paar Tagen noch einmal aufzusuchen.

So vergehen die Wochen. Nur einmal am Tag ist es uns erlaubt, auf den Gefängnishof zu gehen. Wir spazieren eine Stunde lang zwischen der Wäscherei und unserem Gebäude hin und her und werden in dieser Zeit von zwei Ukrainern bewacht. Einer ist in der Nähe des Tores postiert, das unser Gebäude vom »Serbia«, dem Frauengefängnis, trennt; der andere geht oftmals mit uns und belauscht unsere Gespräche.

Die ukrainischen Wachen werden häufig abgelöst. Auch sie müssen die Order bekommen haben, höflich zu uns zu sein. Es besteht ein deutlicher Gegensatz zwischen ihrem Verhalten uns und den anderen Gefangenen gegenüber, die sie oft mit den übelsten Ausdrücken beschimpfen und schlagen, bis sie bluten. Diese Bestien lächeln uns doch tatsächlich an.

Der tägliche Spaziergang beginnt um fünf am Nachmittag. Um sechs verkündet einer der Ukrainer in seinem komischen deutsch-ukrainischen Kauderwelsch: »Spazier skinchini« (Spaziergang beendet). Dann kehren wir zu unseren Matratzen zurück.

Die letzte Nacht war furchtbar. Es war stickiger denn je. Wir lagen nackt auf unseren Strohsäcken. Die Atmosphäre war zum Zerreißen angespannt. Durch das Fenster waren ein Stück blauer Himmel und ein paar Sterne zu sehen. Nicht das leiseste Geräusch kam von der Straße. Niemand von uns konnte schlafen.

Um etwa elf Uhr hörten wir plötzlich das zähe Quietschen eines Schlosses, das sich öffnet, und zwei Personen gingen durch eines der Gefängnistore hinaus. Die schweren Schritte von Soldatenstiefeln ließen sich deutlich von den leichten Schritten einer Frau unterscheiden. Nach und nach näherten sich die Schritte unseren Fenstern. Dann hörten wir die tränenerstickte Stimme einer Frau und mehrere in einem deutsch-jiddischen Tonfall gesprochene Worte: »Lieber Herr... Lieber Herr...« Doch wurden diese Worte unvermittelt von Revolverschüssen übertönt. Der erste Schuss hallte hoch in der Luft nahe an unserem Fenster, der zweite tiefer und der dritte auf einer Höhe mit dem Asphalt, als ob der Soldat auf die unglückselige Frau am Boden feuerte. Danach hörten wir gedämpfte Geräusche, bei denen es sich um Tritte gehandelt haben könnte, und schließlich wurde es still.

Esther W., die nah am Fenster lag, spähte vorsichtig auf die Straße hinaus. Das Opfer lag auf dem Gehsteig. Der deutsche Soldat ging rasch zu dem polnischen Polizisten, der gegenüber vom Tor Wache hielt, sprach mit ihm und entfernte sich dann. Gemessenen Schrittes ging der polnische Polizist unter unserem Fenster auf und ab. Offensichtlich um sich selber Mut zu machen, fing er an, ein Lied zu pfeifen, immer wieder dasselbe. In der leeren Straße klang es seltsam traurig.

Etwa eine Viertelstunde später kam ein Karren von Pinkierts Bestattungsunternehmen. Wir hörten das dumpfe Geräusch, als die Leiche in die Kiste geworfen wurde. Dann rollten die Räder des Karrens über das steinige Pflaster. Der polnische Polizist pfiff noch lange sein trauriges Lied. Es war das einzige Geräusch in dieser dunklen Augustnacht. Niemand in unserem Zimmer sagte ein Wort.

Die Schüsse und die Schreie von der Straße treiben uns allmählich in den Wahnsinn. Die Nächte sind grauenvoll. Letzte Nacht wurden fast vierzig Menschen unter unseren Fenstern erschossen. Allesamt Männer. Das Gemetzel dauerte zwei Stunden oder noch länger. Mit Tritten und Schlägen mit den Kolben ihrer Gewehre gaben die Mörder ihren Opfern den Rest. Pinkierts Karren machte mehrere Fahrten. Am Morgen sahen wir den Hauswart von gegenüber den Gehsteig schrubben und mit Wasser aus einem Gummischlauch abspritzen. Die Blutflecke waren hartnäckig, und trotz des langen Schrubbens hat der Gehsteig immer noch eine gelbliche Färbung.

Die Pogrome dauern an. Noch immer werden Straßen abgeriegelt. Die Nazi-Sadisten sind noch nicht befriedigt.

Auch das Gemetzel im Pawiak-Hof geht weiter. Sobald die Nacht anbricht, fangen die Hinrichtungen an. Der frühere Kommandant des Gefängnisses ist auf Urlaub, und sein Stellvertreter, Bürckel, ist eine der schlimmsten Nazi-Bestien. Alle Gefangenen kennen diesen Sadisten gut. Von Zeit zu Zeit kommt er uns besuchen. Dann geht er mit langsamen Schritten von Zimmer zu Zimmer und lächelt die ganze Zeit. Er spricht nicht sehr viel, durchbohrt dafür aber jeden von uns mit seinen Blicken.

Eines Tages kam er in unser Zimmer, nachdem Frau W. nach einer Panikattacke gerade ohnmächtig geworden war. Er begann mit ihr zu reden, und als sie stumm blieb, wurde er laut. Die Frau gab immer noch keine Antwort. Dann beruhigte er sich wieder und setzte, an uns gewandt, zu einer philosophischen Rede über das Judenproblem und die politische Lage an. »Deutschland ist so klein«, sagte er und malte mit dem Finger die Umrisse seines Vaterlands an die Wand, »und Amerika ist so groß!« – dieses Mal malte sein Finger einen weiten Bogen in die Luft. »Aber die Deutschen werden auch Amerika erobern, wir werden vor euch dort sein, noch bevor ihr ausgetauscht worden seid.«

Keiner von uns gab ihm eine Antwort. Jedes Wort, das er sagte, begleitete er mit einem Schlag seiner Reitgerte auf seine hohen glänzenden Stiefel. Von Zeit zu Zeit durchschnitt er mit der Peitsche die Luft, und ich hatte das Gefühl, dass er liebend gerne jemanden geschlagen hätte. Aber er beherrschte sich und peitschte nur weiter durch die Luft, zweifelsohne, um uns seine Macht spüren zu lassen.

Vor seinem Besuch heute Morgen sahen wir ihn durch unsere Fenster im Garten des ehemaligen Kinderheims einer Katze hinterherjagen. Wie ein Irrer lief er durch die Büsche und suchte nach dem Kätzchen, das mit einem Mal wie vom Erdboden verschwunden war. Er zog seinen Revolver und schoss wild umher.

Die Dzielna-Straße ist nicht mehr leer. Ohne Unterlass marschieren große Gruppen Arbeiter vorbei, die von ihren Aufsehern zu den verschiedenen Arbeitslagern gebracht werden. Korczaks Kinderheim ist in ein Lagerhaus für diverse Handelsgüter und Möbel umgewandelt worden. Auch Schuhe und Kleidung werden dorthin gebracht – offensichtlich das Hab und Gut der Ermordeten.

Die Deutschen räumen systematisch die Wohnungen aus, aus denen sie die Juden herausgezerrt haben. Eine große Zahl von Leuten ist damit beschäftigt, die Beute zu sortieren. Gestern sahen wir mehrere Dutzend Frauen die Zimmer des Kinderheims schrubben. In der dritten Etage haben sie nach vorne raus in einem der mittleren Zimmer ein Büro für den Deutschen eingerichtet, der das Sortieren überwacht. Ich sah, wie Möbel dort aufgestellt wurden; auf den Schreibtisch wurde eine Vase mit Blumen gestellt.

Ich hatte fast einen hysterischen Anfall, als ich unter den Frauen, die die Böden und Fenster putzten, auf einmal Edzia erkannte und kurz darauf Zelig Zylberberg mit ihr sprechen sah. Sie bemerkten mich ebenfalls, und sobald ihr deutscher Aufseher das Zimmer verlassen hatte, begannen sie mit mir zu reden. Sie erzählten, dass sie seit zwei Wochen verheiratet sind und bei der Hochzeit viele ihrer Freunde dabei waren. Diese fand ausgerechnet zu der Zeit statt, als ihre Straße, die Nizka-Straße, von den Nazis abgeriegelt wurde. »Wir hatten große Schwierigkeiten, einen Rabbi aufzutreiben«, rief Edzia mir zu. Zelig arbeitet als Aufseher, das schützt die beiden vor der Deportation.

Ich konnte mich ein paar Stunden lang durch mein Fenster mit ihr unterhalten, mit Unterbrechungen. Sie berichtete mir, dass am allerersten Tag der Deportationen Edek Wolkowicz auf dem Umschlagplatz erschossen wurde, weil er sich weigerte, in einen Viehwaggon zu steigen. Ola Szmuszkiewicz wurde zusammen mit ihrer Mutter deportiert. Die Deutschen sonderten die arbeitstauglichen Männer und Frauen von den älteren Erwachsenen und Kindern ab, die in versiegelten Waggons mit unbekanntem Ziel weggebracht wurden. Ola wurde für arbeitstauglich befunden, aber sie wollte sich auf keinen Fall von ihrer Mutter trennen und lief zu dem versiegelten Waggon, um zu ihr zu kommen. Marysia Eisenstadt wurde erschossen, als sie versuchte, zu ihren Eltern in einen Viehwaggon zu gelangen. Die »Nachtigall des Ghettos« ist nun für immer verstummt.

Juden aus dem Warschauer Ghetto warten auf dem Umschlagplatz darauf, in einen Deportationszug zu steigen

Romek ist am Leben und gesund. Noch immer arbeitet er als Aufseher beim Bau der Ghettomauer mit. Er ist ein Nachbar von Zelig und Edzia in der Nizka-Straße. Zelig hat mir versprochen, mir bald einen Brief von ihm mitzubringen. Das ist nicht leicht, denn niemandem ist es gestattet, sich frei auf den Straßen zu bewegen, und die in einem bestimmten Viertel angestellten Arbeiter müssen auch in diesem Viertel wohnen. Um 7 Uhr 30 marschiert die ganze Gruppe von einem Sammelplatz aus los, und um 19 Uhr kommen sie an dieselbe Stelle zurück. Es ist sehr schwierig, sich mit jemandem zu treffen, der in einem anderen Viertel wohnt. Aber Zelig hat größere Freiheiten, weil er ein Aufseher ist. Trotzdem geht er so wenig wie möglich aus, wegen der ständigen Schießereien.

Ich habe noch weitere Bekannte unter den Arbeitern auf der anderen Straßenseite ausgemacht. Edzia Piaskowskas Bruder beaufsichtigt eine große Gruppe von Arbeitern im Kinderheim. Zelig ist Aufseher in dem Gebäude, das an unseres grenzt, Dzielna-Straße Nummer 24. Im Erdgeschoss der Dzielna-Straße 27–31 werden jetzt

Medikamente sortiert. Wir können sehen, wie die Angestellten Flaschen, Krüge, Schachteln und verschiedene Glasvasen ordnen – das alles stammt aus den geplünderten Apotheken des Ghettos. An einem der Erdgeschossfenster sah ich einen meiner ehemaligen Lehrer an der Schule für Gebrauchsgrafik. Er schaut oft zu mir hinauf und lächelt gequält. Was geht ihm durch den Kopf? Seine Schülerin ist hinter Gittern, und er selbst arbeitet unter der Nazi-Knute.

Einige unserer Internierten erhalten Pakete aus dem Ghetto, die ihre Familie oder Freunde an die Gefängnistore bringen. Die meisten Pakete gehen an Gita E. Ihre Mutter schickt sie ihr über einen Polizisten, den sie kennen. In jedem Paket steckt ein langer Brief von einem engen Freund, einem gewissen Herrn Z., der ein hohes Tier in der Gemeinde ist. Er informiert uns über alles, was im Ghetto vorgeht. So sind wir durch ihn und andere recht umfassend unterrichtet. Es vergeht kein Tag, ohne dass mehrere Briefe an unsere Gruppe kommen.

19. SEPTEMBER 1942

Meine Mutter liegt den ganzen Tag über auf ihrer Matratze. Sie ist so ausgehungert, dass sie sich nicht mehr rühren kann. Ann ist nur noch ein Schatten, und mein Vater ist schrecklich dünn, nur Haut und Knochen. Ich scheine mit dem Hunger besser klarzukommen als die anderen. Ich beiße einfach die Zähne zusammen, wenn das nagende Gefühl in meinem Bauch losgeht. Nachts fange ich an, auf den nächsten Morgen zu warten, wenn wir unsere hundertzwanzig Gramm Brot und das bittere Wasser bekommen, das sich Kaffee nennt. Dann warte ich aufs Mittagessen, bis man uns unsere erste Suppe bringt, einen Teller heißes Wasser mit ein paar Körnchen Kascha. Und danach warte ich dann wieder ungeduldig auf den Abend, wenn wir unseren zweiten Teller mit heißem Wasser und einer Kartoffel oder einer Roten Bete bekommen. Die Tage sind endlos und die Nächte noch schlimmer, voller Albträume. Die Erschießungen gehen weiter, Hunderte von Menschen sterben täglich. Das Ghetto ist blutgetränkt. Ununterbrochen marschieren Menschen die Dzielna-Straße entlang in Richtung Umschlagplatz in der Stawki-Straße. Keine Anstellung oder Beschäftigung bietet mehr völligen Schutz. In letzter Zeit werden sogar die Familien von denjenigen mit einer festen Arbeit deportiert, hauptsächlich die Frauen und Kinder.

Vor ein paar Wochen haben die Nazis angefangen, die Ehefrauen und Kinder der Männer, die bei Többens und Schultz arbeiten, zusammenzutreiben. Wer nicht arbeitet, wird erbarmungslos weggeschleppt. Eltern nehmen inzwischen ihre Kinder mit zur Arbeit oder verstecken sie in irgendeinem Loch.

Esswaren sind jetzt billiger im Ghetto. Neulich kostete ein Pfund Brot noch vierzig Zloty, jetzt sind es nur noch zwanzig Zloty. Es gibt eben weniger Mäuler zu stopfen.

20. SEPTEMBER 1942

Heute gab es weniger Erschießungen. Der Widerstand klingt ab. Immer noch strömen ausgehungerte, erschöpfte Menschen auf den Umschlagplatz zu.

Ingenieur Lichtenbaum und sein Freund First, ein hoher Gemeindevertreter, kamen heute mit einem Auto, um ihre internierten Freunde im Pawiak zu besuchen. Sie hatten hierfür eine Sondererlaubnis, und von ihnen erfuhren wir eine Reihe von Einzelheiten über die Vernichtungsaktion.

Sobald das Massenpogrom in Warschau abzuklingen begann, zettelten die Deutschen in den kleinen Städten um die Hauptstadt herum ein Gemetzel an. Gestern beendeten sie ihre »Aktion« in Otwock, von wo aus nicht einmal mehr jemand deportiert wurde. Einige Juden flohen in die Wälder der Umgebung, wo sie sich immer noch verstecken. Nachts kommen sie in die nahe gelegenen Dörfer, um etwas zu essen aufzutreiben.

Ingenieur Lichtenbaum fragte Frau W., ob einer der Gefängnisbeamten ihr gesagt hätte, was die Nazis mit dem Warschauer Ghetto vorhaben. Wie absurd, dass gerade er, ein hoher Gemeindevertreter, uns danach fragt, was aus den Überlebenden im Ghetto wird! Gibt es da noch irgendwelche Zweifel, nach dem, was sich vor unseren eigenen Augen abgespielt hat? Aber jeder fragt jeden in der Hoffnung auf ein hoffnungsvolles Wort.

Lichtenbaum und First zufolge wurden 200 000 Juden deportiert und mehr als 10 000 getötet. Somit sind noch fast 200 000 Menschen übrig.

Die Untergrundbewegung ist aktiver denn je. Todesstrafen wurden nicht nur an den Nazis, Ukrainern und Litauern, die während der blutigen Tage die Bevölkerung ermordet haben, vollzogen, sondern auch an den wenigen Juden, die sich bei dem Blutbad als Nazi-Werkzeuge haben benutzen lassen. Oberst Szernynski und mehrere Gemeindeobere stehen jetzt auf der schwarzen Liste. Sie wissen das und wagen sich nicht mehr ohne bewaffnete Leibwächter auf die Straße.

Die Deutschen ihrerseits liquidieren alle Kollaborateur, für die sie keine Verwendung mehr haben. Sie erschießen sie ohne viel Federlesens, und oft liegen ihre Leichen in den Straßen. Zuletzt wurde auf diese Weise die Karriere der Gestapoagenten Erlich und Markowicz sowie der Begründer der Ghetto-Straßenbahn, Kohn und Heller, beendet.

Die Blutbäder haben die Untergrundanführer zu stärkerem Widerstand animiert. Die illegalen Zeitungen vervielfachen sich, und einige davon erreichen uns sogar hier im Pawiak. Sie sind voll mit guten Nachrichten von den Fronten. Siegreich sind die Alliierten in Ägypten, und die Russen drängen den Feind in Moskau zurück. Die Blätter erklären, was es mit den Deportationen auf sich hat, und berichten vom Schicksal der deportierten Juden. Die Bevölkerung wird zum bewaffneten Widerstand aufgerufen und vor defätistischen Gemütslagen gewarnt sowie vor dem Gedanken, wir seien gegen die Nazis völlig machtlos. »Lasst uns sterben wie Männer und nicht wie Schafe«, endet ein Aufruf in einer Zeitung mit Namen *Zu den Waffen!*

In den letzten Augusttagen verbesserte sich die Lage ein wenig, und manche blickten schon optimistischer in die Zukunft. Aber das war nur die Ruhe vor dem Sturm. Am 3. und 4. September fingen die Deutschen an, die von der Gemeinde eingerichteten Werkstätten abzusperren. SS-Männer, begleitet von Litauern und Ukrainern, drangen in die Werkstätten ein und holten aus jeder mehrere Dutzend Menschen heraus, weil sie angeblich qualifizierte Arbeiter brauchten. Diese Arbeiter, insgesamt mehr als tausend, wurden zur Stawki-Straße abgeführt und ins Lager Treblinka deportiert.

Inzwischen ist allgemein bekannt, dass die meisten Deportierten nach Treblinka kommen, wo sie mithilfe von Maschinen getötet werden, mit denen die Deutschen für Kriegszwecke experimentieren. Aber niemand kennt irgendwelche Einzelheiten.

Am 5. September wurden die deutschen Fabriken Többens und Hallman abgesperrt, und eine beträchtliche Zahl von Arbeitern wurde deportiert.

Am Sonntag, dem 6. September, erhielt die jüdische Polizei den Befehl, sich für eine weitere Aktion bereitzuhalten. Dem war eine Ankündigung vorausgegangen, die die Gemeinde im Namen der Umsiedlungskommission bekannt machte und nach der alle verbliebenen Bewohner des Großen Ghettos (innerhalb der Grenzen der Smocza-, Gesia-, Zamenhof- und Szczesliwa-Straße sowie des Parisowski-Platzes) sich am 5. September zur Registrierung einfinden sollten. Der Text, gedruckt auf Deutsch und Polnisch, enthielt einen Hinweis, dass alle für zwei Tage zu essen mitbringen sollten und dass die Wohnungen nicht verschlossen werden dürften. »Wer sich nicht rechtzeitig meldet, wird erschossen«, schloss der Befehl.

Das Gebiet, das in dem Befehl bezeichnet war, wurde mit Stacheldraht und dicken Seilen markiert. Genau genommen bildete es einen vergrößerten Umschlagplatz. Die Registrierung begann um elf Uhr morgens und dauerte eine ganze Woche, bis zum Samstag, dem 12. September.

Zweck dieser Registrierung war es, diejenigen aufzuspüren, die sich versteckt hielten, sowie die Frauen, Kinder und Eltern der Juden, die noch in den Ghettofabriken angestellt sind. Eine große Zahl von Menschen verbarrikadierte sich in ihren Wohnungen. Sie wollten lieber zu Hause sterben als im Lager.

Ganze Einheiten von SS-Leuten und Litauern suchten die Wohnungen in der zur Registrierung verpflichteten Gegend auf und erschossen alle, die sie fanden. Mehrere Juden mauerten sich in Kellern ein, nachdem sie dort Nahrungsmittel und Wasser gelagert hatten. Lange Tunnel sind unter den Ghettostraßen entstanden. Inzwischen gibt es ein richtiges Untergrund-Ghetto. Viele Leute haben sich in ausgebombten Häusern versteckt in der Hoffnung, dass es den Deutschen nicht einfallen würde, die Ruinen zu durchsuchen. Die Erschießungen dauerten eine ganze Woche an. Während dieser Zeit wurden mehr als 50 000 Männer, Frauen und Kinder nach Treblinka gebracht.

Die jüdische Polizei belegt inzwischen einen ganzen Block auf der Ostrowska- und der Wolynska-Straße. Alle jüdischen Polizisten und ihre Familien wurden angewiesen, ihre früheren Wohnungen in den verschiedenen Vierteln des Ghettos zu verlassen und die leeren und geplünderten Wohnungen der Deportierten zu beziehen. Anscheinend wollen die Deutschen die jüdische Polizei an einer Stelle sammeln. Das Gerücht zirkuliert, dass die jüdische Polizei bald um ein Vielfaches verkleinert werden soll.

Seit einigen Tagen haben wir schon nichts mehr von Onkel Abie gehört, obwohl er jetzt ganz in unserer Nähe wohnt. Es sind nur ein paar Schritte vom Pawiak in die Wolynska-Straße, und Edzia arbeitet nicht mehr im ehemaligen Kinderheim. Was wohl mit ihnen passiert ist?

Kapitel 14

Das Ende der jüdischen Polizei

22. SEPTEMBER 1942

Gestern war Versöhnungstag, und an diesem heiligen Tag haben sich die Nazis, wie es ihrem Usus entspricht, entschieden, die Ostrowska- und die Wolynska-Straße abzuriegeln. Von den 2500 Polizisten griffen sie 380 für weitere Dienste heraus, und über 2000 wurden, zusammen mit ihren Familien, deportiert.

Wir fanden es bezeichnend, dass an diesem Tag Warschau von sowjetischen Fliegern bombardiert wurde, mit größerer Schlagkraft als jemals zuvor.

Im Zimmer, in dem die Männer wohnen, wurde eine provisorische Synagoge eingerichtet. Wir hatten Wachposten, die jede Viertelstunde abgelöst wurden. Sie sollten uns warnen, falls uns die Nazis einen Besuch abstatten wollten. Aber es kam niemand. Die Frauen beteten gemeinsam mit den Männern. Madame Sh., die Frau des Oberrabbiners von Warschau, stand nahe am behelfsmäßigen Altar und betete inbrünstig. Von Zeit zu Zeit rang sie die Hände, und ich sah, wie sich ihre Augen mit Tränen füllten. Dann fing sie auf einmal laut an zu schluchzen, und alle Anwesenden weinten mit ihr.

Auf einem kleinen Tisch mit einer weißen Decke standen zwei Kerzen auf einem umgedrehten Teller. Nur ein paar von den Männern trugen Tallits, aber auch die übrigen beteten aus tiefstem Herzen. Anfangs konnte man noch die Worte des Kantors verstehen, doch bald ging alles in einem einzigen Klagelied und in Schluchzen unter. Um acht Uhr gingen wir in unsere Zimmer, als der Wärter kam, um uns für die Nacht einzuschließen.

Mitten in unseren Gebeten hörte ich plötzlich Schüsse und anhaltende verzweifelte Schreie. Es war elf Uhr, und die Nazis hatten gerade damit begonnen, den von den Polizisten und ihren Familien bewohnten Block abzuriegeln. Ich dachte an Onkel Abie und seine Frau. Auf einmal bemerkte jemand Flammen, die aus der Kirche gegenüber von unseren Fenstern schlugen. Nach einer Weile kamen ein paar Wagen mit Feuerwehrmännern, und das Feuer wurde gelöscht.

Bis zum Einbruch der Nacht sahen wir an mehreren Stellen in der Stadt Feuer, und dann fingen plötzlich die Fabriksirenen an zu heulen, die einen bevorstehenden Luftangriff ankündigten. Bald waren Geschützfeuer und Bombenexplosionen zu hören. Detonationen von solcher Wucht hatten wir schon lange nicht mehr erlebt. Die tiefe Dunkelheit über der Stadt wurde von Raketen zerrissen. Hunderte Bomben explodierten in der Luft. Meine Mutter, Ann und ich kauerten uns aneinander und zitterten zusammen mit dem ganzen Gefängnisgebäude. Uns kam es so vor, als ob die Flieger auf das Gefängnis zielten, und wir hörten deutlich, dass Bomben in den benachbarten Straßen niedergingen: Nowolipie, Nowolipki, Nalewki, Gesia. Eine Bombe fiel in den Gefängnishof, nur ein kurzes Stück von unserem Gebäude entfernt. Ihre Explosion erschütterte die Mauern so stark, dass wir für einen Augenblick dachten, sie würden einstürzen.

Ich dachte, dass es furchtbar wäre, hier von einer Bombe von Hitlers Gegnern getötet zu werden, aber gleichzeitig konnte ich mir die Befriedigung darüber nicht verkneifen, dass die Nazis ausgerechnet an dem Tag bombardiert wurden, an dem sie eine Menschenjagd auf die Juden angezettelt hatten.

Die Bombardierung hielt die ganze Nacht über an. Immerzu kamen neue Flugzeuge mit neuen Bombenladungen. Erst um fünf Uhr früh wurde Entwarnung gegeben.

Der *Nowy Kurjer Warszawski* brachte heute nur ein paar Zeilen über diesen Luftangriff. Laut dieser Nazi-Zeitung wurden keine militärischen Ziele getroffen. Aber wir haben erfahren, dass in Wahrheit viele militärische Anlagen vollständig zerstört wurden. Im Ghetto wurden das Gerichtsgebäude in der Leszno-Straße und das Krankenhaus getroffen, und eine Reihe von Häusern um den Pawiak herum wurden zerstört, aber die meisten Bomben sind auf die Flugplätze um Warschau herum sowie auf den Hauptbahnhof gefallen.

29. SEPTEMBER 1942

Der Bereich des Ghettos wurde erheblich verkleinert. Seine Grenze verläuft jetzt entlang der Smocza-, der Gesia-, der Franciszkanska-, der Bonifraterska-, der Muranowska-, der Pokorna-, der Stawki-, der Dzika- und der Szczesliwa-Straße sowie dem Parysowski-Platz. Alle Gemeindeeinrichtungen und noch verbliebenen Werkstätten wurden angewiesen, in den neuen Bereich umzuziehen. Dieser Befehl der deutschen Behörden trägt das Datum vom 27. September. Die Mauern um das neue Viertel werden drei Meter hoch. Beim Umzug muss die jüdische Polizei für Ordnung sorgen. Die Fabriken, die nicht verpflanzt werden können, werden von speziellen Mauern umgeben, und die Arbeiter müssen in angrenzenden Gebäuden wohnen. Die Arbeit wird vom Werkschutz beaufsichtigt, der aus ehemaligen Angehörigen der jüdischen Polizei besteht.

Eine Reihe von Fabriken ist mit ihren jüdischen Arbeitern außerhalb des verkleinerten Ghettos in der Leszno-, der Karmelicka-, der Nowolipki-, der Smocza-, der Nowolipie- und der Zelazna-Straße geblieben. Dies sind die Fabriken von Többens, Schultz, Rörich, Hoffman, Schiling und Hallman. Többens hat auch noch Fabriken in der Ciepla-, der Twarda-, der Prosta- und der Ceglana-Straße. Bestimmte Firmen sind dazu übergegangen, ihre Arbeiter zu kennzeichnen, damit sie während der Abriegelungen leichter erkennbar und dadurch vor der Deportation geschützt sind. Die Arbeiter werden an verschiedenen Stellen ihres Körpers »gestempelt«, damit die Nazi-Jäger auch keinen Fehler machen.

Um gestempelt zu werden, müssen die Arbeiter eine Abgabe von drei Zloty zahlen, die ihnen vom Lohn abgezogen werden. Dazu müssen sie noch zwei Zloty pro Tag für das Essen bezahlen, das sie in den Fabriken bekommen. Jeder Arbeiter muss jetzt eine Nummer sowie das Abzeichen seiner Fabrik tragen. Es heißt, dass all diese Fabriken mittlerweile fast 30 000 jüdische Zwangsarbeiter beschäftigen.

Jeden Tag treten die Nazis mit neuen Forderungen an die Gemeinde heran. Sie verlangen alle möglichen Artikel, zum Beispiel Kaffee, Schokolade und andere nicht vorhandene Delikatessen.

1. OKTOBER 1942

Das Ghetto ist inzwischen nur noch ein riesiges Arbeitslager. Tagsüber sind die Straßen so gut wie leer gefegt. Verkehr gibt es nur um sechs Uhr morgens, wenn die Leute zu ihrer Arbeit gehen. Durch die Fenster können wir sehen, wie Männer und Frauen ihre Häuser verlassen und zu den verschiedenen Sammelstellen eilen, von wo aus sie in militärischer Formation zu den Fabriken marschieren. Sie sind in Viererreihen aufgestellt und werden von Angehörigen des Werkschutzes sowie von deutschen Patrouillen begleitet. Nach acht Uhr morgens sieht man kaum noch einen Mann auf den Straßen des Ghettos. Von elf bis eins gibt es eine Mittagspause. Ein großer Kessel wird in den Fabrikhof gebracht, und die Arbeiter stehen mit Schüsseln in der Hand Schlange, um sich ihre dünne Suppe abzuholen.

Nach sieben Uhr abends sind die Straßen ein weiteres Mal voll von Arbeitern, die nach Hause in ihre Wohnungen hasten. Danach wagt sich niemand mehr nach draußen, da überall deutsche Patrouillen lauern.

So verläuft inzwischen das Leben im Ghetto. Unser Volk lebt ganz im Schatten des Todes, doch jeder glaubt, dass es ihm trotz allem gelingen könnte, das alles zu überstehen und weiterzuleben. Ohne diese Hoffnung, die sich aus irgendeiner wundersamen Quelle speist, würden die noch im Ghetto verbliebenen Juden Massenselbstmord begehen.

Jede Nacht erfolgen Bombenangriffe durch sowjetische Flugzeuge. Die Explosionen erschüttern die Mauern des Pawiak. Wir sind inzwischen so an diese Bombardierungen gewöhnt, dass wir sie mit Spannung erwarten. Sie sind wie ein Gruß aus der freien Welt. Die

Flugzeuge kommen jede Nacht um dieselbe Zeit, gegen elf Uhr, und erst um zwei Uhr morgens gibt es Entwarnung.

Aber am schlimmsten ist das ununterbrochene Pfeifen und Schießen der SS, das die ganze Nacht anhält – denn die Menschenjagd im Ghetto hält immer noch an.

2. OKTOBER 1942

Heute sah ich durchs Fenster meine Freundin Edzia. Anscheinend arbeitet sie nun doch wieder im ehemaligen Kinderheim. In der Mittagspause, als der polnische Polizist und die deutschen Wachmänner, die vor dem Pawiak ihre Runden machen, in die Wiezienna-Straße einbogen, warf mir ihr Mann Zelig einen Brief von Romek zu. Mit zitternden Händen faltete ich den Brief auseinander. Es war seit vier Monaten die erste Nachricht, die ich von ihm bekam.

Er schrieb, er hätte nicht gewusst, dass ich noch in Warschau bin, sondern gedacht, ich wäre schon längst deportiert worden. Seine Mutter und seine Schwester sind am Leben und arbeiten in einer der Werkstätten. Er wohnt nicht mehr bei seiner Familie, sondern bei einem Cousin und einem jungen Mädchen. Zuerst war ich empört über dieses Arrangement, aber im weiteren Verlauf des Briefes erklärte er den Grund für diese eigenartige Gemeinschaft von zwei jungen Männern und einem Mädchen. Tausende im Ghetto leben in dieser Form. Ehemänner wurden von ihren Frauen und Kindern getrennt, Kinder von ihren Eltern, und alle schlafen, wo sie gerade einen Platz finden. Menschen, die sich bis dahin vollkommen fremd waren, wohnen jetzt zusammen wie nahe Verwandte. Ehemänner, deren Familien deportiert wurden, versuchen, ihrer Einsamkeit zu entfliehen, und bitten die erste Frau, der sie begegnen, bei ihnen zu wohnen. Eine Frau macht einem Mann das Leben irgendwie leichter, und zwei Menschen zusammen fühlen sich inmitten des Schreckens sicherer. So finden Einzelpersonen ganz durch Zufall zueinander und trösten sich gegenseitig. Romek schrieb außerdem noch, dass er sich an Sonntagen, wenn er nicht arbeitet, mit Tadek Szajer und anderen Freunden trifft. Kaum einer unserer gemeinsamen Bekannten ist noch im Ghetto. Dolek Amsterdam lebt irgendwo auf der arischen Seite. Er ist mit seinem Onkel geflohen, der einer der Anführer der sogenannten »Dreizehn« war. Rutka ist noch am Leben. »Ich werde versuchen, dir wieder zu schreiben, wann immer es möglich ist«, beendete Romek seinen Brief. »Du kannst auf demselben Wege antworten. Viele Grüße, dein Romek.«

4. OKTOBER 1942

Heute ist unerwartet Onkel Abie vor unserem Fenster aufgetaucht. Seit der Deportation der jüdischen Polizei hatten wir nichts mehr von ihm gehört und dachten schon, er wäre gar nicht mehr im Ghetto. Deshalb waren wir überglücklich, ihn zu sehen. Aber er trug nicht mehr seine Polizeiuniform und sah furchtbar aus. Er erzählte uns, dass es ihm während der Abriegelung gelungen war, mit seiner Frau Lucia in einen anderen Teil des Ghettos zu entkommen. Jetzt arbeitet er in einer Fabrik, die außerhalb der neuen Grenzen liegt. Er krempelte seinen Ärmel hoch und zeigte uns einen großen blauen Stempel auf seinem dünnen Arm. Er ist also einer der Glücklichen, der gestempelten Sklaven. »Ich versuche, zur Arbeit in dem Haus gegenüber vom Gefängnis versetzt zu werden, damit ich euch sehen kann«, sagte er. »Zelig hilft mir, und man sagte mir, dass meine Versetzung morgen genehmigt wird.«

5. OKTOBER 1942

Heute Morgen sind wir um sieben aufgestanden und haben die Straße beobachtet. Wir haben uns sehr gefreut, als wir Onkel Abie in einer Gruppe von Leuten erkannten, die sich zur Arbeit im ehemaligen Kinderheim eingefunden hatten. Wir sahen, wie der Aufseher die Arbeiter am Eingang abzählte. Zelig winkte uns zu und zeigte auf Onkel Abie, der sich offenbar nicht traute, sich umzudrehen und uns zu grüßen. Später sahen wir ihn durch die Fenster des Heims, und er strahlte vor Glück, als er zu uns hinüberschaute.

Unter den Arbeitern erkannte ich auch den früheren Vorsitzenden unseres Jugendklubs in der Sienna-Straße, Manfred Rubin. Zelig hat getan, was er konnte, um alle unsere noch lebenden Freunde in der Gruppe zu versammeln, die er beaufsichtigt. Als Manfred Rubin mich hinter den Gittern des Pawiaks sah, starrte er mich an, offensichtlich außerstande, seinen Augen zu trauen. Später gelang es ihm, mir zu berichten, dass seine Eltern und Mickie deportiert worden sind und dass er jetzt allein steht. Edzia hat mir heute erzählt, dass auch Stefa Musskat deportiert wurde.

Heute wurde eine große Gruppe Juden, die man auf der arischen Seite aufgegriffen hatte, in den Pawiak gebracht. Wir sahen sie, als wir für unsere wöchentliche Desinfektion in die Badeabteilung gebracht wurden. Auch dort waren wir von den anderen weiblichen Gefangenen getrennt, aber am Ein- und Ausgang und beim Anziehen konnten wir uns ungehindert mit ihnen unterhalten. Die Aufseherin, die wir schon vor längerer Zeit bestochen haben, tut so, als würde sie nichts mitbekommen.

Auf unserem Weg aus dem Badebereich trafen wir eine Frau P. und ihre kleine Tochter. Sie kamen aus der speziellen Desinfektionskammer für diejenigen mit Hautkrankheiten. Das kleine Mädchen, das etwa fünf Jahre alt war, lief unbeschwert und lächelnd über den Gefängnishof und zog mit seinem hübschen Gesicht, das an Shirley Temple erinnert, alle Aufmerksamkeit auf sich. Viele von uns äußerten sich zu dieser Ähnlichkeit. Ihre Mutter ist, wie sich herausstellte, eine Bekannte einer der internierten Frauen, Tusia W. Wir erfuhren, dass Mutter und Tochter sich unter falschem Namen auf der arischen Seite versteckt hatten, bis ein polnischer Nachbar sie denunzierte. Jetzt ist ihr Schicksal und das ihres kleinen Mädchens besiegelt. Das Kind hat sich seinen neuen Namen gut eingeprägt, und wenn es mit diesem gerufen wird, antwortet es sofort.

Wir haben noch eine andere Mutter mit Kind in einer ähnlichen Lage kennengelernt. Die Frauen haben bitterlich geweint, als sie uns ihre Geschichten erzählten, während die Kinder ganz ruhig zu ihren Füßen spielten.

Im Hof, auf dem wir unsere täglichen Spaziergänge machen, werden haufenweise Rüben und Rote Bete für die kommenden Monate vorbereitet. Unser Speiseplan hat sich etwas geändert, die Suppen sind jetzt aus Rüben. Immer wenn der ukrainische Wachmann für einen Augenblick nicht aufpasst, laufen wir schnell zu dem Gemüsehaufen rüber und schnappen uns eine von den großen Gelben Rüben. Roh schmecken sie gut und machen uns einen ganzen Tag lang satt. Oft gelingt es uns auch, ein paar Rote Beten zu stibitzen. Wenn der Ukrainer für eine Minute hinter dem Tor verschwindet, stürzt sich die ganze Meute der Gefangenen wie ein Rudel hungriger Wölfe auf das Gemüse. Manchmal fallen ein paar Möhren aus dem Topf, in dem sie gesäubert werden. Möhren sind eine Delikatesse, und nur an Sonntagen oder zu anderen Feiertagen finden wir ein Stück davon in unserer Suppe.

Bei unseren Spaziergängen um den kleinen Garten im Gefängnishof unterhalten wir uns über unsere ungewisse Zukunft. Als wir heute im Schatten eines der drei hohen Bäume im Pawiak standen, erzählte uns Felicia K., die Tochter der Frau des Oberrabbiners, Madame Sh., dass wir, falls wir zum Umschlagplatz geschickt werden sollten, besser Gift nehmen sollten. Sie versicherte uns, dass sie für diesen Zweck bald einige Pillen besorgen wird. Mich überlief es kalt, als ich diese Worte hörte, und eigenartigerweise war in diesem Augenblick mein Lebenswille stärker denn je.

Der Kommissar, der uns von Zeit zu Zeit aufsucht, sagte heute, dass wir am dreiundzwanzigsten dieses Monats ins Internierungslager für Amerikaner nach Deutschland gebracht würden. Die Frauen, so sagte er, kommen nach Liebenau am Bodensee und die Männer nach Laufen. Ich weiß nicht, wie viel Wahrheit in dieser Aussage steckt. Als unser Sprecher Herr S. den Kommissar fragte, wo die englischen und neutralen Staatsangehörigen interniert sind, antwortete er, sie seien in einem Lager in der Nähe von Sosnowiec. Das ist eine Lüge, denn wir wissen, dass es in der Gegend von Sosnowiec gar keine Lager gibt, und wir wissen außerdem, dass diese Menschen zusammen mit anderen Ghettobewohnern in ein Vernichtungslager deportiert wurden. Herr S. stellte diese Frage nur, um zu sehen, wie der Nazi reagieren würde.[112]

Jeden Tag werden Dutzende Karren mit Möbeln und anderen Gegenständen in die Lagerhäuser für geplünderte jüdische Besitztümer gebracht, die in den Häusern in der Dzielna-Straße gegenüber vom Gefängnis eingerichtet wurden. Einige der Internierten haben ihre Möbel auf diesen Karren wiedererkannt. Es ist auch entsetzlich, wenn man feststellen muss, dass die Fahrer dieser Karren oft gute Bekannte sind – ein Arzt, ein Ingenieur, ein ehemals reicher Kaufmann oder ein Rechtsanwalt. Die Nazis greifen sich für die körperlich schwersten Arbeiten gezielt Intellektuelle heraus.

Auf einem dieser Wagen entdeckte ich unseren großen Pianisten, Wladyslaw Spielman. Bei seinem Anblick lief es mir kalt den Rücken herunter. Er war dünn und erschöpft, und sein Anzug hing wie ein Sack an ihm. Seine Ärmel waren voller Flicken, sein Kragen war eingerissen. Über den Arm hatte er eine Tasche mit Brot geschlungen. Seine Augen waren ausgehöhlt, und er schien kaum noch zu atmen.

Die Wagen fahren in einer langen Schlange an unseren Fenstern vorüber. Zwei Männer begleiten den Fahrer und helfen ihm beim Abladen. Als Spielman an die Reihe kam, konnte ich sehen, wie er jedes Mal, wenn er ein schweres Möbelstück heben musste, nach Luft rang. Er und seine beiden Begleiter mühten sich lange mit einem Konzertflügel ab, der immer wieder in den Karren zurückfiel, wobei seine Saiten surrten. Auf einmal kam ein Deutscher, der zugesehen hatte, aus der Tür gerannt und schimpfte ihn aus. Spielman versuchte sich zu rechtfertigen und zeigte auf die schweren Beine des Klaviers, aber als einzige Antwort bekam er eine Ohrfeige.

An einem Punkt drehte sich der Pianist zu uns um; anscheinend hatte er unsere Blicke gespürt. Er lächelte bitter und senkte den Kopf. Er erkannte seine Bekannten, ehemalige begeisterte Zuhörer bei seinen Konzerten. Verstört und beschämt wandte er sich ab und ging wieder an die Arbeit. Eine halbe Stunde später war der Karren leergeräumt. Wladyslaw Spielman kletterte wieder auf seinen Sitz und wischte sich mit der Hand den Schweiß von der Stirn. Er zog an den Zügeln, und das Pferd trottete davon.

8. OKTOBER 1942

Über Zelig haben wir einen Brief von Rutka erhalten, in dem sie uns berichtet, wie sie wie durch ein Wunder vor der Deportation bewahrt wurde. »Wir standen in einer langen Schlange«, schreibt sie, »wir Arbeiter aus Aschmans Fabrik, in der mein Vater einer der Oberaufseher ist. Brandt (der Nazi, der in Warschau die Deportationen leitet) stand dicht dabei und zeigte an, wer für Treblinka bestimmt war. Irgendwann richtete er den Finger auf meine Mutter und befahl ihr, aus der Schlange zu treten. Ich lief zu ihr und sagte, ich würde mit ihr gehen. Brandt sah mich an und fing auf einmal an zu lächeln. Ich dachte schon, er würde mich auf der Stelle erschießen, doch zu meiner Überraschung wies er meine Mutter und mich an, in die Schlange derer zurückzukehren, die weiter in der Fabrik arbeiten sollten. Zuerst dachte ich, er würde scherzen, aber er meinte es ernst. Dieses Erlebnis hat mich so erschüttert, dass ich krank wurde und zwei Wochen im Bett lag. Vor ein paar Tagen bin ich wieder aufgestanden, aber noch immer tun mir alle Gelenke weh. Ich habe keinen von unseren Freunden mehr gesehen. Die meisten von ihnen sind entweder getötet oder deportiert worden. Wir arbeiten den ganzen Tag über schwer. Wenn wir heimkommen, schlafen wir wie die Toten, und um sechs Uhr morgens kommen wir kaum wieder hoch. Mehrere Männer haben mich gefragt, ob ich bei ihnen wohnen möchte. Das sollte euch nicht verwundern. Alle Mädels machen das so. Es sind nur noch sehr wenige Frauen im Ghetto übrig, und vor allem junge Mädchen erhalten täglich Angebote, mit Männern zusammenzuziehen, die Arbeit haben und Zimmer in der Nähe der Fabriken. Aber fürs Erste kann ich mich noch selbst ernähren. In ein paar Tagen versuche ich mal, Abie in die Dzielna-Straße zu begleiten, um euch wiederzusehen.«

10. OKTOBER 1942

Heute habe ich Geburtstag. Den ganzen Tag habe ich auf meiner Matratze verbracht. Alle kamen, um mir zu gratulieren, aber ich habe nicht darauf reagiert. An dem Abend ist es meiner Schwester gelungen, drei Rüben zu stibitzen, und wir hatten ein richtiges Festessen, um den Anlass zu feiern.

12. OKTOBER 1942

Alle Amerikanerinnen von der arischen Seite wurden in den Pawiak gebracht. Vielleicht heißt das ja, dass wir bald ausgetauscht werden. Sie kamen ins »Serbia«, gemeinsam mit einem Transport amerikanischer Frauen aus Lwiw. Wegen des Platzmangels wurden einige von ihnen in der Gefängniskirche untergebracht, und ein paar Mütter mit Kindern kamen in zwei kleine Zimmer im Erdgeschoss unseres Gebäudes.

Wir trafen sie im Bad. Die Kirche ist nicht weit von dort entfernt. Einige dieser Frauen sind Jüdinnen, und sie berichteten uns, dass eine unangenehme antisemitische Stimmung herrscht, sogar unter den Internierten. Die jüdischen Frauen bekommen ständig zu spüren, dass sie Außenseiterinnen sind. Nur die Nonnen in der Gruppe stellen sich schützend vor sie und verurteilen die antisemitischen Bemerkungen mancher Frauen. Die Nonnen kümmern sich um die Kinder, ohne dabei einen Unterschied zwischen Juden und Nichtjuden zu machen. Sie zeigen echte Nächstenliebe und christliche Barmherzigkeit. Alle begegnen ihnen mit Hochachtung.

17. OKTOBER 1942

Heute erhielten wir ein Päckchen von unserer nichtjüdischen Freundin Zofia K. Vor ein paar Tagen hat meine Mutter ihr geschrieben und um etwas zu essen gebeten, und sie hat sofort geantwortet. In diesem Meer von Elend, in dem wir leben, ist es ein Trost, einen warmherzigen Menschen zu finden. Zofia K. und ihr Mann haben uns während des gesamten Krieges sehr viel Güte entgegengebracht, und wir sind ihnen zu tiefem Dank verpflichtet. Herr K. hat sogar sein Leben aufs Spiel gesetzt, um uns von Lodz nach Warschau zu bringen. Eine Zeit lang hat er meine Schwester und mich in seinem Haus wohnen lassen und sich so der allergrößten Gefahr ausgesetzt. Frau K. schreibt, dass sie versuchen will, Onkel

Abie zu helfen, und dass sie uns so bald wie möglich noch mehr zu essen schickt.

Die sowjetischen Bombenangriffe häufen sich. Nachts kann man wegen der Explosionen unmöglich noch schlafen. Dazu kommt eine furchtbare Insektenplage. Nach den vielen Monaten, die wir hier schon leben, ist das Stroh in unseren Matratzen zu Staub zerrieben und hat sich in eine harte Masse verwandelt. Die Tapete an den Wänden hängt in Fetzen, und dahinter befinden sich ganze Nester von Wanzen. Unsere Körper sind mit roten Flecken übersät. Die Flöhe sind noch schlimmer. Kein Desinfektionsmittel scheint zu helfen.

Wir haben drei neue Internierte, die Frau des amerikanischen Staatsangehörigen Adam L., die sich bis jetzt irgendwo in der Nähe von Warschau aufgehalten hat, sowie zwei Frauen aus dem Ghetto, die Mutter von Guta E. und Lily, die Frau des Internierten Leon M., eine haitianische Staatsbürgerin. Sie haben den Schrecken der jüngsten »Aktionen« mitgemacht, und das hat sich unauslöschlich in ihre Seelen eingebrannt.

Frau Lily M. ist in unserem Zimmer eingezogen. Sie ist zweiundzwanzig Jahre alt und hat ihre Eltern und einen Bruder im Ghetto zurückgelassen. Vor ein paar Nächten sind wir während eines besonders heftigen Luftangriffs alle aus den Betten gesprungen; nur Lily blieb liegen, wo sie war. Jemand versuchte sie zum Aufstehen zu bewegen, aber sie drehte sich zur Wand und sagte: »Es ist mir egal. Kein Luftangriff kann mir noch Angst einjagen. Ich hoffe sogar, dass ich von einer der Bomben getroffen werde. Das Leben hat sowieso keinen Wert mehr für mich.«

Wir Übrigen bemühen uns, unseren Kampfgeist aufrechtzuerhalten, und versammeln uns jeden Abend in einem der Zimmer und diskutieren verschiedene Themen. Wir lassen uns außerdem die gestohlenen Rüben schmecken, während jeder von seinen Erlebnissen berichtet.

Für gewöhnlich sitzen wir in dem Zimmer, das Guta E., ihre Mutter und Marysia Sh., eine bolivianische Staatsangehörige, bewohnen. Ihr Mann ist inzwischen in Bolivien. Sie zeigt uns gerne Bilder aus diesem exotischen südamerikanischen Land. Marysia ist eine witzige Person, klein, mollig und blond. Sie beklagt sich nicht, weil sie Hunger hat; im Gegenteil, sie ist froh abzunehmen.

Die Familie W., die Mutter, ihre drei Töchter Noemi, Tusia und Dita (die mit ihrer dreijährigen Tochter Krysia hier ist) sind die lustigsten von allen. Die Jüngste ist Noemi, eine hübsche zarte Blondine. Alle hatten sie gleich gern. Ihre ältere Schwester Tusia hat sehr viel Humor. Noemi und Tusia haben 1940 drei Monate im Pawiak verbracht, weil sie keine Armbinden getragen hatten. Unsere Gefängnisaufseherin kennt sie gut, und sie haben keine Schwierigkeiten, sie zu bestechen. Die Aufseher sind immer noch unsere hauptsächlichen Nachrichtenkanäle zum Ghetto und zur arischen Seite. Nach dem Dienst kehren sie nach Hause auf die arische Seite zurück und müssen dafür durchs Ghetto. Sie nehmen unsere Briefe mit und bringen uns Briefe von unseren Freunden und Verwandten.

Noemi ist die geborene Schauspielerin und kann ausgesprochen gut vortragen. Sie hat ein Jahr in Zelwerowicz' Theaterakademie studiert und in mehreren Stücken am Femina Theater im Ghetto mitgespielt. Heute hat sie Tuwims geniales Gedicht »Pif-paf« rezitiert. Als sie damit fertig war, hatten wir alle Tränen in den Augen. Dieses Gedicht ist so aktuell, als wäre es heute geschrieben worden. Noemi war von ihrer Anstrengung so erschöpft, dass sie danach auf ihre Matratze gesunken ist. Marysia ist zu ihr gelaufen und hat ihr ein Stück Rübe gegeben.

Unter den neuen Gefangenen im Pawiak befindet sich ein gewisser Herr D., ein Schweizer Staatsbürger, den man auf der arischen Seite festgenommen hat. D. ist ein guter Freund von Guta E. Er berichtete uns, dass überall in Polen die Juden deportiert werden, und dass sie im Gebiet von Lublin besonders hartnäckigen Widerstand leisten. Lieber sterben sie, wo sie sind, als in die Vernichtungslager geschickt zu werden. Die jungen Leute fliehen in die Wälder und schließen sich der Guerilla an.

20. OKTOBER 1942

Der jüdische Polizeikommandant Lejkin und Herr First von der Bauabteilung der Gemeinde sind von Untergrundagenten getötet worden.

Viele Gefangene aus dem Pawiak werden ins Lager nach Oswiecim geschickt, aus dem niemand wiederkehrt. Alle wissen, dass es ein Vernichtungslager ist wie Treblinka, mit dem einzigen Unterschied, dass seine Opfer in der Mehrzahl Polen sind.[113]

Auch auf der arischen Seite nimmt die Anspannung zu. Tausende Polen werden zu Zwangsarbeit nach Preußen oder Mitteldeutschland geschickt. Arbeitsdienst ist inzwischen für alle Polen verpflichtend, und es wurde ein System von Arbeitskarten eingeführt. Unter allen möglichen Vorwänden werden Massenverhaftungen vorgenommen oder auch ohne jeglichen Vorwand. Meistens sind es die Intellektuellen, die verhaftet werden. Gestern sah ich in der Gefängniswäscherei die bekannte polnische Dramatikerin Mina Swierszczewska unter den Gefangenen.

Heute hatten wir Besuch von Kommissar Nikolaus, der uns zum x-ten Mal feierlich verkündete, dass am 23. Oktober, das heißt am kommenden Freitag, »um genau zehn Uhr vormittags« alle amerikanischen Staatsangehörigen weggebracht würden. Auch wenn wir ihm nicht glauben, sind wir doch alle schrecklich beunruhigt. Die Staatsangehörigen südamerikanischer Länder wissen nicht, was sie denken sollen. Einige von ihnen sind pessimistisch und sagen, dass sie vermutlich nach Treblinka geschickt werden. Daran mag ich nicht mal denken. Wir sind nun schon so viele Monate mit ihnen zusammen, vereint in einem gemeinsamen Schicksal, und jetzt müssen wir uns trennen.

22. OKTOBER 1942

Ist das wirklich unsere letzte Nacht im Pawiak? Ist es möglich, dass wir morgen fortgehen? Vor Einbruch der Dunkelheit haben wir ein Abschiedsessen im Zimmer der männlichen Internierten organisiert. Wir aßen Rüben, und unser Sprecher, Herr S., hielt den einundzwanzig amerikanischen Staatsangehörigen eine Rede. Auf den Tisch stellten wir zwei kleine amerikanische Fahnen, die ich seit Beginn des

Krieges noch als Andenken in meinem Koffer hatte. Es herrschte Hochstimmung. Noemi W. trug einen Seidenumhang, der aussah wie ein elegantes Abendkleid. Sie trug Texte vor und sang Lieder. Auch ich sang mehrere englische Lieder. Die Aufseher sahen uns zu, und ich hatte das Gefühl, sie beneideten uns.

23. OKTOBER 1942

Wir sind schrecklich niedergeschlagen und enttäuscht. Um zehn Uhr morgens standen alle amerikanischen Staatsbürger, Juden wie Nichtjuden, insgesamt ungefähr einhundertfünfzig Personen, abreisebereit im Gefängnishof. Plötzlich erschienen Bürckel und der Kommandant des Pawiak und befahlen in wütendem Tonfall allen internierten Männern, sich innerhalb von zehn Minuten vor dem Tor aufzustellen. Das löste eine furchtbare Panik aus, denn die südamerikanischen Staatsangehörigen hatten nicht damit gerechnet, weggeschickt zu werden. Sie rannten wie wild los, um ihre Koffer zu holen, und stolperten, ohne sie noch zuzumachen, auf das Tor zu, um nur ja nicht zu spät zu kommen. Ein wenig später traf Kommissar Nikolaus ein und sagte, im Zug wäre nicht genug Platz für die Frauen, sie würden dann morgen wegkommen. Daraufhin wurden die Männer in Lastwagen weggebracht. Die Frauen hatten kaum Zeit, sich von ihren Männern zu verabschieden. Ich schaffte es gerade noch, meinem Vater einen Kuss zu geben, aber wir wechselten kein Wort. Meine Mutter war vollkommen durcheinander. Wir kehrten in unser Zimmer zurück, und ich fiel in Hut und Mantel auf meine Matratze.

Eine Stunde später waren alle südamerikanischen Staatsangehörigen wieder da. Wie es sich herausstellte, galt der Befehl nur für Bürger der Vereinigten Staaten. Aber Bürckel hatte mit Absicht alles durcheinandergebracht, um Panik und Enttäuschung zu verbreiten.

Wir sind froh, dass Vater fort ist. Er hat keine amerikanischen Papiere; eigentlich ist er polnischer Staatsbürger und war hier in ständiger Gefahr, nach Treblinka deportiert zu werden. Im Lager wird er zumindest unter der Aufsicht der Schweizer Austauschkommission sein. Herr Sh. und Herr G. befinden sich in einer ähnlichen Lage wie mein Vater – sie sind mit amerikanischen Frauen verheiratet. Inzwischen muss mein Vater im Zug sitzen. Werden wir ihn jemals wiedersehen?

30. OKTOBER 1942

Auf Anweisung von Kommissar Nikolaus hat der Gefängnisarzt uns alle untersucht. Diejenigen unter uns, die krank sind, sollten freigelassen und auf die arische Seite geschickt werden. Dieser Arzt ist ein Pole deutscher Herkunft, und er wendet deutsche Methoden an. In seinen Augen sind alle gesund. Dennoch hat er Frau Sh. entlassen, die eine komplizierte Augenkrankheit hat, ihre Tochter, Frau K., und ihre drei Enkel, eine schwangere Frau im siebten Monat, Frau Dita W., deren Tochter Krysia an einer Hautkrankheit leidet, sowie Frau S., die Frau unseres Sprechers, die eine Gelenkentzündung hat. Alle freigelassenen Frauen erhielten die Erlaubnis, auf der arischen Seite zu wohnen.

Ein Paar im Warschauer Ghetto, das zum Tragen eines gelben Sterns aus Stoff gezwungen war, um als Juden identifizierbar zu sein

Kapitel 15

Die blutigen Zeiten sind zurück

15. NOVEMBER 1942

Wieder erlebt das Ghetto blutige Zeiten. Vom Neunten bis zum Zwölften fand erneut eine Menschenjagd statt. Dieses Mal verlangten die Deutschen eine große Zahl Arbeiter aus den Schneidereien und Schustereien. Wir hatten gehofft, die Nazis würden die verbliebenen Ghettobewohner in Ruhe lassen – da es inzwischen offiziell nur noch 40 000 sind. Während der ersten Tage des neuerlichen Gemetzels sah ich durchs Fenster mehrere ältere jüdische Polizisten in Rikschas vorbeifahren. Unter ihnen erkannte ich Hauptmann Hertz. Als er mich sah, lächelte er zunächst ein wenig, dann grüßte er militärisch und fuhr mit gesenktem Kopf weiter.

Die Anführer dieser neuen Deportationsaktion sind Brandt und sein Adjutant Orf, der früher die Registrierung der ausländischen Staatsangehörigen im Ghetto unter sich hatte. Für kurze Zeit hat Orf auch uns im Pawiak überwacht. Dieser große, gut aussehende blonde Mann war immer höflich, hatte immer ein Lächeln auf den Lippen, und die allgemeine Meinung war, dass er eine Ausnahme unter den Deutschen darstellte, unfähig, einem anderen Menschen etwas anzutun.

Jetzt stellt sich heraus, dass Herr Orf, der derzeit auf Urlaub in Deutschland ist, der oberste Mörder war und die schlimmsten Gräueltaten zu verantworten hat. Einmal, so erzählt man sich, wurde er dabei beobachtet, wie er sich lächelnd mit einem Juden unterhielt, während er gleichzeitig seinen Revolver zog und einem anderen Juden, der in der Nähe stand, eine Kugel in den Kopf jagte. Dann drehte er sich um und schoss auf den Juden, mit dem er so höflich geredet hatte. Einmal sahen wir ihn unter unseren Fenstern auf sehr galante Weise mit einer Gruppe Frauen sprechen. Das war, als die Deportationsaktion auf Hochtouren lief. Unsere Aufseherin erzählte uns, dass ihm sein Urlaub als Belohnung für seine besonderen Verdienste während der Deportationsaktion gewährt worden sei und dass er zwei Wochen in Deutschland verbringen wird, wo seine Frau gerade ein Kind zur Welt gebracht hat. Somit wird dieser Mörder sein neugeborenes Baby mit blutigen Händen streicheln.

Heute haben jüdische Polizisten mehrere Kühe in den Pawiak gebracht.[114] Wie es scheint, wurden sie aus jüdischen Molkereien beschlagnahmt. Es sind vermutlich die letzten Kühe im Ghetto. Da werden die Sturmtruppführer und Nazi-Funktionäre im Pawiak ja jetzt bessere Mahlzeiten bekommen.

Kommissar Nikolaus macht ständig neue Versprechungen hinsichtlich unserer Abreise. Der Termin ist jetzt auf den 16. Dezember festgesetzt, aber niemand nimmt das ernst.

Es wird immer kälter, ein eisiger Wind weht, und es schneit. Aus der Gefängnisküche bekommen wir jeden Tag ein paar Kohlen für unseren Ofen. Aber die Menge reicht nur für ein oder zwei Stunden.

Jetzt treffen oft Pakete für neutrale Staatsangehörige ein, die schon seit Langem fort sind. Die Absender dieser Pakete wissen nicht, dass die Leute deportiert wurden und womöglich gar nicht mehr am Leben sind. Herrn S. gelingt es, sich diese Pakete zu beschaffen – die deutsche Gründlichkeit ist nämlich eine stark übertriebene Legende. Er verteilt den Inhalt an diejenigen, die ihn am dringendsten brauchen. Die Deutschen kennen sich nicht besonders gut mit unseren Namen aus. Sehr oft enthalten die Pakete Kartoffeln und Möhren oder anderes Gemüse, das wir auf unserem Ofen kochen können.

Unsere Freundin Zofia K. schickt uns jede Woche ein Paket mit Brot, Kartoffeln und Zwiebeln. Es kommen auch Pakete für die Frauen, die wegen ihrer schlechten Gesundheit entlassen worden sind und jetzt in einem Hotel auf der arischen Seite wohnen. Sie haben Kontakt mit einigen Juden aufgenommen, die sich dort verstecken und deren Familien im Pawiak interniert sind. Sie haben Frau P. und ihre kleine Tochter gerettet. Dita W. hat das bewerkstelligt, indem sie ein paar Gestapofunktionäre mit einer beträchtlichen Summe Geldes bestochen hat. Jetzt ist die arme Frau P. außer Gefahr.

Kürzlich konnte sie auch die Freilassung ihrer Mutter und ihrer Schwestern Tusia und Noemi erreichen sowie die von Frau S. mit ihrem sechzehnjährigen Sohn Martin, der sechzigjährigen Frau R. und von Herrn K., seiner Frau und ihrem dreijährigen Sohn Richard.

Ein paraguayischer Pass ist für Herrn D. angekommen, der sich zurzeit in unserem Gebäude aufhält. Heute hat er uns grauenvolle Geschichten darüber erzählt, was sich in den Zellen des Pawiak abspielt.

Bürckel führt die Hinrichtungen persönlich durch. Diesem Sadisten macht seine Arbeit Spaß. In den größeren Zellen, in die über ein Dutzend Gefangene gesperrt sind, hängt er einen von ihnen vor die anderen, nachdem er ihn lange gefoltert hat. Dann befiehlt er einem der Zellengenossen, den Leichnam in den Kühlraum des Pawiak zu bringen, der zum Bersten voll ist. Später hängt er dann den Mann auf, der die Leiche hinausgetragen hat, und räumt so nach und nach eine ganze Zelle leer. Herr D. hat uns auch von den entsetzlichen Schmerzen berichtet, die er den Gefangenen zufügt. Er wendet bizarre Foltertechniken an, verbrennt verschiedene Teile ihres Körpers, durchsticht sie mit Nadeln usw.

1. DEZEMBER 1942

Heute ist Rutka mit Onkel Abie und seiner Frau an unser Fenster im Pawiak gekommen. Rutka sieht überhaupt nicht schlecht aus, und wie gewöhnlich war ihr Gesicht voller Lachfalten. Während der Mittagspause kamen sie aus der Tür des Hauses gegenüber vom Gefängnis, wo sie arbeiten, und baten den deutschen Wachposten um die Erlaubnis, mit ihrer internierten Familie sprechen zu dürfen. Dieser Deutsche war ein älterer Mann. Er hat ihnen ihre Bitte erfüllt und sogar aufgepasst, um sie warnen zu können, falls sich eine andere deutsche Patrouille genähert hätte.

Wir waren sehr froh, sie von so Nahem zu sehen und mit ihnen zu sprechen. Rutka erzählte uns, dass ihr Vater immer noch als einer der Oberaufseher in Aschmans Fabrik arbeitet. Leider konnte sie nicht lange bleiben, da sie zurück an ihre Arbeit musste, wie auch Onkel Abie und seine Frau. Später sah ich sie nach der Arbeit in geschlossener Reihe marschieren. Rutka lächelte uns zu und verschwand dann hinter der Ecke der zugeschneiten Straße.

Der Deutsche, der die Sortierarbeit im Haus gegenüber vom Gefängnis leitet, quält seine Untergebenen. Manchmal sehe ich, wie er jemandem befiehlt, aus der Reihe zu treten und sich zwanzigmal auf den Boden zu werfen. Das Opfer muss mit dem Gesicht im Schnee oder im Matsch landen. Damit die Panik nicht abklingt, hält der Deutsche seinen Revolver auf ihn gerichtet. Menschen, die müde von der Arbeit sind und es eilig haben, nach Hause zu kommen, werden von diesem Nazi auf der kalten Straße festgehalten, wo er ihnen befiehlt, vor- und zurückzumarschieren, und sie hin und wieder anhält, um sie durchzuzählen.

Die Arbeiter in den Häusern, die dem Gefängnis gegenüberliegen oder an es angrenzen, kennen alle Internierten. Wenn ihre Aufseher mal eine Weile weg sind, wechseln sie ein paar Worte mit uns. Sie bitten uns, wenn wir in Amerika sind, der Welt mitzuteilen, was hier geschieht. Wir sehen ohnmächtig zu, unfähig, etwas für sie zu tun.

Herr S., unser Sprecher, der inzwischen auf der arischen Seite lebt, ist sehr rührig. Er lässt nichts unversucht, um wenigstens noch ein paar weitere Juden aus dem Ghetto zu befreien. Jetzt bemüht sich dieser einfallsreiche Mann, mehrere internierte junge Männer mit Frauen aus dem Ghetto zu verheiraten, um diesen Frauen eine Internierung aufgrund ihrer Heiratsurkunden zu ermöglichen. Eine Reihe internierter junger Frauen bittet er, es ebenso zu machen, damit sie ein paar Männer mit nach draußen nehmen können.

Der Termin für unsere Abreise ist immer noch der 16. Dezember, und ich glaube immer noch nicht daran. In unseren Zimmern ist es inzwischen sehr traurig. Viele unserer Freunde wurden entlassen. Die Abende sind sehr still, und wir lesen. Vor ein paar Tagen kam ein Paket Bücher für die internierten Juden aus dem Ghetto. Sie wurden von Herrn S., einem der tatkräftigsten Leiter der Gemeinde, geschickt.

Wir stürzten uns alle mit derselben Ungeduld auf die Bücher, mit der wir uns auf Essbares stürzen. Meine Freude war groß, als ich unter ihnen *Katrin! Die Welt brennt!* von Adrienne Thomas sah, den zweiten Band von *Katrin wird Soldat.*[115] Obwohl ich das Buch schon mehrfach gelesen habe, las ich es noch einmal mit dem gleichen Interesse. Ich habe viel von Katrins Geschichte, meiner Lieblingsheldin, gelernt, die bis heute mein Vorbild geblieben ist.

Dieses Buch hat mich ein Stück weit in meine Vergangenheit zurückversetzt. Es war im Jahr 1938, während der Münchner Konferenz, als es schien, als würde bald ein Krieg ausbrechen. Die Straßen in meiner Heimatstadt Lodz waren in Aufruhr, es gab mehrere Demonstrationen, und meine Eltern flüsterten auf geheimnisvolle Weise miteinander, damit ich nicht hörte, was sie sagten.

An einem dieser Herbstabende, als der Himmel wolkenverhangen war und unablässig Regen gegen mein Fenster trommelte, saß ich, behaglich in einen Sessel gekuschelt, in meinem warmen, hell erleuchteten Zimmer und verschlang Seite um Seite dieses Romans. Damals machte ich die Bekanntschaft mit seiner Heldin Katrin. Ich vergaß alles um mich herum, ich lebte mit Katrin, ich liebte und sah die Welt mit ihren Augen. Als ich spät in der Nacht die letzte Seite des Buches umblätterte, kam es mir vor, als wäre mein Name Katrin. Später träumte ich viel davon, wie die Welt wohl aussehen würde, wenn ich so alt war wie Katrin. Ich stellte mir vor, dass auch ich, wenn ein Krieg ausbräche, meinen Lucien Quirin haben würde, dass es Erschießungen, Bombenangriffe und Seuchen geben würde und endlose Züge mit verwundeten Soldaten. Vielleicht wäre auch ich dann am Bahnhof von Metz und würde mithelfen, den verwundeten Helden zu essen zu geben. Auch mein Lucien würde fallen, und ich danach auch. Aber nein… ich wollte nicht sterben. Am folgenden Morgen wachte ich niedergeschlagen auf. In der Schule setzten alle meine Freundinnen das Buch von Adrienne Thomas auf ihre Wunschlisten. Ich hatte nur einen Wunsch: eines Tages selbst einen solchen Roman zu schreiben.

1939, kurz vor dem Krieg, las ich das Buch noch einmal. Als wir im Ghetto eingesperrt wurden, habe ich überall danach gesucht, konnte es aber nicht finden. Jetzt war es wie ein Wunder: Es war hier im Pawiak! Und als ich es in der Hand hielt, war meine Matratze auf einmal nicht mehr schmutzig, ich spürte die Flöhe nicht mehr und auch nicht den Hunger. Ich las vom Leben Katrins, die eine wahre Heldin war und unter schwierigen Bedingungen großen Mut bewies.

10. DEZEMBER 1942

Wir verbringen viel Zeit mit dem Sprachenstudium. Marysia S. und Guta E. lernen Spanisch. Die Familie W., Adam, Rose, Esther und ich lernen Englisch.

Inmitten dieses ganzen Albtraums haben wir auch Spaß. Tadeusz R., ein bekannter Grafiker, hat ein paar humorvolle Plakate entworfen, die im Zimmer der männlichen Internierten hängen. Adam W. und ich haben eine Reihe satirischer Lieder geschrieben, die unterschiedliche Aspekte unseres Zusammenlebens schildern, über die Frauen, die in der Küche streiten, unsere Eindrücke von den Luftangriffen sowie unsere patriotischen Gefühle für die diversen amerikanischen Länder. Sogar eine Hymne wurde zu Ehren unserer »Nation der Internierten« komponiert, bestehend aus Staatsangehörigen verschiedener entlegener Länder, die diese noch nie gesehen haben. Diese Hymne, verfasst von Adam W., geht so:

Im Pawiak da gibt es eine ganz neue Nation
aus allen Ländern und allen Städten.
Sie leben zusammen in großer Eintracht,
unter großer Kälte und großem Hunger.
Die meisten von ihnen sind aus dem Land,
das nah am Paraguay liegt.
Dort ist das Leben besonders lustig
für das Federvieh und die Mücken im Sand.

Die aristokratischste Schar
kommt aus Costa Rica.
Dabei ist auch der Blackbeard,
er ist der Anführer unseres Trupps.
Da ist die Zukünftige
eines Bürgers von Bolivien.
Sie hat ja keine Ahnung,
was ihr in ihrer Ehe noch bevorsteht.
Und unser einziger Mexikaner
kann sich vor Anträgen kaum retten.
Alle Mädels sind völlig verrückt danach,
sich dieses seltene Exemplar zu angeln.
Zwei Brünette aus Nicaragua –
die eine still, die andere schrill,
die eine gefräßig, die andere mäßig.
Doch beide im Kampfe pro domo sua.
Drei Carmen und ein Toreador.
Eine alte Frau mit Enkelin
und vielen Taschen, schweren Bündeln
träumt von ihrer »Heimat« Ecuador.
Wessen Flagge Sterne und Streifen hat,
ist der Stolzeste von allen;
wenn auch eingesperrt hinter diesen Mauern,
sind sie doch die Herrn und Meister.

(In der zweiten Strophe spielt der Autor auf die Bürger Paraguays an, die hier in der Mehrzahl sind. Blackbeard ist das Pseudonym unseres Sprechers. Die vierte Strophe bezieht sich auf Marysia S., die wir erbarmungslos mit der mutmaßlichen Untreue ihres bolivianischen Ehemannes aufziehen. Die Bürger der Vereinigten Staaten werden als »Herrn und Meister« angesehen, weil sie die einzigen echten ausländischen Staatsbürger sind im Gegensatz zu den Übrigen, deren Staatsbürgerschaften beziehungsweise Papiere neueren Ursprungs sind.)

17. DEZEMBER 1942

Unsere Abreise wurde schon wieder verschoben, diesmal bis ins nächste Jahr. Unsere Zimmer sind schrecklich voll, weil alle Internierten, die wegen schlechter Gesundheit freigelassen wurden, schon vor dem ursprünglich festgesetzten Termin für unsere Abreise mit ihren Bündeln zurückgekehrt sind. Der Gefängniskommandant war gezwungen, uns noch zwei zusätzliche Zimmer zu geben, denn in der Zwischenzeit waren neue Internierte aus der Provinz hergebracht worden, darunter mehrere Angehörige der Familie W. sowie Rabbi R. aus Pinczow mit seiner Familie. Sie alle besitzen südamerikanische Ausweispapiere. Diese Menschen wurden im letzten Augenblick aus einem Transport nach Treblinka herausgeholt. Als der Pawiak-Kommandant sie über den Hof führte, sahen sie furchtbar aus, ihre Kleider hingen in Fetzen und waren schmutzig, und der Schatten des Todes lag auf ihren Gesichtern. Der Rabbi ging voraus, gefolgt von seiner Frau, seinen beiden unverheirateten Töchtern, einer weiteren Tochter mit ihrem Ehemann sowie seinem Sohn, dessen Frau ihr sechs Monate altes Kind in den Armen hielt.

Es war eine grauenvolle Prozession, und mir kam es vor, als gingen sie in einem Trauerzug. Die weiblichen Neuzugänge kamen in unser Zimmer. Als sie hereinkamen, brach ich in Tränen aus und dachte an meine Onkel Percy und Abie. Warum konnten wir sie nicht retten? Ich warf mich auf meine Matratze und weinte lange.

Dita W., eine der Neuankömmlinge von gestern, berichtete uns letzte Nacht, was sie über das Lager in Treblinka gehört hatte. Während ihrer häufigen Besuche im Gestapo-Hauptquartier in der Szucha-Allee machte sie die Bekanntschaft eines Deutschen, der in diesem Vernichtungslager eine Funktion innehatte. Er war sich nicht bewusst, dass sie Jüdin war, und erzählte ihr mit großer Genugtuung, wie die deportierten Juden dort ermordet werden. Dabei versicherte er ihr, die Deutschen würden am Ende allen Juden »den Garaus machen«.

Auf dem Umschlagplatz werden die Viehwaggons mit jeweils hundertfünfzig Menschen beladen, nachdem der Boden vorher mit einer dicken Schicht Kalk bedeckt wurde. Die Waggons haben keine Fenster oder anderen Öffnungen. Die Menschen liegen aufeinander, ohne ausreichend Luft zum Atmen und ohne Essen oder Wasser. Oft werden die Waggons zwei oder drei Tage auf dem Bahnhof in Stawki stehen gelassen. Die eingesperrten Menschen müssen ihre Notdurft in den geschlossenen Wagen verrichten mit dem Ergebnis, dass sich der Kalk auflöst und die Wagen mit giftigen Dämpfen füllt. In Treblinka werden die Überlebenden ausgeladen und ihren Berufen entsprechend aufgeteilt. Schuster, Schneider usw. werden in separate Gruppen eingeteilt, um die Betroffenen in dem Glauben zu wiegen, sie würden in Werkstätten eingesetzt. Der wahre Zweck ist, sie gefügiger in den Tod gehen zu lassen. Die Frauen werden von den Männern getrennt.

Das eigentliche Todeshaus von Treblinka liegt in einem dichten Wald. Die Menschen werden in Lastwagen zu Gebäuden gebracht, in denen sie sich bis auf die Haut ausziehen müssen. Jedem wird ein Stück Seife gegeben und gesagt, er müsse erst baden, bevor er ins Arbeitslager gehen kann. Die nackten Menschen, Männer, Frauen und Kinder getrennt, werden in ein Badehaus mit einem rutschigen Fliesenboden geführt. Sobald sie dort hineinkommen, fallen sie hin. Jeder kleine Bereich ist so vollgestopft mit Menschen, dass sie auch hier aufeinanderliegen. Nachdem das Badehaus ganz voll ist, wird stark konzentrierter heißer Dampf durch die Fenster hereingelassen. Nach ein paar Minuten ersticken die Menschen unter grausamen Schmerzen.[116]

Nach der Exekution werden die Leichen von Juden hinausgetragen – die Nazis wählen zu diesem Zweck gezielt die Jüngsten und Kräftigsten aus. Andere Juden werden gezwungen, die Schuhe und Kleider der Opfer zu sortieren. Nach jedem Transport werden die mit dem Begraben der Toten oder Sortieren ihrer Habseligkeiten beauftragten Juden von anderen abgelöst. Sie sind nicht imstande, diese Arbeit länger als eine Woche auszuhalten. Die meisten von ihnen verlieren den Verstand und werden erschossen. Sogar das ukrainische und deutsche Personal wird mehrmals abgelöst, weil die älteren deutschen Soldaten anfangen, sich zu beschweren. Nur die obersten deutschen Funktionsträger bleiben die gleichen.

Ein Entkommen aus Treblinka ist ausgeschlossen, und doch ist es zwei jungen Juden gelungen, das Unmögliche möglich zu machen.[117] Nachdem sie lange durch die Wälder geirrt waren, kamen sie nach Warschau und berichteten weitere Einzelheiten. Ihnen zufolge setzen die Deutschen in eigenen Exekutionskammern sowohl verschiedene Gase als auch Strom ein. Wegen der ungeheuren Anzahl der Ermordeten haben die Deutschen eine spezielle Maschine entwickelt, um Gräber auszuheben.

Menschen, die in Zügen an Treblinka vorübergefahren sind, sagen, dass der Gestank dort so giftig ist, dass sie sich die Nase zuhalten müssen.

Nach Ditas Bericht konnte niemand von uns schlafen.

Erschüttert haben wir auch Ditas Geschichten über die Leiden der Juden angehört, die sich auf der arischen Seite verstecken. Das Meer von Blut, in dem die jüdische Bevölkerung Polens gerade ertränkt wird, hat immer noch nicht das vorhandene antisemitische Gift hinweggespült. Bestimmte Polen, vor allem Arbeiter und radikale Intellektuelle, riskieren oftmals ihr Leben, um ihre jüdischen Freunde zu retten, aber es gibt auch viele Fälle von beschämendem Verhalten gegenüber Juden in Warschau. Zunächst einmal haben sich, wie Dita W. uns berichtete, viele polnische Hausbesitzer geweigert, ihr ein Zimmer zu vermieten. Einige Polen wiesen sie höflich darauf hin, dass es ihnen verboten ist, Zimmer an Juden zu vermieten, während andere sie beschimpften und ihr die Tür vor der Nase zuschlugen. Am Ende fand sie Zuflucht bei polnischen Freunden, die sie vor dem Krieg gekannt hatte. Sie blieb einige Zeit bei ihnen, und sie waren überaus hilfsbereit, doch dann musste sie in aller Eile ausziehen, weil ein anderer Pole, ein Nachbar, die Gestapo informierte, dass sie an Juden vermieteten. Dita W. hatte zwar als amerikanische Staatsbürgerin[118] ein Anrecht darauf, auf der arischen Seite zu bleiben, doch um ihren Freunden Unannehmlichkeiten zu ersparen, zog sie in ein Hotel.

Ähnliche Geschichten sind auch von anderen Internierten zu hören, die von einem Aufenthalt auf der arischen Seite zurückgekehrt sind. Eine ganze Reihe von Juden versteckt sich dort, muss aber in ständiger Angst leben. Viele werden von den Polen, bei denen sie wohnen, erpresst. Wenn ihr Geld und ihr Schmuck weg sind, liefern ihre Gastgeber sie der Gestapo aus.[119] All das passiert, obwohl doch die polnische Bevölkerung, genau wie die Juden, gnadenlos von den Besatzern verfolgt wird. Riesige Transporte mit Polen gehen ständig nach Ostpreußen und Mitteldeutschland.[120] Auch auf der arischen Seite haben die Leute wegen der tagtäglichen Menschenjagden Angst, auf die Straße zu gehen.

Eine dicke Schneeschicht bedeckt die Straßenpflaster, aber ich kann nicht vergessen, dass unter dieser sauberen weißen Decke die Steine mit Menschenblut befleckt sind. Tag für Tag sehe ich die Arbeiter aus den Häusern gegenüber unter meinem Fenster vorübergehen. Rutka lächelt, und Onkel Abie winkt uns zu. Manchmal, wenn der alte deutsche Wachmann Dienst hat, wirft Onkel Abie mir einen Brief zu. Gestern war es ein Stück Schnur, an das ein Päckchen gebunden war. In dem Päckchen fanden sich ein Laib Brot, ein Glas Honig und eine Reihe von Briefen für die Internierten. Heute hat Onkel Abie seinen Auftritt von gestern wiederholt. Aber ich wüsste gern, was mit Romek ist – ich habe schon lange nichts mehr von ihm gehört.

Alle nichtjüdischen Frauen unter den ausländischen Staatsangehörigen wurden aus dem »Serbia« in die Zimmer in unserem Gebäude verlegt, die ehemals von den männlichen Internierten belegt waren. Mütter mit Kindern wurden freigelassen.

Wir haben eine neue Aufseherin, eine junge Frau Anfang zwanzig, eine ausgekochte Antisemitin. Sie benachteiligt die jüdischen Internierten unverhohlen. Wenn sie uns zum Baden bringt, ruft sie laut: »Nichtjuden zuerst!« Wenn eine von uns darum bittet, ins Gefängnisbüro gebracht zu werden, gibt sie immer zur Antwort: »Ich habe keine Zeit, ständig belästigen mich die Juden.«

Eine neue Gruppe amerikanischer Staatsbürger ist aus Radom eingetroffen. Sie wurden in das erste Zimmer unserer Wohnung gesteckt, das vorher von Frau Sh. mit ihrer Tochter und den Enkelsöhnen belegt war.

26. DEZEMBER 1942

Es sieht aus, als stünde unsere Abreise nun tatsächlich unmittelbar bevor. Die Nazis unternehmen große Anstrengungen, um einen positiven Eindruck zu hinterlassen. Am Tag vor Weihnachten wurden alle Unterkünfte der Internierten geschrubbt, sogar die von Juden belegten Räume. Am Weihnachtstag hatten wir eine außergewöhnlich gute Mahlzeit, die aus einer dicken Erbsensuppe, einer Portion Sauerkraut, Kartoffeln sowie zwei Pfund Brot bestand.

Um neun Uhr abends kam Kommissar Nikolaus in Begleitung von seinen Adjutanten Jopke und Fleck sowie drei SS-Männern in Uniform in unser Zimmer, grüßte militärisch und versicherte uns, dass wir auf jeden Fall in der allernächsten Zukunft von hier wegkommen würden.

Heute Morgen bekamen wir von dem Henker Bürckel Besuch. Er trug seine Gala-Uniform und hatte diesmal, vermutlich wegen des Feiertags, seine Reitgerte nicht dabei. Er hatte sich eine ordentliche Dosis Alkohol genehmigt und war in ausgelassener Stimmung. Er ging auf den alten Rabbi R. zu, nahm seine Hand und wünschte ihm, während er sich vor Lachen schüttelte, frohe Weihnachten. »Auch wir Deutsche können freundlich sein«, kicherte er und wankte aus dem Zimmer.

31. DEZEMBER 1942

Heute ist der letzte Tag des Jahres 1942. Hier ist es traurig und leer. Ich lese immer wieder Romeks Brief, den Zelig mir heute zugesteckt hat. Vor einem Jahr war ich noch mit ihm zusammen. Genau wie heute war es eine düstere, wolkenverhangene Abenddämmerung, und draußen fiel Schnee. Romek schreibt:

»Du wunderst dich sicher, dass du schon so lange nichts mehr von mir gehört hast, aber ich war beinahe schon im Jenseits. Am 14. Dezember führte ich meinen Trupp Arbeiter an ihre tägliche Aufgabe der Beseitigung von Häuserruinen. Irgendwann stieg ich in den dritten Stock des Hauses, um zu überprüfen, wie die Arbeit voranging. Auf einmal spürte ich, wie die Mauer wackelte, und ein paar Sekunden danach war ich unter einem Berg von Schutt begraben. Wie durch ein Wunder ragten mein Kopf und einer meiner Arme heraus. Ich blieb bei vollem Bewusstsein und rief um Hilfe. Meine Arbeiter kamen schnell zu mir herübergelaufen und entfernten hastig die Steine, unter denen ich begraben war. Ich war schon fast befreit, als sie mit einem Mal davonliefen. Ich hob den Kopf und sah, dass sich ein Kran mit einer vollen Ladung Ziegelsteine über meinen Kopf bewegte. Ich dachte schon, meine letzte Stunde hätte geschlagen. Ich weiß nicht, wie lange diese Qual andauerte, denn ich wurde ohnmächtig, und als ich wieder zu mir kam, sah ich die Ladung der Maschine reglos in der Luft hängen. Da kamen die Arbeiter zurück und gruben mich endlich aus. Ich konnte mich nicht auf den Beinen halten, musste aber bei der Arbeit bleiben, denn wenn die deutschen Wachleute gemerkt hätten, dass ich nicht mehr arbeiten kann, hätten sie mich mit dem nächsten Transport nach Treblinka geschickt. Zwei von meinen Arbeitern wurden an dem Abend dorthin gebracht. Am folgenden Tag konnte ich nicht aufstehen. Meine Mutter brachte mich zu einem Arzt, der an meinem ganzen Körper schwere Prellungen feststellte. Ein paar Tage später sammelte sich Wasser in meinem Knie. Im Augenblick liege ich in einem Versteck mit dem Bein zwischen zwei Brettern. Wenn die Deutschen mich hier fänden, würden sie mich sofort erledigen. Ich bete zu Gott, dass ich so schnell wie möglich an die Arbeit zurückkehren kann. Ich werde versuchen, dir bald wieder zu schreiben, sofern ich dann noch lebe.«

Zur gleichen Zeit erhielten wir zwei Briefe von unserem Vater. Er ist im Internierungslager für amerikanische Staatsangehörige in Tittmoning etwa zwanzig Kilometer von Laufen entfernt, und es geht ihm gut. Das Rote Kreuz versorgt sie mit Essen, und die Internierten werden freundlich behandelt. Sie sind in einem alten Schloss in einer malerischen Landschaft untergebracht. Er schreibt, dass er sich nach allem, was er in den letzten Jahren durchgemacht hat, vorkommt wie im Paradies.

1. JANUAR 1943

Silvester war für mich voller Albträume. Mehrmals schlief ich ein und wachte wieder auf, denn ich wurde von schlimmen Träumen geplagt. Ich durchlebte all die Szenen noch einmal, die ich in diesen Kriegsjahren mit angesehen hatte. Immer wieder zogen die Kinder aus Janusz Korczaks Heim an meinen Augen vorüber. Ich wusste, dass sie tot waren, und wunderte mich, warum sie immer noch lächelten. Jedes Mal, wenn ich einschlief, erschienen die Kinder vor mir. Dann wurde ich durch Rufe und Lachen vom Gefängnishof geweckt. Die Nazi-Funktionäre begrüßten übermütig das neue Jahr. Von Zeit zu Zeit hörte ich Schüsse, abermals gefolgt von Gelächter und dem Geräusch von zerbrechendem Glas. Dann kam betrunkenes Gebrüll.

Der erste Tag des Jahres 1943 ist bewölkt und verschneit. Während ich diese Zeilen schreibe, muss ich immer wieder an Dita W.s Geschichten über Treblinka denken. Ich sehe vor mir die gekachelten Badehäuser voller nackter Menschen, die in dem heißen Dampf ersticken. Wie viele von meinen Verwandten und Freunden sind dort schon umgekommen? Wie viele junge, noch ungelebte Leben? Verflucht sei das neue Jahr.

17. JANUAR 1943

Wir stehen kurz vor der Abreise. Unsere Koffer sind gepackt. Wir sitzen hier in unseren Mänteln und warten.

Schon früh heute Morgen ist Obersturmführer Fleck gekommen, um mit uns ins Gestapo-Hauptquartier in der Szucha-Allee zu fahren, damit wir uns von unseren Freunden auf der arischen Seite verabschieden konnten. Die Erlaubnis, unseren nichtjüdischen Freunden auf Wiedersehen zu sagen, wurde von unserem Sprecher, Herrn S., erwirkt, der lange mit Kommissar Nikolaus verhandeln musste, bevor dieser einverstanden war.

Um zehn Uhr vormittags verließen wir den Pawiak in Lastwagen. Die Straßen des Ghettos waren wie ausgestorben. In vielen Häusern standen trotz der Kälte die Fenster weit offen, und die Vorhänge flatterten im Wind. Im Innern konnte man die umgestoßenen Möbel, herausgerissenen Schranktüren, Kleider und Tischwäsche auf dem Fußboden liegen sehen. Die Plünderer und Mörder hatten ihre Spuren hinterlassen.

Die Türen vieler Geschäfte standen halb offen, und die Ware lag kreuz und quer über die Theken verstreut. Manche Straßen waren mit Möbeln und zerbrochenem Porzellan übersät. Am Ausgang des Ghettos in der Nalewki-Straße sah ich einen jüdischen Polizisten Kohle in einen kleinen Ofen nachlegen. Ein deutscher Wachmann wärmte sich die Hände daran.

Auf der arischen Seite waren nur wenige Menschen zu sehen. Hier und da eilte ein Passant eine verlassene Durchgangsstraße hinunter. Wenn solche Passanten unseren Lastwagen voller Menschen in Nazi-Begleitung sahen, schüttelten sie traurig die Köpfe. Sie dachten bestimmt, wir wären zusammengetrieben worden, um in Arbeitslager in Deutschland geschickt zu werden.

In der Szucha-Allee trafen wir Frau Zofia K., unsere nichtjüdische Freundin, die uns so sehr geholfen hatte. Sie hatte uns ein Päckchen mit Brot, Keksen und Konfekt mitgebracht und weinte, als sie uns auf Wiedersehen sagte. Die Nazis erlaubten uns nicht, lange zu bleiben, und eine Stunde später wurden wir zurück in den Pawiak gebracht. Man wies uns an, jederzeit abreisefertig zu sein. Aber wir warteten endlos. Ich vertrieb mir die Zeit damit, noch einmal mein Tagebuch zu lesen und Teile davon in verkürzter Form umzuschreiben. Ich darf nichts vergessen. In seinem letzten Brief schrieb Romek: »Denke daran, es befinden sich noch immer 40 000 Juden in Warschau, und sie warten auf Hilfe von außen. Vergiss sie nicht.« Frau D., die für ein paar Tage aus dem Pawiak herausdurfte und sich heute Morgen zurückgemeldet hat, überbrachte uns die traurige Nachricht, dass sich das Ghetto in Panik befindet, weil verlässlichen Informationen zufolge die Deutschen ihre Deportationsaktion am 18. Januar fortsetzen werden.[121]

Während wir hier warten, können wir beobachten, wie Menschentransporte aus dem Pawiak ins Lager von Oswiecim gebracht werden. Haben die Nazis vor, auch uns dorthin zu schicken?

Gefangene Juden aus dem Warschauer Ghetto werden 1943 von Soldaten der deutschen Waffen-SS zur Deportation abgeführt

Kapitel 16

Internierungslager

18. JANUAR 1943

Vor ein paar Minuten erwachte ich aus dem Schlaf. Ich traue meinen Augen nicht und weiß immer noch nicht, ob ich träume oder wach bin. Unser Zug fährt in Richtung Posen, nicht nach Auschwitz. Es kommt mir vor, als wäre ich schon eine sehr lange Zeit unterwegs. Um 2.00 Uhr nachts fuhren Kommissar Nikolaus und sein Assistent Fleck in einer eleganten Limousine am Pawiak vor, gefolgt von einem Dutzend geschlossener Polizeiwagen. Wir wurden angewiesen, uns in den Hof zu begeben, in dem wir während der vergangenen sechs Monate unsere Spaziergänge gemacht hatten. Eine dicke Schneeschicht bedeckte den Boden. Der ukrainische Soldat, der in einem langen Pelzmantel mit seinem Gewehr über der Schulter Wache stand, sagte zu uns: »Do Svidaniya!« (Auf Wiedersehen). Auch die Aufseherinnen kamen nach draußen, um sich zu verabschieden. Aus ihren traurigen Mienen schlossen wir, dass sie dachten, wir würden in den Tod geschickt. Nicht eine von ihnen glaubte daran, dass wir tatsächlich in ein Internierungslager gebracht würden.

Kommissar Nikolaus las die Namen der Internierten in alphabetischer Reihenfolge vor. Bewaffnete Soldaten führten die genannten Personen zu den Polizeiwagen. Um drei Uhr hatten wir die Tore des Pawiak hinter uns gelassen und fuhren ein letztes Mal durch die Straßen des Ghettos.

Überall war es dunkel, abgesehen von den kleinen Feuern der Öfen an den Wachposten. Tränen schnürten mir den Hals zu, als wir die Leszno-Straße entlangfuhren. Wie viel jüdisches Blut hier vergossen wurde! Wir schwiegen, und unsere nichtjüdischen Gefährten fühlten mit uns.

Ich selber hatte gemischte Gefühle. Natürlich war ich froh, aus diesem Tal des Todes gerettet zu werden, aber ich konnte auch nicht umhin, mir Vorwürfe zu machen und mich zu fragen, ob ich wirklich das Recht hatte, so einfach davonzulaufen und meine Freunde und Verwandten ihrem Schicksal zu überlassen.

Unser Zug stand nicht im Bahnhof, sondern auf einem Abstellgleis in einiger Entfernung von der Stadt.[122] Als wir schließlich einstiegen, wurde es bereits Tag. Wir ließen uns erschöpft auf die harten Sitze fallen und schliefen sofort ein.

Jetzt nähern wir uns Zbaszyn an der ehemaligen polnisch-deutschen Grenze. Unter meinen Reisegefährten sind neue Gesichter. Herrn S. ist es in letzter Minute gelungen, noch ein paar Juden zu retten. Er selber reist mit einer jungen Frau, der er das Leben gerettet hat. Ihr Name ist Mimi K. Herr B., der haitianische Staatsbürger, hat seine Nichte Dosia gerettet. Unter den neuen Internierten, die ich schon im Pawiak gesehen habe, ist auch der neugeborene Sohn von Frau L., der auf der arischen Seite zur Welt kam. Das Baby ist so winzig, dass wir befürchten, es wird die Reise nicht überleben. Alle Frauen kümmern sich um ihn.

20. JANUAR 1943

Gestern sind wir den ganzen Tag durch Deutschland gefahren. Wir nahmen einen Umweg, damit wir nicht über Berlin mussten. Der schönste Teil der Reise ging am gewundenen Rhein entlang mit seinen fruchtbaren Hügeln und üppigen Weinbergen. Am Nachmittag erreichten wir Saarbrücken, wo wir zum ersten Mal Spuren der Verwüstung sahen, vermutlich von alliierten Bomben verursacht.

Um sechs Uhr waren wir in Metz. Das Deutsche Rote Kreuz gab uns einen Teller gute Kartoffelsuppe. Ich schaute auf die deutschen Krankenschwestern in ihren grauen Schürzen mit dem roten Kreuz und hatte das komische Gefühl, hier schon einmal gewesen zu sein, das alles schon gesehen zu haben. Und es stimmt, denn ich war hier in meiner Fantasie mit meiner Lieblingsheldin aus dem Buch von Adrienne Thomas. Sie war 1914 hier. Alles sah genauso aus, wie es in dem Buch beschrieben war – da war der große Bahnhof mit jeder Menge Spuren von Einschüssen und Granatsplittern. Als der Zug aus dem Bahnhof fuhr, sah ich in meiner Vorstellung Katrins Geist und hörte sie sagen: »Ich habe mein Leben umsonst geopfert.«

Spät in der Nacht kamen wir nach Neuburg, wo wir erneut eine Mahlzeit bekamen, dieses Mal eine bessere und reichhaltigere als die davor. Auf dem Tisch lag eine weiße Tischdecke und zusätzlich zu einer leckeren Brühe bekamen wir noch Brot und Wurst. Anscheinend wollen die Nazis, dass wir Amerikaner allen erzählen, in Deutschland würde es an nichts fehlen.

Soeben sind wir an Nancy vorbeigefahren. In zwanzig Minuten sind wir in Vittel. Die Landschaft ist ganz anders. Keine Spur von dem Schnee, der Warschau zugedeckt hat. Hier scheint überall dic Sonne, und Frühling liegt in der Luft.

25. JANUAR 1943

Ich habe das Gefühl, ich wäre schon ganz lange in Vittel[123]. Wir sind zwar mit Stacheldraht eingezäunt, leben aber, verglichen mit unseren drei Jahren im Ghetto, im Paradies. Wir haben ein eigenes Zimmer auf der vierten Etage eines eleganten Hotels. Es ist sauber, und jeder hat ein eigenes Bett. Was will man mehr?

Ich mache mich so langsam mit meiner neuen Umgebung, mit den Menschen und den Bedingungen im Lager vertraut. Die ersten drei Tage bin ich nicht aus meinem Bett aufgestanden, ich konnte mich gar nicht genug daran erfreuen, in sauberen Laken zu liegen. Erst gestern bin ich rausgegangen zu einem ersten Spaziergang in den Park. Alle sahen uns neugierig an. Kein Wunder, denn wir sind der erste Transport Amerikaner von außerhalb Frankreichs.

Als ich mich im Park verlaufen hatte, ging ich auf eine andere Internierte zu, die gerade vorbeikam, und bat sie auf Englisch, mir den Weg zum Hotel Central zu zeigen. Die Frau antwortete auf Französisch, dass sie kein Englisch verstehe. Offensichtlich sprechen viele der internierten Briten ihre eigene Sprache nicht – sie wurden zwar in England geboren, kamen aber als kleine Kinder nach Frankreich.

Es ist sehr schön, in diesem Park spazieren zu gehen. Auf einem der Wege fielen mir einige amerikanische Nonnen auf, hübsche junge Frauen. Sie lächelten mich sehr freundlich an und stellten mir Fragen über unser Leben in Polen, ob wir in einem Lager gewesen und wie wir dort behandelt worden seien, ob wir Pakete vom Roten Kreuz bekommen hätten und ob es stimme, dass die Deutschen grauenvolle Verbrechen an den Juden begangen hätten. Als ich ihnen sagte, dass ich sechs Monate im Gefängnis Hunger gelitten hatte, gaben mir ein paar von ihnen Schokolade. Dann baten sie mich, kurz zu warten, während sie zurück in ihre Zimmer gingen. Bald kamen sie wieder herausgelaufen mit den Händen voller Konservendosen und Süßigkeiten. Ich wagte es nicht, von dem Stück Schokolade abzubeißen, das ich in der Hand hielt. Als eine der Schwestern meine Verwirrung bemerkte, brach sie ein Stückchen ab und steckte es mir in den Mund. Es war seit vier Jahren meine erste Schokolade.

Die Kinder, die mit uns hergekommen sind, werden förmlich mit Süßigkeiten überschüttet und warmherzig umsorgt. Die meisten von ihnen sind viel zu reif und intelligent für ihr Alter. Die dreijährige Krysia W. und der vierjährige Stefanek K. laufen wie Erwachsene durch den Park und grüßen alle, die sie treffen, mit dem polnischen Wort »czekolada«, das genug nach Schokolade klingt, um von allen verstanden zu werden. Sie kommen jedes Mal mit schokoladenverschmierten Gesichtern und Händen zurück.

Das hier ist ein großes Lager. Im Park stehen drei Hotels, das Grand Hotel, das Vittel Palace und das Ceres. Zweitausend Engländer wohnen in den beiden zuletzt genannten. Sie wurden gleich nach der französischen Kapitulation interniert. Anfangs waren sie in den Kasernen in Besançon untergebracht, aber jetzt sind sie schon ein Jahr in Vittel. Diese beiden Hotels sind sehr komfortabel, und im Ceres gibt es eine sehr gute Bibliothek mit Büchern in vielen Sprachen. Das Vittel Palace wurde in ein Krankenhaus umgewandelt, die medizinische Versorgung hier ist ausgezeichnet. Die Ärzte sind französische Kriegsgefangene. Im Erdgeschoss des Grand Hotels befinden sich viele Geschäfte. Eins davon, das Bon Marché, führt Holzschuhe (rationiert), Nadeln, Garne, altmodische Kleider von 1920, Kragen, künstliche Blumen und ähnliche Kurzwaren. In einem anderen Laden findet man Broschen, Hutnadeln und Kästchen mit der Aufschrift »Souvenir de Vittel« und »Nous Reviendrons«. Die Anstecknadeln mit der Inschrift »Nous Reviendrons« (»Wir werden wiederkommen«) sind inzwischen zu patriotischen Abzeichen geworden, die fast alle Franzosen tragen.[124]

An Samstagen und Sonntagen gibt es Filmvorführungen, hauptsächlich von alten französischen Filmen. Die Woche über wird die Leinwand hochgezogen, und das Kino verwandelt sich in ein Theater. Ausgezeichnete Stücke, Revuen und Konzerte werden hier gegeben.

Die drei Hotels sind miteinander verbunden. Zusammen bilden sie einen riesigen Block, der auf einem Hügel liegt. Vom Grand Hotel führen Stufen in den Park, in dem sich die Mineralwasserquellen befinden. Sie werden selbst jetzt noch betrieben. Der Park ist von drei Stacheldrahtzäunen umgeben und draußen gehen bewaffnete Wachposten auf und ab. In der Mitte des Parks liegt ein kleiner See mit dem unvermeidlichen Schwan.[125] Es gibt auch einen kleinen Pavillon, in dem mehrere Schuster arbeiten. Sie sind ebenfalls Internierte, und jeder von uns ist berechtigt, sich einmal im Monat von ihnen die Schuhe reparieren zu lassen. Hinter dem Pavillon stehen eine Kirche und die prachtvolle Villa des Lagerkommandanten. Links vom Haus des Kommandanten verläuft ein schmaler Pfad zum Hotel de Source, in dem ebenfalls Engländer wohnen. Dahinter liegt das Hotel Continental für Menschen über sechzig. Dort wohnen auch die englischen und amerikanischen Nonnen. Sie kümmern sich um die alten Männer.

Auf der anderen Seite des Lagers liegt das Hotel Central. Es ist den Amerikanern vorbehalten, von denen es nicht sehr viele gibt. Sie kamen im September 1942 nach Vittel. Hier wohnen nur Frauen; ihre Männer sind in Compiègne.

3. FEBRUAR 1943

Heute erhielten wir zum ersten Mal Pakete vom Amerikanischen Roten Kreuz – Seriennummer 8. Meine Mutter hatte Tränen in den Augen, als sie ihr Paket aufmachte, und wir alle bestaunten die Sorgfalt, mit der unbekannte amerikanische Hände alles zusammengepackt hatten. Jedes kleinste Teil zeugte von menschlicher Wärme. Wir alle spürten, dass die Leute, die uns diese Dinge geschickt hatten, teilnahmsvoll an die hungernden Menschen in Europa denken.

Auch Lucia G., die hübsche blonde Siebzehnjährige, die mit uns im Pawiak war, nahm an dem Festmahl teil, das wir nach dem Öffnen der Pakete veranstalteten. In jedem fand sich eine Dose Kondensmilch, Margarine, Käse, Corned Beef, Zucker, Kräcker, Schokolade, Kakao, Kaffee, Orangensaftpulver, Dörrpflaumen, zwei Päckchen Zigaretten, ein Päckchen Tabak sowie Suppenpulver. Wir legten all die Sachen auf den Tisch und tanzten vor lauter Freude drum herum. Dann bereiteten wir unser Festmahl zu. Und die ganze Zeit über dachten wir darüber nach, wie wir etwas davon nach Warschau schicken könnten.

24. FEBRUAR 1943

Es gibt kein schöneres Gefühl als die Freiheit. In Vittel bekomme ich zum ersten Mal seit drei Jahren eine Kostprobe davon. Obwohl ich nur ein paar Schritte entfernt den Stacheldraht und die Nazi-Wachleute sehen kann, fühle ich mich von der amerikanischen Flagge beschützt. Mein einziger Kummer ist der Gedanke an meine Verwandten und Freunde in Warschau, von denen ich bisher noch nichts gehört habe.

Der Frühling steht vor der Tür. Ich verbringe ganze Stunden im Park, wo ich lese und träume. Ich atme den scharfen Geruch der Kiefern ein und bin glücklich, wenn ich alleine bin. Ich wünschte, ich könnte immer nur für mich sein. Ich beobachte die Passanten. Einige von ihnen tragen französische Armeeuniformen, die sie von den Deutschen anstelle von Mänteln bekommen haben.

Die Tage vergehen schnell. Das Essen, das die Deutschen uns geben, reicht nicht aus, und ohne die Rot-Kreuz-Pakete würden wir hungern. Die Internierten versuchen sich die Zeit zu vertreiben, indem sie ein buntes Unterhaltungsprogramm auf die Beine stellen, Theaterkreise, Sport, Bildungsangebote usw. Aber wir nehmen nicht an allem teil. Meine Gedanken sind immerzu in Warschau. Was geht dort vor? Jeden Tag studiere ich die Zeitungen, aber ich finde nichts über die polnische Hauptstadt.

28. FEBRUAR 1943

Wir haben zwei hochrangige Gäste in unserem Lager: den ehemaligen brasilianischen Konsul in Kattowitz, Polen, Paolo J., und seinen Sohn Hilmar. Vater und Sohn sahen sich nach mehrmonatiger Trennung, während der sie von den Nazis von einem deutschen Gefängnis ins andere geschickt worden waren, im Zug wieder. Der zweiundzwanzigjährige Hilmar berichtete mir von seinen Erlebnissen. Die Nazis bezichtigten ihn aller möglichen Verbrechen, von denen er nicht einmal im Traum etwas gehört hatte, und unter dem Vorwand, er spioniere für irgendein europäisches Land, sperrten sie ihn ein und folterten ihn. Er hat noch immer unverheilte Wunden am Körper und eine gebrochene Rippe, die nicht richtig zusammengewachsen ist. Er sieht aus wie ein Skelett. Bevor er und sein Vater ihr erstes Rot-Kreuz-Paket erhielten, gaben ihnen alle übrigen Internierten zu essen. Die Brasilianer sind überglücklich, im Lager zu sein. Sie empfinden es als das reinste Paradies, auch wenn sich die Engländer und die Amerikaner unablässig über das Essen und die Lagerbedingungen beklagen. Man muss erst durchgemacht haben, was wir in Polen durchgemacht haben, um unser gegenwärtiges Dasein würdigen zu können.

In ein paar Tagen sollen wir in das neu eröffnete Hotel Nouvel umziehen, das von Familien bewohnt werden wird. Die Männer, die jetzt noch in Tittmoning interniert sind, werden bald hier erwartet, um wieder mit ihren Frauen und Kindern zusammen zu sein.

15. MÄRZ 1943

Wir wohnen jetzt seit zwei Wochen im Hotel Nouvel. Die Männer aus Tittmoning und Compiègne sind noch nicht eingetroffen, aber eine Gruppe von Männern aus Gleiwitz ist gekommen, um sich nach langer Trennung wieder mit ihren Familien zu vereinen.

Unsere neuen Zimmer sind angenehm und sauber. Meine Mutter hat ein eigenes Zimmer bekommen, das sie mit meinem Vater teilen wird, wenn er eintrifft. Auch meine Schwester, Rosa W. und ich haben ein eigenes Zimmer. Fast alle ehemaligen Internierten aus dem Pawiak sind in der zweiten Etage untergebracht. Auch Amerikaner und Engländer wohnen in unserem Hotel. Das Verhältnis zwischen ihnen ist nicht das beste, denn die Engländer sind ziemliche Snobs. Aber niemand macht sich darüber ernsthaft Gedanken, da wir andere, wesentlich dringlichere Probleme haben.

17. MÄRZ 1943

Je länger ich in Vittel bin, desto klarer und deutlicher sehe ich im Geiste die Gesichter der Freunde und Verwandten vor mir, mit denen ich im Ghetto gelebt habe. Ich habe viele Albträume.

Gestern bekamen wir zwei Briefe, einen von Romek und einen von Onkel Abie. Romek schrieb mir auf dem Vordruck für die Internierten, den ich ihm geschickt hatte. Das ist seine Nachricht: »Jedes Wort von dir bereitet mir große Freude. Ich bin froh, dass wenigstens du in Sicherheit bist. Mach dir keine Sorgen um mich, das lohnt nicht. Wir werden uns nie mehr wiedersehen.«

Onkel Abie schreibt, wenn wir etwas für ihn tun können, dann sollten wir es so bald wie möglich tun, weil er nicht weiß, ob er noch lange an dieser Adresse wird bleiben können. Meine Mutter weinte bitterlich, als sie diese unheilvollen Worte las. Sie lief hastig zu verschiedenen Leuten im Lager, die Verbindungen ins Ausland haben, konnte aber nichts bewirken.

29. MÄRZ 1943

Alle männlichen amerikanischen Staatsangehörigen über sechzehn wurden ganz plötzlich von hier weggeschickt nach Compiègne. Die Nazis führten die lächerliche Ausrede an, deutsche Kriegsgefangene würden in Amerika schlecht behandelt. Von diesem Befehl nahm die Lagerleitung nur Herrn D. aus, der erst kürzlich operiert wurde und noch im Krankenhaus liegt, Rabbi R. als Geistlichen sowie den Konsul und seinen Sohn. Ohne die Männer ist es hier sehr einsam. Wir standen uns alle so nah während der erschütternden Monate im Pawiak, fast wie eine große Familie.

18. APRIL 1943

Es ist spät in der Nacht. Ich kann Annas und Rosas regelmäßige Atemzüge hören. Sie schlafen tief und fest, aber ich finde keine Ruhe. Der Wind rüttelt draußen an den Bäumen. Ich spüre, dass irgendwo entsetzliche Dinge geschehen. Das Wetter ist eigenartig, der Himmel klar und voller Sterne, nicht das kleinste Wölkchen ist zu sehen, und dennoch weht ein kräftiger Wind. Ich denke an Romek und den traurigen Brief, den ich gestern von ihm bekommen habe. »Ich arbeite ohne Unterlass«, schrieb er, »weil die Arbeit mich all meine Sorgen vergessen lässt... Die Zahl unserer Freunde wird immer kleiner. Meinem Fuß geht es schon viel besser. Ich humple gar nicht mehr. Aus unserem alten Bekanntenkreis sehe ich nur noch Tadek regelmäßig. Sonst ist keiner mehr übrig. Dolek ist bei Janek [das bedeutet, er konnte auf die arische Seite entkommen].[126] Vor Kurzem traf ich Rutka; sie ist sehr ernst geworden. Denk nicht an mich, meine Liebe. Ich weiß, dass meine Tage gezählt sind. Ich wünsche dir alles Gute. Dein Romek.«

Dieser Brief wurde am 21. März geschrieben. Der Wind da draußen wird immer ungestümer, und meine Unruhe lässt nicht nach. Etwas Unheilvolles liegt in der Luft...

25. APRIL 1943

Lehars musikalische Komödie *Das Land des Lächelns* wurde mit enormem Erfolg in unserem Lagertheater aufgeführt.[127] Die berühmte englische Schauspielerin Miss L. führte Regie, und der CVJM stellte das Material für die Kostüme zur Verfügung, die von den Näherinnen unter den Internierten gemacht wurden. Kendall T., ein englischer Internierter, malte die Kulissen. Wir haben auch eine Revue aufgeführt, inszeniert von Morris S., einem jungen englischen Musiker, der hier ein Orchester auf die Beine gestellt hat. Niusia W. führte in dieser Revue ein polnisches Musikstück auf, und acht in bunten regionalen Trachten gekleidete Paare tanzten dazu. Wir tanzten polnische Tänze und sangen viele polnische Lieder. Der Erfolg dieser Nummer war unglaublich. Die Amerikaner und die Engländer waren begeistert. Am Tag nach der Premiere hörten wir überall im Lager Kommentare wie »Those Polish girls were so colorful…« oder »Ces Polonnaises sont admirables…«

Mary Berg (ganz rechts) in einer Aufführung der »Russischen Erntearbeiter« im Internierungslager Vittel, 22.–23. März 1943. Foto mit freundlicher Genehmigung der Stella Gumuchian Collecion, Archiv James Fox.

Vor der Vorstellung trug uns unsere angekündigte Absicht, eine polnische Nummer zum Besten zu geben, eine gehörige Portion Gemeinheit vonseiten unserer eigenen polnischen nichtjüdischen Internierten ein, die Anstoß daran nahmen, dass jüdische Mädchen polnische Tänze aufführen wollten. Als Niusia W. während einer Probe davon erfuhr, erklärte sie, mit der ganzen Show nichts mehr zu tun haben zu wollen. Doch eine vernünftige nichtjüdische polnische Dame ermahnte sie, sie solle sich nicht zum Handlanger der Fanatiker machen, sondern wieder an die Arbeit gehen. Am Ende besuchten dieselben polnischen Frauen, die gegen uns gehetzt hatten, die Vorstellung und applaudierten bei der polnischen Nummer, die eine der erfolgreichsten der ganzen Revue war. Es ist traurig, dass nach all unserem gemeinsamen Leid immer noch so viel rassistische Feindseligkeit zwischen uns herrscht.

Die wunderbare Einstellung der Nonnen, die sich hingebungsvoll um die jüdischen Kinder kümmern, ist uns ein großer Trost. Sie haben eine Schule auf die Beine gestellt und geben Unterricht in Polnisch, Englisch und Französisch. Die Mütter der Kinder helfen bei dieser Arbeit mit. Seele dieser Unternehmung ist eine Nonne vom Orden der Helferinnen, die wir alle Mutter Sankt Helena nennen. Sie ist eine große, majestätische Frau und eine starke Persönlichkeit. Ihr Mitgefühl für die verfolgten Juden zeigt sie bei jeder Gelegenheit.

Kapitel 17

Der Aufstand im Ghetto

15. JUNI 1943

Ich habe hier schon lange nichts mehr eingetragen. Was soll es auch bringen? Wer interessiert sich schon für mein Tagebuch? Mehrmals habe ich daran gedacht, es zu verbrennen, aber eine innere Stimme hat es mir verboten. Dieselbe innere Stimme drängt mich nun, all die entsetzlichen Dinge aufzuschreiben, die ich in den letzten Tagen gehört habe.

Wir, die wir aus dem Ghetto entkommen konnten, schämen uns, einander anzusehen. Hatten wir das Recht, uns zu retten? Warum ist es in diesem Teil der Welt so schön? Hier riecht alles nach Sonne und Blumen, und dort – dort ist alles nur Blut, das Blut meines eigenen Volkes. Gott, warum muss all die Grausamkeit sein? Hier bin ich und atme frische Luft, und dort werden meine Landsleute vergast und bei lebendigem Leibe verbrannt. Warum?

Gegen Ende Mai traf eine Gruppe Frauen und Kinder aus Liebenau hier ein. Ich habe fast einen Luftsprung gemacht vor Freude, als ich unversehens Bola über den Weg lief. Wir konnten nicht glauben, dass wir wirklich beieinander waren. Es war wie eine Geschichte aus tausendundeiner Nacht. Die ersten paar Tage waren wir absolut unzertrennlich. Ich erzählte ihr von unseren Freunden im Ghetto und den Ereignissen nach dem April 1942, als sie interniert wurde, und sie erzählte mir ihrerseits von ihrem Leben in Liebenau. Bola kam zur selben Zeit in unser Lager wie Roza W.s Cousine Erna W., noch ein Mädchen in unserem Alter. Wir waren so glücklich wie kleine Kinder und vergaßen für eine Weile vollkommen die schlimme Realität um uns herum.

Dann verbreitete sich plötzlich im ganzen Lager die Nachricht, dass das Warschauer Ghetto in Brand gesetzt und die verbliebenen vierzigtausend Juden bei lebendigem Leibe verbrannt worden waren. Die Quelle dieser Nachricht war ein Brief, den eine der internierten amerikanischen Nonnen aus Warschau erhalten hatte. In dem Brief stand, dass die Nalewki-Straße in Flammen stünde, doch meinte der Absender ganz offensichtlich das gesamte Ghetto.

Zuerst brach unter den internierten Juden Panik aus, doch später weigerten wir uns schlichtweg zu glauben, dass die Geschichte der Wahrheit entsprach. Dann kam ein neuer Transport mit Internierten aus Warschau, und die brachten einen ausführlichen Bericht über die jüngsten Ereignisse im Ghetto mit.

Die Neuankömmlinge wurden ins Hotel Providence gesteckt, das sofort mit Stacheldraht abgezäunt wurde, um die alten Internierten daran zu hindern, mit ihnen Verbindung aufzunehmen. Doch die Deutschen hatten anscheinend nicht berücksichtigt, dass die Fenster des »Providence« auf die Außenanlagen des Hotels Nouvel hinausgehen. An diesem Tag und noch mehrere Tage danach wurden von den Fenstern der beiden Hotels aus Gespräche geführt, unterbrochen von Weinen. Unter den Neuinternierten erkannten wir viele vertraute Gesichter. Da war zum Beispiel Herr K., der mit uns im Pawiak gewesen und kurz vor unserer Abreise wegen Krankheit entlassen worden war. Er lieferte uns die meisten Einzelheiten über die tragischen letzten Tage des Warschauer Ghettos.

Wir erfuhren, dass die Vernichtungsaktion am gleichen Tag wieder aufgenommen wurde, an dem wir aus dem Pawiak nach Vittel aufbrachen, also am 18. Januar 1943. Die Juden hatten im Übrigen schon lange mit so etwas gerechnet. Wir hatten den Pawiak um 2 Uhr morgens verlassen. Ein paar Stunden später drangen starke Einheiten von SS-Männern, Litauern, Ukrainern sowie ein Sonderregiment aus Letten ins Ghetto ein und starteten ein Pogrom. Doch zu ihrem Erstaunen stießen diese Bestien auf bewaffneten Widerstand. Viele Juden verbarrikadierten sich in ihren Häusern und schossen auf die Menschenjäger. Es zeigte sich, dass die Untergrundbewegung des

Ghettos beträchtliche Vorräte an Gewehren und Munition zusammengetragen hatte.

Die Nazis und ihre Helfershelfer zogen sich aus dem Ghetto zurück. Fünf Tage später kamen sie mit Panzerfahrzeugen zurück. Jedes Haus, das sich widersetzte, wurde angezündet, und die Menschen, die versuchten, herauszukommen, wurden zurück in die Flammen getrieben und kamen darin um. Fast tausend Menschen starben in dieser Schlacht. Dann fanden, im Zeitraum von mehreren Tagen, riesige Menschentransporte aus dem Ghetto nach Treblinka statt.

Während des Aufstands im Warschauer Ghetto gefangen genommene Juden werden im Mai 1943 zum Sammelplatz für die Deportation abgeführt

Danach gab es eine Atempause von einigen Wochen, doch die Überlebenden im Ghetto machten sich keine Illusionen mehr. Sie wussten, dass ihr Schicksal besiegelt war, dass die Nazis beschlossen hatten, die jüdische Bevölkerung vollständig auszurotten.

Die endgültige Liquidierung des Ghettos begann im März. Die deutschen Besitzer der Ghetto-Werkstätten wurden angewiesen, ihre Angestellten darüber zu informieren, dass sie sich in einer Registrierungszentrale einzufinden hätten für den Abtransport nach Trawniki.[128] Wie schon bei früheren Gelegenheiten versicherten sie den Angestellten, dass sie nichts zu befürchten hätten, dass die im Ghetto verbliebenen Menschen als sehr nützlich betrachtet würden, dass sie Arbeit unter guten Bedingungen bekämen, dass sie in den Fabriken wohnen und nicht von ihren Familien getrennt würden.

Nur eine kleine Gruppe Juden, die ganz Mutlosen und Resignierten, die Hungrigen und diejenigen, die es nicht länger in ihren unterirdischen Verstecken aushielten, meldeten sich. Die Mehrheit glaubte den deutschen Versprechungen nicht. Sie wussten, dass die Arbeitslager von Trawniki nur ein Köder waren, um sie nach Treblinka zu locken.

Die jungen Leute sowie alle anderen körperlich leistungsfähigen Männer und Frauen schlossen sich der Untergrundbewegung an und beschafften sich mit ihren letzten Geldmitteln Waffen. Es begannen fieberhafte Vorbereitungen für einen bewaffneten Aufstand. Die kleinen Untergrundzellen bildeten nun eine große, disziplinierte Organisation. Die jüdischen Arbeitervereinigungen schlossen sich zusammen und schmuggelten mithilfe der Polnischen Sozialistischen Partei und anderer linksgerichteter polnischer Gruppen durch unter den Mauern gegrabene Tunnel Proviant und Munition ins Ghetto. Die Deutschen waren sich dieser Vorbereitungen sehr wohl bewusst, doch sie brauchten keinen Vorwand, um ihren Angriff auf das Ghetto zu starten. Da sich nur eine kleine Gruppe Juden für den Transport nach Trawniki gemeldet hatte – kaum zweihundert Personen –, beschlossen sie, die übrigen nahezu vierzigtausend Jungen mit Gewalt abzutransportieren.

In der Nacht vom 18. auf den 19. April 1943, am Vorabend des Pessachfestes, das für die Juden ein Fest der Befreiung ist, umzingelten bewaffnete Einheiten von SS-Männern, Ukrainern, Letten und

Litauern das Gebiet des »Großen Ghettos«, das eingegrenzt wird von der Leszno-, der Nowolipki-, der Bonifraterska- und der Smocza-Straße. Am 19. April drangen die Deutschen bei Tagesanbruch in Panzerfahrzeugen über die Zamenhofa-Straße ins Ghetto ein und eröffneten das Feuer auf die Häuser. Die verbarrikadierten Juden antworteten mit Handgranaten und Gewehrfeuer. Nach ein paar Stunden zogen sich die Nazis aus dem Ghetto zurück.

Aus jedem Fenster und von jedem Dach, hinter jeder zerstörten Mauer schlug den Nazis ein Kugelhagel aus Schnellfeuergewehren entgegen. Das Signal für den Kampf wurde von einer Gruppe junger Leute gegeben, die die anrückenden deutschen Panzer mit Granaten bewarfen. Nach der Mittagszeit kehrten die Nazis mit Feldartillerie zurück und eröffneten in der Nowolipki-, der Bonifraterska- und der Franciszkanska-Straße ein Sperrfeuer. Dann begann die offene Schlacht.

Die jüdischen Frauen beteiligten sich aktiv am Kampf, indem sie schwere Steine warfen oder kochendes Wasser über die angreifenden Deutschen gossen. Ein so erbitterter, ungleicher Kampf ist in der Geschichte beispiellos. Schließlich entschieden die Deutschen, schweres Geschütz aufzufahren.

Besonders stark war der Beschuss in den Nächten des 23., 24. und 25. April, als sich das gesamte Ghetto in eine gewaltige Feuersbrunst verwandelte. Die brennenden Häuser bildeten einen undurchdringlichen Feuerwall, der ein Entkommen unmöglich machte, und so waren die heldenhaften Kämpfer dem Flammentod geweiht. Wem es durch ein Wunder gelang durchzukommen, wurde außerhalb der Ghettomauern von Nazi-Wachleuten erschossen. Auch unter der polnischen Bevölkerung auf der an die Ghettomauern angrenzenden arischen Seite forderten die Schüsse viele Opfer.

Die Straßen des Ghettos waren ein einziges Flammenmeer. Granatsplitter wurden durch die Luft geschleudert, der Kugelhagel war so dicht, dass jeder, der den Kopf aus dem Fenster steckte, getroffen wurde. Im Kampf ums Ghetto setzten die Deutschen mehr Feuerkraft ein als während der Belagerung von Warschau. Die Nalewki-, Nowolipie-, Franciszkanska-, Karmelicka-, Smocza-, Mila-, Nizka- und Gesia-Straße sowie der Muranowski-Platz wurden vollständig zerstört. Kein einziges Haus blieb in diesen Straßen stehen. Später wurden sogar noch die blanken Mauern der niedergebrannten Häuser mit Dynamit in die Luft gejagt. Viele Nächte lang war das Feuer im Ghetto kilometerweit um Warschau herum zu sehen. »Als wir den Pawiak verließen«, berichtete uns einer der Neuankömmlinge von einem Fenster des Hotels Providence aus, »sahen wir einen gewaltigen Feuerberg, und die Häuser in der Dzielna-Straße erzitterten von den Explosionen.«

SS-Truppen gehen während der Niederschlagung des Ghetto-Aufstands im Mai 1943 an brennenden Häusern vorüber

Viele Juden, die sich in eigens gebauten Kellern versteckt hatten, kamen im Feuer und im Rauch um. Ein Jude, dem während des Kampfes die Flucht gelang, berichtete, dass die SS-Leute Frauen und Kinder (die sich in der Kanalisation versteckten) an den Haaren herauszerrten und erschossen. Sie durchfegten die tiefer gelegenen

Abwasserrohre mit Maschinengewehrsalven und pumpten häufig auch Giftgas hinein.

Unter dem Ghetto befand sich ein Netz aus geheimen Korridoren und Tunneln. Offenbar wussten die Deutschen davon und sprengten alle Keller in die Luft. Tausende Menschen, Männer, Frauen und Kinder, kleine Jungen und Mädchen, die dort Zuflucht gesucht hatten, kämpften bis zum letzten Atemzug.

Selbst die Deutschen staunten über den heldenhaften Widerstand, den die Verteidiger des Ghettos leisteten. Sie konnten nicht begreifen, woher diese ausgehungerten, erschöpften Menschen so viel Mut und Stärke für ihren Kampf um die letzte Hochburg des polnischen Judentums nahmen.

Aus dem ehemaligen »Kleinen Ghetto«, in dem die Fabriken Többens und Schultz sowie mehrere kleinere Werkstätten lagen, wurden die letzten Juden gewaltsam weggeholt.

Unter den neu eingetroffenen Internierten im Hotel Providence ist auch Esta H., eine gute Freundin von mir aus Lodz. Von ihrem Fenster aus erzählte sie mir von ihren tragischen Erlebnissen, bevor sie im Pawiak interniert wurde. Sie arbeitete damals bei Többens und befand sich in der Fabrik, als die Deutschen anfingen, die Arbeiter nach Trawniki abzutransportieren. Zu diesem Zeitpunkt hatte der Aufstand im Ghetto bereits begonnen.

»Wir wurden in den Hof getrieben«, berichtete sie. »Ich war vollkommen in Panik und dachte, wir würden auf der Stelle erschossen. Als ich die Treppe herunterkam, hatten bewaffnete Deutsche eine große Zahl von Arbeitern umzingelt. Von allen Seiten klangen Schüsse und Explosionen, und die Fensterscheiben der Fabrik klirrten. Als wir alle im Hof versammelt waren, befahlen uns die Nazis, uns an die Wand zu stellen und die Hände nach oben zu halten. Die Männer unter uns sprachen Gebete, und ich bereute bitter, dass ich keines kannte. Aber mit meinen eigenen Worten betete ich um einen schnellen Tod.

Doch das Schicksal verschonte mich. Nach einer Weile kam ein hochrangiger Deutscher in den Hof und gab den Befehl, uns auf den

Umschlagplatz zu schicken. Ich dachte, das würde Treblinka bedeuten. Ich war vollkommen in Trance und kam erst im Güterwagen wieder zu mir, wo ich mich in einer dicht gedrängten Menschenmasse wiederfand. Die ganze Zeit über war mir gar nicht aufgefallen, dass mein Mann an meiner Seite war. Ich hatte schrecklichen Durst. An einer der Stationen, an der der Zug lange hielt, kaufte er dem ukrainischen Wachmann, der uns begleitete, eine Flasche Wasser ab. Er zahlte einhundertfünfzig Zloty dafür. Die ukrainischen Wachleute verdienten auf dieser Fahrt ein Vermögen. Für einen kleinen Laib Brot berechneten sie sechshundert Zloty. Allmählich wurde uns klar, dass der Zug nicht in Richtung Treblinka fuhr. Nach zwölfstündiger Fahrt kamen wir nach Trawniki.

Dieses Lager nimmt nur eine sehr kleine Fläche ein. Wir wurden in eine alte Scheune gesteckt. Es gab weder Wasser noch Latrinen. Nur ein paar von uns bekamen Strohsäcke, der Rest legte sich auf den nackten Boden. Am folgenden Tag erkrankten drei der Deportierten an Typhus, und die Zahl der Infizierten stieg mit jedem Tag weiter an. Sie wurden nicht von den anderen getrennt. Jeden Tag wurden wir um sechs geweckt, um an die Arbeit zu gehen. Um sechs Uhr abends kehrten wir vollkommen erschöpft in unsere Scheune zurück. Das Essen, das man uns gab, reichte gerade aus, um uns am Leben zu erhalten. Das nächste Dorf war nur ein paar Kilometer entfernt, aber niemand traute sich, aus dem Lager zu schleichen und dort etwas zu essen zu holen, denn die Bajonette saßen locker bei den litauischen und lettischen Wachen.

Aber selbst in diesem Lager gab es Schmuggler. Jeden Tag begegneten wir auf dem Weg zur Arbeit Bauern mit Obst und Broten, die sie den Arbeitern verkaufen wollten. Manchmal gelang es uns, uns auf diese Weise etwas zu essen zu beschaffen, doch in mehreren Fällen erschossen die Ukrainer sowohl den Bauern als auch die Juden, die versuchten, ihm etwas abzukaufen. Einmal warf ein Nichtjude aus einem nahe gelegenen Dorf einem jüdischen Jungen von etwa zwölf Jahren über den Stacheldraht ein Stück Brot zu. Mit vor Freude strahlendem Gesicht hob der Junge das Brot auf und fing an zu essen. In diesem Augenblick rannte der ukrainische Wachmann vom nächstgelegenen Posten zu dem Jungen hin und schlug ihm mit einem einzigen Hieb das Brot aus der Hand. Dann fing er an, das arme Kind mit seinem Gewehrkolben zu schlagen. Er schlug noch weiter, als der Junge schon am Boden lag. Er prügelte ihn zu Tode.

Ich wurde fast verrückt. Andere sahen der Szene vollkommen hilflos zu.

Dennoch gelang es ein paar Menschen zu entkommen. Einmal griff spät nachts ein Guerillatrupp unser Lager an, entwaffnete die Wachen und befreite ein Dutzend Internierte. Einige von den ukrainischen Wachleuten schlossen sich sogar dem Guerillatrupp an und halfen bei der Entwaffnung der anderen Wachen mit. Es gab auch Fälle, in denen Wachleute aus dem Lager weggelaufen sind, um sich der Untergrundbewegung anzuschließen.

In der Nähe von Trawniki befindet sich im Wald ein Massengrab mit mehreren Tausend Kriegsgefangenen. Sie waren in unserem Lager interniert. Alle Bauern in der Gegend wussten von diesem Massengrab, denn sie sahen die Hinrichtung der russischen Kriegsgefangenen durch die Deutschen mit an und wurden gezwungen, dieses riesige Grab auszuheben.

Ich weiß nicht, wie lange ich das noch ausgehalten hätte«, schloss Esta ihren Bericht, »aber glücklicherweise bekamen wir nach ein paar Wochen unsere ausländischen Papiere, und von diesem Augenblick an ging alles gut. Wir wurden zum Gestapo-Hauptquartier nach Warschau geschickt, dann verbrachten wir zusammen mit einer großen Gruppe Internierter aus südamerikanischen Republiken drei Tage im Hotel Royal. Schließlich wurden wir mit dem letzten Schwung Pawiak-Internierter nach Vittel gebracht. Aber ich kann mich nicht freuen, denn meine Eltern sind noch immer in Trawniki.

Kürzlich traf eine große Zahl an Dokumenten wie unsere in Warschau ein. Aber die meisten von denen, an die sie gingen, sind schon vor langer Zeit gestorben, in Treblinka oder während des Aufstands im Ghetto.«

Der Kampf um das Ghetto dauerte fünf Wochen. Seine ausgehungerten, erschöpften Verteidiger wehrten sich beherzt gegen die mächtige Kriegsmaschinerie der Nazis. Sie trugen keine Uniformen, sie besaßen keine Rangabzeichen, für ihre übermenschlichen Heldentaten bekamen sie keine Orden. Sie zeichneten sich nur durch ihren Tod in den Flammen aus. Allesamt sind sie Unbekannte Soldaten, Helden, die ihresgleichen suchen. Wie schrecklich es ist, über das alles nachzudenken – so viele Verwandte und Freunde unter ihnen, Onkel Abie, Romek, Rutka... Die vergangenen Tage habe ich nur an meinem Fenster gestanden und mit den Neuankömmlingen im Hotel Providence gesprochen. Ich habe an ihren Lippen gehangen, und meine Gedanken haben mich weit fortgetragen, zu den brennenden Häusern des Ghettos, in dem ich drei Jahre mit all den Helden zusammengelebt habe. Immer wieder fühlte ich mich der Ohnmacht nahe, als wäre mein Herz verdorrt, und dann ging ich vom Fenster weg und ließ mich auf mein Bett fallen.

Die Tapete in unseren Zimmern ist mit einem komplizierten dunkelroten Muster bedruckt. Als ich einmal darauf starrte, stellte ich mir vor, die roten Linien würden zu einem langen roten Strom von Blut verschmelzen... So ist auch ihr Blut geflossen und mit den Flammen verschmolzen. Unser Blut, unsere Gebeine, zu Asche verbrannt. Gott, warum müssen wir das alles erleiden? Onkel Abie, Romek und die anderen... Vielleicht sind ja ein paar von ihnen entkommen?

An dem Tag, als ich mit Esta W. sprach, sammelte ich bei den Internierten in unserem Hotel verschiedene Lebensmittel ein, und um elf Uhr nachts stahl sich Hilmar J. über den Stacheldrahtzaun zum Hotel Providence. Er verteilte das Essen unter den neu Internierten, bekam Grüße aus dem Ghetto ausgerichtet und dazu noch einige Briefe, die sie für einige Leute in unserem Hotel mitgebracht hatten.

Einer dieser Briefe war für Felicia K., von einem Verwandten, der lange Zeit mithilfe gefälschter Ausweispapiere auf der arischen Seite geblieben war. Frau K. hatte ihm Papiere aus der Schweiz besorgt und nicht verstanden, warum er nicht auch nach Vittel gekommen war. Der Brief erklärte den Grund. »Mein Gewissen erlaubt es mir nicht, mich zu retten«, schrieb er, »nachdem ich mit angesehen habe, wie so viele, die mir nahestanden, einen grauenvollen Tod gefunden haben. Bin ich etwas Besseres als sie? Ich habe nicht den Mut, von den Ruinen fortzugehen. Nein, ich werde Warschau nicht verlassen. Es ist meine Stadt, hier muss ich bleiben. Was ist mein Leben denn wert, verglichen mit diesen Helden, die ihr Blut für unser Volk vergossen haben? Während ich dir diesen Brief schreibe, kann ich noch immer Explosionen aus dem Ghetto hören. Die letzten Keller werden mit Dynamit in die Luft gejagt. Unter den Ruinen liegen meine und deine Brüder begraben. Urteile selbst, darf ich mich von ihnen davonstehlen? Gestern Abend ging ich an den Ghettotoren vorbei und konnte immer noch Schüsse hören. Die letzten Juden leisten noch immer Widerstand. Plakate in den Straßen von Warschau verkünden: ›Polen hat sich endlich der jüdischen Kommunistenelemente entledigt.‹ Nach allem, was ich in den letzten Wochen durchgemacht habe, habe ich nicht den Mut, auch nur den kleinsten Schritt zu meiner Rettung zu unternehmen. Das Leben hat allen Wert für mich verloren.«

Frau Felicia K. und alle anderen, die diesen Brief lasen, weinten bitterlich.

Auch die Geschichten über die Einstellung bestimmter Polen zur jüdischen Tragödie sind widerwärtig. Zwar appellieren die polnischen Arbeiterparteien aus dem Untergrund in ihren Verlautbarungen an die Polen, Juden, die aus dem brennenden Ghetto entkommen, Hilfe und Asyl zu gewähren. Doch die Zahl der Polen, die diesem Appell nachkommen, ist sehr gering. Die mutigen Polen, die ihr Leben aufs Spiel setzen, um entkommene Juden in ihren Häusern zu verstecken, werden häufig von antisemitischen Rabauken denunziert, wodurch andere davon abgehalten werden, unserem gequälten Volk Nächstenliebe zu erweisen. Unter diesen Umständen besteht nicht viel Hoffnung, dass sich eine größere Zahl Juden wird retten können.

15. JULI 1943

Ich weiß nicht, wie ich meine überwältigende Freude zum Ausdruck bringen soll – nein, Freude und auch Traurigkeit. Heute erhielt ich mehrere Briefe von Rutka. Sie ist am Leben und bei guter Gesundheit. Am 17. April haben ihre Eltern sie aus dem Ghetto herausbekommen, indem sie eine beträchtliche Summe Geldes zahlten. Sie sollten eigentlich am folgenden Tag nachkommen, aber am 18. April umzingelten die Vernichtungskommandos der Nazis das gesamte Ghetto, und jetzt sitzt die sechzehnjährige Rutka alleine auf der arischen Seite.

Ihr Brief enthält viele düstere Anspielungen, und mich wundert es, dass er durch die Zensur gekommen ist. Sie schreibt, dass sie am Ende bestimmt Selbstmord begehen wird. Am Tag, als sie das Ghetto verließ, traf sie Romek und am gleichen Tag auch noch unsere nichtjüdische Freundin Zofia K., die ihr meine Adresse gab. Ihre vier Briefe, die alle heute ankamen, sind unterschiedlich datiert. Ihr zweiter Brief enthält auch eine Nachricht von Dolek. Er und seine Verwandten konnten sich ausländische Papiere beschaffen und wurden interniert. In diesem Brief schreibt Rutka: »Die Tage, die ich mit Dolek verbrachte, waren die glücklichsten meines Lebens. Ich hatte das Gefühl, jemand würde mich beschützen.«

Heute traf ein gewisser Herr R. aus Warschau ein. Es besteht der Verdacht, dass er mit der Gestapo in Verbindung steht. Er kam ganz alleine, ohne Polizeieskorte. Er sagt, dass kürzlich fast zweitausend Menschen im Besitz von ausländischen Papieren ins Lager Bergen-Belsen bei Hannover gebracht wurden. Ihm zufolge sind die letzten Internierten aus dem Pawiak und dem Hotel Polski jetzt dort. Unter uns gibt es viele Verwandte dieser Internierten, die sich Sorgen um deren Schicksal machen. Bisher sind alle unsere Erkundigungen über dieses Lager bei der Schweizer Kommission unbeantwortet geblieben.[129]

18. JULI 1943

In diesen brutalen Zeiten tut es gut, Menschen zu begegnen, deren Herzen voll von echter Zuneigung für die Verfolgten und Bedürftigen sind. Deshalb sehe ich auch so gerne unserer wundervollen Mutter Sankt Helena zu. In ihrer Nähe fühle ich mich weniger niedergeschlagen. Ich bewundere ihre Geduld, ihren Eifer und ihre Liebe zu kleinen Kindern. Keine Arbeit ist ihr zu schwer. Diese großartige Frau geht auf die Knie und schrubbt mit ihren zarten Händen Fußböden. Sie putzt den Kindern die Nasen und trocknet ihre Tränen. Trotz des langen schwarzen Gewands, das sie trägt, besitzt sie viel gesunden Menschenverstand beim Lösen all der weltlichen Konflikte, die hier zwischen Menschen unterschiedlicher Rassen und Glaubensrichtungen aufkommen.

Sie leitet die Schule, und mir macht es große Freude, ihr zu helfen. Ich schreibe Schilder, bemale Spielzeug für die Kinder und habe auch schon zehn Exemplare des einzigen Kinderbuchs illustriert, das wir für die ganze Klasse auftreiben konnten.

6. AUGUST 1943

Mein Vater ist zu guter Letzt mit einem Transport von Männern aus Tittmoning eingetroffen. Nach einer langen Trennung sind wir endlich wieder vereint. Das Zusammentreffen der verschiedenen Familien war sehr ergreifend. Die Leute haben vor Freude geweint. Aber es gibt immer noch viele Frauen und Kinder, die ihre Männer und Väter schon mehr als zwei Jahre nicht mehr gesehen haben.

Transporte kamen auch aus Compiègne und aus anderen Lagern in Deutschland wie Tost und Kreuzberg.[130] Dieses Zusammenziehen von Internierten aus so vielen Lagern lässt uns hoffen, dass der Austausch bevorsteht.

Wieder habe ich Briefe von Rutka mit bestürzenden Anspielungen bekommen. Ihr letzter Brief schildert, wie Tadek starb. Ich war immer überzeugt, dass Tadek uns alle überleben würde, da er die besten Voraussetzungen hatte. Aber er lebt nicht mehr. Der bedauernswerte Junge hat Selbstmord begangen. Rutkas Brief entnahm ich, dass sein Vater von den Untergrundgruppen getötet wurde. Diese Schande konnte Tadek nicht ertragen. Er muss das Gefühl gehabt haben, dass er niemals imstande sein würde, seinen Namen reinzuwaschen. Sein Vater wurde am 17. April bei sich zu Hause getötet, einen Tag vor dem Ausbruch des Aufstands. Am Tag danach brachte Tadek sich um. Armer Junge, er hat mich so geliebt.

22. AUGUST 1943

In unserem Lager werden Menschen geboren und sterben. Kürzlich wurden zwei alte Engländer aus dem Hotel Continental beerdigt. Drei Babys kamen auf die Welt. Die Mütter werden sehr gut versorgt und bekommen über die Nonnen besondere Pakete. Auch schwangere Frauen erhalten zusätzliche Pakete und stehen unter der Aufsicht von französischen Ärzten, die als Kriegsgefangene hier sind.

Einer dieser Ärzte, Dr. L., ist ein berühmter Chirurg. Seine Lage ist schrecklich. Seine Frau und sein Kind sind in einem Lager in der Nähe von Paris, von wo aus fortwährend Transporte nach Polen geschickt werden. Er fragt uns immerzu, ob alles, was man so über Treblinka hört, stimmt. Er weigert sich zu glauben, dass Menschen dort zu Tausenden mit Giftgas und Dampf getötet werden.

Unser Lager ist eine eigene kleine Welt. Wir haben sogar Zellen der französischen Untergrundbewegung. Die Internierten wissen, dass sich irgendwo im Lager ein geheimes Radiogerät befindet. Jeden Tag gehen die jüngsten Neuigkeiten mit rasanter Geschwindigkeit von Mund zu Mund. Es scheint, dass die Deutschen einen entsprechenden Verdacht haben, denn gestern haben sie das Hotel durchsucht, konnten das Radio aber nicht finden. Man erzählt sich, dass während der Durchsuchung jemand mit dem Radio im Koffer durch den Park spazierte.

Die Deutschen führen jetzt jeden Tag in einem anderen Hotel Durchsuchungen durch, aber das Radio ist noch immer in Betrieb und informiert uns über Ereignisse. Es gibt gute Nachrichten. Die Russen nähern sich der polnischen Grenze, Deutschland wird ununterbrochen aus der Luft beschossen, die Alliierten sind in Italien gelandet, und der Afrikafeldzug ist schon lange zu Ende.

Aus Afrika bekam ich einen Brief von meinem Cousin Henry W., der Offizier in de Gaulles Luftwaffe ist. Briefe zu bekommen, ist in Europa mittlerweile ein großes Privileg, in dessen Genuss ich dank der amerikanischen Fahne komme. Ich korrespondiere auch ständig mit Rutka, die auf der arischen Seite in Warschau ist. Die Internierten dürfen nur ein Formblatt pro Woche verschicken, aber ich benutze die Blätter von meiner ganzen Familie, und dazu geben mir noch mehrere Freunde im Lager die ihren. Die Zensoren haben mit dem Lesen meiner Post ganz schön was zu tun.

Die Arbeit in der Schule macht mir große Freude und gibt mir auch Gelegenheit, mein Englisch und Französisch aufzupolieren. Ich leite inzwischen in zwei Klassen den Kunstunterricht. Als Material benutzen wir die Pappe von den Rot-Kreuz-Paketen und als Leim nehmen wir aufgelöstes Milchpulver. Die Kinder stammen mehrheitlich aus Polen. Viele von ihnen kamen mit den letzten beiden Transporten nach der Auflösung des Ghettos. Sie haben sehr schnell Englisch und Französisch gelernt und sind uns allen ein großer Trost.

2. OKTOBER 1943

Während der zwei Tage Rosch ha-Schana beteten die Männer in einem unserer Zimmer. Wir deckten einen Tisch mit Kerzen, genau wie wir es im Pawiak gemacht haben, und Madame Sh., die Frau des Oberrabbiners von Warschau, stand neben dem Altar. Es herrschte eine traurige, ernste Stimmung.

Am zweiten Tag von Rosch ha-Schana erhielt ich einen Brief von Rutka, der mich darüber unterrichtete, dass Onkel Abie lebt. Zofia K. hat ihr gesagt, dass er in der Vorstadt Praga arbeitet. Meine Eltern halten es für ein gutes Omen, dass der Brief an Rosch ha-Schana eintraf. Aber Rutka hat noch immer nicht meine Fragen bezüglich Romek beantwortet. Was sie über ihn schreibt, ist nicht eindeutig. Ich fürchte, sie will mir nicht die Wahrheit sagen. Er muss zusammen mit Tausenden weiteren Helden im Ghetto umgekommen sein.

5. OKTOBER 1943

Heute erhielten wir einen Brief von unserem Onkel in Toulouse. Er schreibt, dass er häufig seine Adresse ändern muss und dass seine Tochter, meine Cousine, gezwungen war, ihr einjähriges Kind an eine nichtjüdische Familie abzugeben, um es vor den Nazis zu verstecken. Die Lage der französischen Juden wird mit jedem Tag schlimmer. Tausende Juden aus Paris werden ins Lager Drancy geschickt, das nur eine Station auf dem Weg nach Treblinka ist.

Auch in anderen von den Nazis besetzten Ländern werden die Juden in provisorischen Lagern zusammengetrieben, die Durchgangslager heißen, bevor sie in die verschiedenen Todesfabriken in Polen geschickt werden. Diese Juden wissen nicht, was für ein schlimmes Schicksal sie erwartet. Sie haben keine Ahnung, was mit den polnischen Juden geschehen ist.

Die größten Transporte mit Juden kommen inzwischen aus dem holländischen Lager Westerborg.[131] Das haben uns einige britische Staatsbürger berichtet, die vor ein paar Tagen aus Holland hier eintrafen. Eine Amerikanerin, die vor Kurzem von dort kam, erzählte uns von der bewundernswerten Haltung der holländischen Bevölkerung ihren jüdischen Mitbürgern gegenüber. Sie verstecken nicht nur Juden bei sich zu Hause, holländische Untergrundgruppen haben auch schon mehrmals Züge mit deportierten Juden an Bord angegriffen und sie befreit. In manchen Städten haben die holländischen Einwohner die Standesamtsregister verbrannt und es so den Nazis schwer gemacht, Juden zu identifizieren. In anderen Städten hat die nichtjüdische Bevölkerung Proteststreiks gegen die Verfolgung der Juden organisiert und in einigen Fällen die Deutschen gezwungen, die Deportationen einzustellen.

10. OKTOBER 1943

Gestern war Versöhnungstag, und heute habe ich Geburtstag. Ich fühle mich sehr alt, obwohl ich erst neunzehn werde. Meine Mutter hat eine Überraschungsparty für mich geplant und alle jungen Leute im Lager eingeladen. Sie haben sich Mühe gegeben, eine heitere

Stimmung heraufzubeschwören, aber ihre gekünstelte Fröhlichkeit hat mich nur traurig gemacht.

15. NOVEMBER 1943

Heute haben wir einen wundervollen Spaziergang außerhalb des Lagers zu einem Dorf in der Nähe gemacht. Nach langen und anstrengenden Verhandlungen haben wir dazu die Erlaubnis erwirkt. Unsere Gruppe umfasste dreißig Personen, und der Deutsche, der uns begleitete, hat seinen strengen Ton abgelegt, sobald wir ihm ein paar Päckchen amerikanische Zigaretten und andere begehrenswerte Sachen gaben.

Zum ersten Mal seit elf Monaten verließen wir den mit Stacheldraht eingezäunten Bereich. Der Pfad führte zwischen den grünen Hügeln der Vogesen entlang. An manchen Stellen war er so eng, dass wir im Gänsemarsch gehen mussten. Die Sonne strahlte vom Himmel, und es wehte eine leichte kühle Brise. Wir begegneten keiner Menschenseele auf unserem Weg. Dann umrundeten wir ein winziges Dorf. Schmutzige, ausgemergelte Kinder spielten vor den Hütten, und ein an einem Zaun angebundenes Pferd zupfte lustlos am Gras.

Das größere Dorf, das unser Ziel war, sah nicht viel besser aus. Die Häuser waren baufällig, die Menschen dünn und wettergegerbt. Schnell waren wir von einer Horde Kinder umringt, die uns anbettelten: »Avez-vous quelque chose à manger?« Wir gaben ihnen Brot und Schokolade. Sie stopften es sich mit zitternden kleinen Händen in den Mund.

In der Mitte des Dorfes war ein kleiner Gasthof. Ein paar Frauen, die am Kamin gesessen hatten, erhoben sich, um uns zu bedienen. Auf dem langen Tisch tauchten Flaschen mit Rotwein und Kirschwasser auf. Der deutsche Wachmann setzte sich hin, um zu trinken, und gab uns die Erlaubnis, uns frei zu bewegen, nachdem er uns ermahnt hatte, zu einer bestimmten Zeit zurück zu sein. Gemeinsam mit Erna, Bola, Rosa und Harold, einem jungen Engländer, machte ich mich auf die Suche nach Mehl, das zu keinem Preis im Lager zu haben ist. Nach langer Suche fanden wir eine Bäckerei, die rationiertes Brot herstellte. Der arme Bäcker zögerte lange, aber als er unsere Konservendosen sah, schüttete er Mehl in unsere Tüten. Wir kauften auch noch lange französische Brote zu sieben Franc das Stück, aber es war Schwarzbrot, ganz anders als das gute Vorkriegsbrot aus Frankreich. Eine Bäuerin gab uns ein paar Eier und bedankte sich überschwänglich für das Stück Seife und den amerikanischen Käse, die wir ihr zum Dank schenkten. Überall, wo wir hinkamen, wurden wir mit freudigen Ausrufen begrüßt: »Les Anglais! Les Américains!«

Bei unserer Rückkehr zum Gasthof erwartete uns eine große Überraschung. Auf dem Tisch stand ein Radio, das vorher versteckt gewesen war. Der deutsche Wachmann hatte ordentlich getrunken und schlief draußen auf der Bank. Harold suchte einen ausländischen Sender, und zum ersten Mal seit vier Jahren hörte ich eine Radioübertragung.

Wir stießen auf eine Sendung, die aus Amerika nach Europa übertragen wurde. Das Programm war auf Deutsch, gefolgt von einer englischen Übersetzung. Wir hörten die neuesten Nachrichten. Paris stand gerade unter heftigem Beschuss ebenso wie die Küste der Normandie. Die Russen hatten eine Reihe von Städten zurückerobert und viele Tausend deutsche Gefangene gemacht. Die Sendung endete mit einem Gruß an alle unterdrückten Völker in Europa. Wir lauschten mit angehaltenem Atem. Auf einmal kam unser deutscher Wachmann herein. Zum Glück war er zu betrunken, um zu begreifen, was vor sich ging. Ich drehte hastig an der Senderskala, um einen Pariser Sender hereinzubekommen, und wir hörten heitere Musik.

Am späten Nachmittag kehrten wir mit unseren Trophäen heim. Jeder von uns hatte eine kleine Tüte mit ein paar Pfund Mehl. In Ernas Tüte war ein kleines Loch, und Mehl markierte unseren Weg. Eines der englischen Mädchen verkündete triumphierend, die beste Trophäe von allen zu haben – sie hatte ein Kaninchen in ihrem Beutel! Alle diese Schätze wurden von der Aufsichtsperson, die uns am Eingang zum Lager kontrollierte, nicht bemerkt, da es dunkel war, als wir zurückkamen.

17. NOVEMBER 1943

Es ist zehn Uhr. In meinem Zimmer brennt eine kleine Lampe. Ich habe eine Decke über meine Tür gehängt, damit kein Licht durch die Ritzen dringt. Offiziell sollen wir um zehn das Licht ausmachen, aber die Nacht ist die einzige Zeit, in der ich lesen oder schreiben kann. An den Fenstern sind besondere schwarze Jalousien, aber ich habe auch darüber eine Tagesdecke gehängt und sitze jetzt in einer Ecke bei meiner kleinen Lampe.

Ich höre gern das Dröhnen der britischen und amerikanischen Flugzeuge, die hier jede Nacht um dieselbe Zeit vorüberfliegen. Ich lausche dem Brummen der schweren Bomber, als wäre es die reinste Musik. Die Melodie der Propeller ist mein schönstes Wiegenlied, und ich schlafe ein mit einer wachsenden Hoffnung, dass am Ende die dunklen Mächte des Nazismus bezwungen werden. Am folgenden Morgen lese ich dann die deutschen Kriegsberichte, die uns davon in Kenntnis setzen, dass Paris unter schweren Beschuss genommen wurde und dass natürlich nur Krankenhäuser und Kinderheime getroffen wurden. Vielleicht ist ja mein Cousin Henry W. unter den Fliegern, die nachts über uns hinwegfliegen. Wie sehr ich doch wünsche, er würde mir einen Brief abwerfen!

21. NOVEMBER 1943

Der erste Gefangenenaustausch zwischen England und Deutschland hat stattgefunden. Etwa hundert Personen haben Vittel verlassen, hauptsächlich die Kranken und die über Sechzigjährigen. Das Abschiednehmen war sehr bewegend. Wir beneideten sie, und die Glücklichen lächelten, als würden sie nach einem langen Martyrium die Pforten des Paradieses erblicken.

Letzten Samstag sahen wir in unserem Kino einen Reisebericht über New York. Als Erstes tauchte die Freiheitsstatue aus dem Nebel auf – eine riesengroße Frau mit einer Fackel in der Hand. Dann kamen die schwindelerregenden Wolkenkratzer ins Bild. Ich sah die Straßen von New York und Menschen, die umhereilten. Autos fuhren mit enormer Geschwindigkeit. Dann kam der Broadway mit seinen

Neonlichtern. Die Reisebeschreibung endete mit einem Schiff, das in den Hafen von New York einfuhr. An dieser Stelle brandete im Saal stürmischer Applaus auf. Anscheinend dachten alle an den Augenblick, in dem sie selbst an Bord eines Schiffes in New York eintreffen würden. Meine Mutter, die neben mir saß, konnte sich kaum beherrschen. »Sieh nur«, sagte sie begeistert zu mir, »das ist Radio City, und das ist die Fifth Avenue und dort drüben der Broadway…«

Der Applaus dauerte sehr lange, und der Film weckte die tiefsten Gefühle in all jenen, die New York kannten. Ich begreife nicht, warum die Deutschen ihn gezeigt haben.

27. NOVEMBER 1943

Der erste Transport mit italienischen Kriegsgefangenen ist nach Vittel gekommen. Es sind Italiener, die nach Benitos Kapitulation zu den Alliierten übergelaufen sind. Sie wurden im Hotel des Colonies außerhalb unseres Lagers untergebracht.

Wir haben unerwartet Post von meinem Cousin Henry W. bekommen. Er ist seit zwei Monaten in London und dient immer noch unter de Gaulle.

18. DEZEMBER 1943

Unter den jüdischen Internierten herrscht schreckliche Panik. Die Deutschen haben unvermittelt die Amerikaner und Briten jüdischer Herkunft angewiesen, sich registrieren zu lassen. Wir wissen nicht, was das bedeutet, aber verschiedene Gerüchte sind im Umlauf. Manche sagen, die Juden würden nach Palästina geschickt im Austausch gegen Deutsche, die dort interniert sind. Andere behaupten, wir würden zurück nach Polen geschickt. Die Juden sitzen verzweifelt in ihren Zimmern und wissen nicht, was sie machen sollen. Es sieht aus, als ob etwas Ernstes im Gange ist, denn eine aus hohen Funktionsträgern bestehende Sonderkommission aus dem deutschen Außenministerium ist im Lager eingetroffen.[132] Die nichtjüdischen Internierten fühlen mit uns mit, besonders die Nonnen. Mutter St. Helena erklärte, wenn wir nach Polen zurückgeschickt würden, würde sie nicht zulassen, dass die Kinder mitkämen. »Ich werde ihnen die Kinder nicht überlassen«, sagte sie resolut. »Ich werde sie in der Kirche verstecken, und sie sollen es nur wagen, dort hineinzugehen.«

26. DEZEMBER 1943

Diesmal sind wir noch einmal mit einem blauen Auge davongekommen. Die Nazi-Kommission ist verschwunden, und das ganze Lager, Juden wie Nichtjuden, hat erleichtert aufgeatmet.

In diesem Jahr ist unser Chanukkafest mit Weihnachten zusammengefallen, und viele Juden und Nichtjuden empfanden dies als symbolisch. In vielen der von Juden bewohnten Zimmer brennen Chanukkakerzen, während der Weihnachtsbaum vor der Kirche mit Lametta behängt ist. Ob vielleicht unser gemeinsames Leiden und die Verfolgungen am Ende den blinden Rassenhass doch noch auslöschen werden?

1. JANUAR 1944

Schon wieder ein Neujahrstag! Was wird er uns bringen? Gestern Abend haben wir gefeiert. Für kurze Zeit habe auch ich mich überwunden und habe getanzt. Doch mit einem Mal kam es mir vor, als würden Schatten um mich herumtanzen. Dann spürte ich ein starkes Brummen in den Ohren, das schnell in wildes Lachen überging. Mir wurde schwindelig, und ich bat meinen Partner, mich heimzubringen.

12. JANUAR 1944

Wieder hat eine Welle der Unruhe das Lager erfasst. Das Gerücht geht um, dass auch in Vittel die Juden bald in einer Art Ghetto abgesondert werden sollen. Viele Nichtjuden sind entrüstet und beteuern, das nicht zuzulassen. Aber, so eigenartig sich das auch anhören mag, selbst hier gibt es Arier, die sich über diese Aussicht freuen und der Meinung sind, die Juden sollten von den Nichtjuden getrennt werden, genauso wie sie es im Lager in Tittmoning waren. Es ist möglich, dass genau diese Antisemiten für die Gerüchte verantwortlich sind.

30. JANUAR 1944

Vor ein paar Tagen wies die Lagerverwaltung die Amerikaner an, kurzfristig abreisebereit zu sein. Die Engländer sind skeptisch und behaupten, der Austausch würde erst in einem Jahr stattfinden, denn so viel Zeit sei auch vor der Abreise des ersten Schwungs Engländer vergangen. Jedenfalls werden, den Deutschen zufolge, die Besitzer der amerikanischen grünen Pässe, die vor dem Krieg ausgestellt wurden, Vorrang haben.

Ich warte ungeduldig und bin in den letzten Tagen so unruhig, dass ich fast meine ganze Zeit damit verbringe, im Park spazieren zu gehen.

16. FEBRUAR 1944

Ich habe einen verzweifelten Brief von Rutka erhalten. Sie schreibt, dass ihr die Ausweispapiere und das Geld gestohlen wurden. Sie ist jetzt alleine, verloren in einer Welt aus Hass und Menschenjagden. »Der Gedanke an dich ist mein einziger Trost. Ich lebe in der Hoffnung, dich wiederzusehen.« Arme Rutka, wie viel sie schon durchgemacht hat, und wie viel ihr noch bevorsteht!

27. FEBRUAR 1944

Endlich wurde ein Datum festgesetzt! Der Austausch wird am 5. März in Lissabon stattfinden. Verwundete amerikanische Soldaten sowie internierte Zivilisten sind für einen Austausch vorgesehen. Aber es ist noch nicht klar, wie das Verhältnis aussehen wird – fünf Deutsche für einen Amerikaner oder umgekehrt, fünf Amerikaner für einen Deutschen. Zu dem Thema kursieren verschiedene Gerüchte. Die Lagerverwaltung organisiert die Erfassung jede Stunde neu. Neue Personen werden auf die Liste gesetzt, alte gestrichen. Wir sind alle furchtbar angespannt und nervös. Unsere Familie stand auf den ersten beiden Listen, aber jetzt wurden wir rausgenommen.

Meine Mutter hetzt von einem Büro zum anderen. Nur etwa dreißig Personen sollen mit dem ersten Schwung wegkommen, obwohl es in Vittel einhundertfünfzig Kandidaten für einen Austausch gibt.[133] All diese Änderungen und Gerüchte haben unsere Nerven vollständig zerrüttet.

28. FEBRUAR 1944

Die Listen sind abgeschlossen. Wir kommen nicht weg. Meine Mutter wird unablässig beim Kommandanten vorstellig, nur um immer wieder zu erfahren, dass wir nicht wegkönnen, weil mein Vater im militärpflichtigen Alter ist und weil es gegen seine Prinzipien verstößt, Familien auseinanderzureißen. Falls das stimmt, können die meisten Familien nicht gehen, weil ihre Männer unter fünfundfünfzig sind. Unterdessen haben alle Nonnen und Besitzer von grünen Pässen die Bestätigung erhalten, dass sie beim ersten Schwung sein werden. Aber der Kommandant sagt, im letzten Moment könnte es noch Änderungen geben. Das erinnert mich an die Nazi-Taktik im Pawiak. Dort haben sie es sich ebenfalls alle paar Minuten anders überlegt, offensichtlich mit dem einzigen Zweck, uns zu quälen.

29. FEBRUAR 1944

Die Liste der für den Austausch vorgesehenen Amerikaner ist nun definitiv bestätigt. Wir sind nicht dabei. Die Glücklichen haben die Anweisung erhalten, ihre Sachen zu packen. Von meinem Fenster aus kann ich sehen, wie sich in ihren Zimmern die Koffer stapeln. Draußen schneit es. Manchmal kommt es mir vor, als wäre ich wieder im Pawiak.

Beim Aufstand im Warschauer Ghetto festgenommene Juden werden 1943 zur Deportation auf den Umschlagplatz abgeführt

Kapitel 18

Reise in die Freiheit

1. MÄRZ 1944

Wir sitzen im Zug! Trotz allem fahren wir jetzt doch. In den letzten zwölf Stunden haben wir die aufwühlendsten Dinge erlebt. Jede halbe Stunde wurde wieder alles umgeworfen. Um 18 Uhr rief die Lagerverwaltung über den Lautsprecher die Namen all derer aus, die nicht auf der Liste standen. Es fehlten einige wenige Personen, um den Transport zu vervollständigen, daher hofften wir, dass nun auch wir mitgenommen würden. Meine Mutter stürmte zum Kommandanten, kam aber bald mit niedergeschlagener Miene wieder zurück. Es war zu spät. Aber sie gab die Hoffnung nicht auf und betete weiter darum, dass im letzten Moment noch etwas passieren möge.

Und es passierte tatsächlich. Um 22 Uhr trafen Transporte aus Tittmoning und Liebenau ein, und es stellte sich heraus, dass Platz für weitere Internierte sein würde. Die Verwaltung ließ die gebürtigen Amerikaner kommen, und meine Mutter wurde sofort akzeptiert. Zuerst sollte mein Vater in Vittel bleiben und meine Mutter stimmte dem zu, da sie überzeugt war, dass sich im letzten Moment wieder etwas ändern und mein Vater die Erlaubnis erhalten würde, mit uns zu kommen. Unterdessen packte sie alle unsere Sachen. Genau wie in Warschau kamen eine Reihe von Leuten und gaben uns die Adressen ihrer amerikanischen Verwandten. Sie halfen uns beim Packen und wuselten um uns herum. Niusia W. machte uns Proviant für die Reise fertig, während Bola weinend in ihrem Zimmer lag.

Um sieben Uhr morgens ging meine Mutter ins Büro der Lagerverwaltung und kam ein paar Minuten später zurückgelaufen und rief: »Wir fahren alle!«

Ich werde nie den Augenblick vergessen, als wir uns von den Menschen verabschiedeten, mit denen wir, beständig zwischen Leben und Tod schwebend, so viel durchgemacht hatten. Alle sagten: »Bitte, vergesst uns nicht, wir setzen unsere ganze Hoffnung auf euch. Schweigt nicht. Sorgt dafür, dass wir gerettet werden…« Alle ohne Ausnahme, Männer, Frauen und Kinder, weinten. Hunderte Hände winkten uns von den Fenstern hinter dem Stacheldrahtzaun aus zu. Von Weitem konnte ich sehen, wie sich Erna die Augen wischte. Neben ihr standen Rosa, Harold und viele andere, Freunde und Fremde.

Unser Abteil liegt neben dem unserer deutschen Eskorte. Sie befinden sich in einem Zustand extremer Nervosität. Ich habe noch nie so aufgeregte Deutsche gesehen. Ständig vergleichen sie die Zahl ihrer Gefangenen mit der Liste in ihren Händen.

2. MÄRZ 1944

Wir sind jetzt schon mehrere Stunden in Biarritz. Der Zug hielt drei Kilometer vor dem Hauptbahnhof. Unter den Passagieren geht Angst um. Gerüchten zufolge sollen einige Internierte zurück nach Vittel geschickt werden, da wir angeblich zu viele zum Austauschen sind.[134]

3. MÄRZ 1944

Vor ein paar Minuten haben wir unser ganzes Geld in Dollar umgetauscht. Das hat uns schließlich beruhigt. Wir glauben jetzt wirklich, dass wir nach Amerika kommen werden. Alle Männer mussten eine eidesstattliche Erklärung unterschreiben, dass sie in keiner Armee gegen Deutschland kämpfen würden. Als sie die Waggons verließen, um diese Erklärung zu unterzeichnen, sahen wir auf einem anderen Gleis einen Zug mit deutschen Internierten ankommen. Sie kommen aus Amerika, um gegen uns ausgetauscht zu werden. Eigentlich haben wir alle diese Deutschen bedauert.

4. MÄRZ 1944

Unser Zug befindet sich jetzt auf spanischem Boden. An den Bahnhöfen grüßen uns manche Leute mit dem »V«-Zeichen. Man bemerkt sofort die Armut in Spanien. Zerlumpte Kinder strecken die Hand aus und betteln um eine Münze. Viele Soldaten sind da, vor allem schick gekleidete Offiziere. Die Zivilbevölkerung ist in Lumpen gekleidet, und die Menschen haben eingefallene Wangen.

Viele von den Deutschen, die uns eskortiert haben, sind auf der französischen Seite der Grenze geblieben, und diejenigen, die uns noch immer begleiten, tragen jetzt Zivil. Zusammen mit ihrer Uniform haben sie auch ihre Unverschämtheit abgelegt.

5. MÄRZ 1944

Soeben haben wir die portugiesische Grenze passiert. Die uniformierte spanische Polizei ist durch portugiesische Geheimpolizisten ersetzt worden. Wir sind noch immer im selben Zug. Auch hier grüßen uns die Menschen mit dem »V«-Zeichen.

Unser Zug nähert sich Lissabon. Ich kann die Segel verschiedener Schiffe sehen. Jemand in unserem Waggon hat gerade »Gripsholm!« gerufen. Dieses unbekannte schwedische Wort bedeutet für uns Freiheit.[135]

Ich wurde vom Geräusch des Schiffmotors geweckt. Die Gripsholm befand sich auf offener See. Ich ging an Deck und atmete das endlose Blau ein. Die blutgetränkte Erde Europas lag weit hinter mir. Das Gefühl von Freiheit raubte mir beinahe den Atem.

In den vergangenen vier Jahren habe ich dieses Gefühl nicht gekannt. Vier Jahre mit schwarzem Hakenkreuz, mit Stacheldraht, Ghettomauern, Hinrichtungen und vor allem mit Angst und Schrecken – Schrecken bei Tag und Schrecken bei Nacht. Nach vier Jahren in diesem Albtraum fiel es mir am Anfang schwer, meine Freiheit zu genießen. Ich stellte mir immerzu vor, es wäre nur ein Traum und ich würde jeden Augenblick im Pawiak aufwachen und sehen, wie die alten Männer mit grauen Bärten, die blühenden jungen Mädchen und die stolzen jungen Männer wie Vieh zum Umschlagplatz in der Stawki-Straße in den Tod getrieben werden.

Das Austauschschiff SS Gripsholm fährt in den Hafen von New York ein

Mir war zuweilen sogar, als hörte ich die Schreie der Gefolterten, und der salzige Geruch des Meeres verwandelte sich mit einem Mal in den ekelerregenden süßlichen Gestank von Menschenblut, der so oft durch unsere Fenster im Pawiak gedrungen war.

Unten in der Lounge hatte jemand angefangen, Klavier zu spielen, und das erinnerte mich an Romek, der immer dieselben Melodien von Schubert spielte. Ich sah seine langen, zarten Finger vor mir. Ich ging in meine Kabine, warf mich auf mein Bett und weinte bitterlich.

Ich hatte gedacht, auf dem Schiff würde ich den Albtraum des Ghettos vergessen. Aber seltsamerweise sah ich in der Unendlichkeit des Ozeans unablässig die blutigen Straßen von Warschau.

An Deck freundete ich mich mit amerikanischen Soldaten und Fliegern an, die bei Einsätzen über Deutschland abgeschossen und mit uns zusammen ausgetauscht worden waren. Einige von ihnen hatten lose herunterhängende Ärmel. Andere gingen an Krücken. Zwei junge Offiziere hatten furchtbar entstellte Gesichter, und bei anderen war das Gesicht verbrannt. Einer hatte beide Beine verloren, aber nie wich das Lächeln von seinen Lippen.

Ich fühlte mich diesen Amerikanern verbunden, und als ich ihnen erzählte, was die Nazis im Ghetto gemacht hatten, verstanden sie mich.

Auf dem Schiff sah ich den ersten amerikanischen Film seit vier Jahren. Es war *Yankee Doodle Dandy*. Die Soldaten und Offiziere hatten Tränen in den Augen, als sie ihn sahen.

Am 14. März schälten sich bei Einbruch der Nacht allmählich die Umrisse der amerikanischen Küste aus dem Nebel. Die Passagiere gingen an Deck und säumten die Relings. Ich musste an die biblische Geschichte von der Sintflut und an die Arche Noah denken, als sie endlich auf trockenes Land stieß.

Den ganzen Tag über fühlte ich mich wie erschlagen, als müsste ich die Last von vielen, vielen Jahren tragen. An diesem Abend nahm ich nicht am Unterhaltungsprogramm teil. Ich lag an Deck in einer Ecke und lauschte dem Klang der Wellen, die immer stürmischer wurden.

Am 15. März fuhr unser Schiff auf New York zu.[136] Menschen, die über Jahre hinweg ihr Elend geteilt hatten, begannen sich voneinander zu verabschieden. Es herrschte eine geschwisterliche Zuneigung. Auf allen Gesichtern lag ein Ausdruck fieberhafter Erwartung. Ich sah die Wolkenkratzer von New York, aber meine Gedanken waren in Warschau, und ich unterhielt mich mit Rutka. Einen Augenblick lang stellte ich mir vor, ich würde sie bei der Hand nehmen und an Bord ziehen.

Liebe Rutka, ich vermisse dich sehr. Ich wünschte, ich könnte mein Glück mit dir teilen. Wie wunderbar wäre es doch gewesen, mit dir gemeinsam amerikanischen Boden zu betreten. Ich wünschte, ich könnte dir wenigstens einen kleinen Teil der Freiheit und des Glücks abgeben, die mir bevorstehen. Ich bin jetzt bei dir. Die Freiheitsstatue, diese stolze Frau mit einer Fackel in der Hand, die ich vor mir

sehe, schaut ebenso sehr in deine Richtung wie in meine. Sie grüßt auch dich, dich und alle unsere Freunde, die noch leben, und auch die, die wir niemals mehr wiedersehen werden.
Rutka, sieh mit meinen Augen, lass dein Herz mit meinem im Gleichklang schlagen. Wir nähern uns der Freiheit. Jede von uns wird hier Brot finden, ein Heim, Freiheit. Niemand wird jemals die Freiheit so sehr zu schätzen wissen wie wir, die wir sie einmal verloren haben.

Meine Rutka, sag allen, die noch leben, dass ich sie nie vergessen werde. Ich werde alles tun, was ich kann, um die zu retten, die noch gerettet werden können, und um die zu rächen, die in ihren letzten Augenblicken so bitter gedemütigt wurden. Und die, die zu Asche zermahlen wurden, werde ich immer lebendig vor mir sehen. Ich werde berichten, ich werde alles berichten, von unseren Leiden und unseren Kämpfen und von den Gemetzeln an unseren Liebsten, und ich werde die Bestrafung der deutschen Mörder und ihrer Gretchen in Berlin, München und Nürnberg fordern, die sich an den Früchten der Morde erfreuten und noch immer die Kleider und Schuhe unseres gepeinigten Volkes tragen. Habe Geduld, Rutka, sei tapfer, halte durch. Noch ein wenig Geduld, und wir werden alle die Freiheit finden!

Anmerkungen

Einleitung

1 Deutsche Übersetzung Wolf Biermann, Köln 1994, S. 79.

2 Vgl. »Thousands Mourn Victims of Ghetto«, in: *New York Times* 20. April 1944, S. 10.

3 Transkript der Sendung »Woman of Tomorrow«.

4 Susan Pentlin besitzt einige fotokopierte Seiten des ursprünglichen polnischen Manuskripts, doch der gesamte Text ist ebenso wie Mary Bergs Original-Tagebuch anscheinend nicht mehr vorhanden.

5 Susan Pentlin dankt Fabian Fürste von der Wiener Library in London für die Ermittlung der genauen Erscheinungsdaten der deutschen Version.

6 Unter anderem wurde »The Extermination of 500 000 Jews in the Warsaw Ghetto: the Day to Day Experience of a Polish Gentile« vom American Council of Warsaw Jews und den American Friends of Polish Jews 1942 in New York veröffentlicht.

7 Nach dem Krieg wurde das von Emanuel Ringelblum aufgebaute geheime Archiv des Ghettos mit dem Tarnnamen *Oneg Schabbat* in Warschau wiederentdeckt, und die Tagebücher beziehungsweise Aufzeichnungen von Adam Czerniakow, Janusz Korczak, Chaim Kaplan, Abraham Lewis und Emanuel Ringelblum, die alle im Holocaust umkamen, kamen zum Vorschein. Während der folgenden vier Jahrzehnte tauchten weitere Erinnerungen auf, unter anderem von Alexander Donat und Helena Szereszewska sowie von Überlebenden des Aufstands im Warschauer Ghetto wie Jitzhak Zuckerman und Vladka Meed. Die Erinnerungen des Ghetto-Polizisten Stanislaw Adler, der überlebte, sich aber 1946 das Leben nahm, wurden 1982 von Yad Vashem in englischer Sprache veröffentlicht. Da nur ein Prozent der Ghetto-Bewohner den Krieg überlebte, gibt es auch kaum nach 1945 verfasste Berichte.

8 Rezension *New Yorker* 1945.

9 Rezension *Kirkus Reviews* 1945.

10 M. Young, New York Times Book Review, 1945.

11 F. Weiskopf, Rezension *The Saturday Review*, 1945.

12 Noch 1945 erschien eine hebräische Übersetzung in Tel Aviv, und eine spanische Ausgabe kam in Buenos Aires auf den Markt. Eine italienische Fassung erschien 1946 in Rom, eine französische 1947 in Paris. Mehrere Jahrzehnte später gab Shneiderman eine polnische Übersetzung der ursprünglichen englischen Fassung heraus, die 1983 zum vierzigsten Jahrestag des Ghettoaufstands in Polen veröffentlicht wurde. Eine Übersetzung ins Ungarische folgte 1991, als auch eine neue italienische Fassung herauskam.

13 1986 wurde das auf dem Tagebuch basierende Theaterstück *A Bouquet of Alpine Violets* in Warschau aufgeführt. Vgl. M.T. Kaufman, »Warsaw Play Dramatizing Ghetto Diary«, in: *New York Times*, ProQuest Historical Newspapers, 18. Mai 1986, S. 13. Später bildete dann Mary Bergs Tagebuch die Grundlage für die Produktion *Tempesta*, die in der Inszenierung von Cora Herrendorf in fünf Ländern als Straßentheater aufgeführt wurde. Verantwortlich dafür zeichnete die Truppe Teatro Nucleo, die 1974 in Argentinien begann und heute in Italien beheimatet ist (vgl. die Webseite www.teatronucleo.org). Auch in Heinz Jösts Dokumentarfilm von 1991 *Ein Tag im Warschauer Ghetto. Eine Geburtstagsfahrt in die Hölle* unter der Regie von Jack Kuper wurde Text aus dem Tagebuch benutzt.

14 Vgl. etwa Lucy Dawidowicz (1979), Nora Levin (1973), Israel Gutman (1982), Martin Gilbert (1985).

15 Brief von Eckhardt an Pentlin von 1995.

16 Rosenfeld (2000), S. 54.

17 Mary Bergs Vater wurde am 19. Juli 1893 in der polnischen Stadt Pułtusk geboren und starb 1970 in den USA. Dort hatte er nach dem Krieg seinen Antiquitätenhandel wieder aufgenommen. Mary Bergs Mutter Lena starb 1989 ebenfalls in den USA.

18 Israel Gutman (1982), S. 108.

19 Wiszniewicz (2004).

20 Seine Identität ist in »Minutes of the Second Plenary Session of the Jewish Education Council in Warsaw« belegt, vgl. PH/9-2-7 in Kermish (1986), S. 464, 466.

21 [Vorstudie zum Unterricht während des Krieges] PH/13-2-4 in: Kermish (1986), S. 469.

22 Abraham Lewin (1988), S. 84.

23 »The Profile of the Jewish Child«, ARI/47, in Kermish (1986), S. 383.

24 Mary Berg nennt als Adresse Sienna-Straße 16. Aller Wahrscheinlichkeit nach hat sie sich hier geirrt. In einem Beitrag im Oneg Schabbat wird die Adresse der Schule mit Sienna-Straße 34 angegeben, was näher an ihrem Zuhause gewesen wäre. Vgl. ARI/341 in Kermish (1986), S. 515f.

25 [Jüdische Jugend in den Kriegsjahren] ARI/46 in Kermish (1986), S. 516–519.

26 Ringelblum (1958).

27 Ebd., S. 329.

28 Vgl. Czerniakow (2013), S. 192.

29 Gutta Sternbuch und David Kranzler, Gutta, Memories of a Vanished World, A Bais Yaakov Teacher's Poignant Account of the War Years, New York 2005.

30 Steinberg (2004), S. 341f.

31 Ringelblum (1974), S. 249f.

32 Vgl. Wyden (1993), S. 310.

33 Reich-Ranicki (1999), S. 266.

Kapitel 1: Das belagerte Warschau

34 Mary (Miriam) Wattenberg wurde am 20. April 1924 in Lodz geboren. Vermutlich änderte sie ihr Geburtsdatum während der deutschen Besatzung, da Juden nicht am gleichen Tag Geburtstag haben durften wie Adolf Hitler. Es könnte sein, dass sie das Datum in ihrem veröffentlichten Tagebuch auf den 10. Oktober abänderte, um ihre Verwandten in Polen, die vielleicht

noch am Leben waren, zu schützen, ebenso wie sie das Pseudonym Berg statt ihres Familiennamens Wattenberg benutzte.

35 Ein Zloty war zum gängigen (Vorkriegs-)Umrechnungskurs etwa 20 US-Cent wert. Ein Zloty = 100 Groszy.

36 Jom Kippur. Während des Krieges nahmen die Deutschen häufig jüdische Feiertage zum Anlass für Aktionen im Ghetto wie Pogrome oder Deportationen.

37 Edward Rydz-Smigly (11. März 1886–2. Dezember 1941). Im Mai 1935 folgte Rydz-Smigly Jozef Pilsudski im Amt des Marschalls von Polen und Oberbefehlshabers der polnischen Streitkräfte. Während der Belagerung floh er mit der polnischen Regierung nach Rumänien, wo er interniert wurde. Später kehrte er zurück und trat der Widerstandsbewegung bei, starb aber kurz darauf an Herzversagen.

38 Nicolas Poussin (1594–1665) war ein französischer Maler aus der klassizistischen Periode des Barock. Eugène Delacroix (1798–1863) malte im Stil der französischen Spätromantik.

39 Der Nachbar war ein »Volksdeutscher«, jemand, dessen Familie möglicherweise schon seit Generationen in Polen ansässig war. »Volksdeutsche« konnten sich während der Besatzungszeit in eine »Volksliste« eintragen und damit ihre deutsche Volkszugehörigkeit bekunden. Dieser Nachbar hat sehr wahrscheinlich eine finanzielle Gegenleistung oder andere Privilegien dafür bekommen, dass er die Wattenbergs denunzierte.

40 Jan Matejko (1838–1893), ein in Krakau geborener polnischer Maler, war für seine militärischen und patriotischen Gemälde beliebt, vor allem für die, mit denen er die dritte Polnische Teilung anprangerte.

41 Offiziell war Lodz bereits seit dem 9. November 1939 Teil des Dritten Reichs.

42 Das amerikanische Konsulat zog in das Botschaftsgebäude in Warschau um und blieb bis zum Frühjahr 1940 geöffnet. Möglicherweise war einer der Gründe, warum die Wattenbergs 1939 nach Warschau gekommen waren, der, in dessen Nähe zu sein.

43 Die Grenze zwischen dem neuen Generalgouvernement und der Sowjetunion war geschlossen.

44 Diese Adresse gibt es heute noch.

45 Der Stadtteil war unter dem Namen Baluty bekannt.

46 Zu der Zeit war Amerika noch neutral, und Deutschland wollte vermeiden, dass es in den Krieg eingriff. Daher ist es wahrscheinlich, dass diese Frau aus diplomatischen Gründen ihr Geld bekam.

47 Galizien ist ein Gebiet im Südosten von Polen. Vor 1918 gehörte es zum Kaiserreich Österreich-Ungarn. Marys Vater befand sich in einer Gegend, die 1939 von der Sowjetunion besetzt worden war.

48 Etwa 250 000 bis 300 000 Juden flohen nach der deutschen Invasion aus Polen in die Sowjetunion. Es wird allgemein geschätzt, dass ungefähr die Hälfte von ihnen den Krieg überlebte.

49 Diese Dokumente wurden vermutlich in Warschau gefälscht. Vgl. Eck (1957), S. 139.

50 Die am Pariser Platz gelegene amerikanische Botschaft in Berlin wurde 1939 zerstört, danach arbeitete sie von einem Behelfsbau in der Nähe des Tiergartens aus. Roosevelt hatte den amerikanischen Botschafter Hugh R. Wilson 1938 zurückbeordert. Ein Geschäftsträger blieb bis Dezember 1941 in Berlin.

51 Die Sienna-Straße war im Vorkriegs-Warschau eine der eleganteren Straßen. Sie befand sich im Kleinen Ghetto, und die Häuser mit den ungeraden Hausnummern grenzten an der Hinterseite an den Außenrand des Ghettos. Marys Kunstschule befand sich dort und dazu noch eine Volksküche, ein Café sowie Korczaks Waisenhaus.

52 Geheimer Unterricht begann bereits in den ersten Monaten der Besatzung. Bis zum Sommer 1940 war er schon deutlich besser durchorganisiert. Vgl. Rosenthal (1979), S. 19.

53 Adam Mickiewicz (1798–1855), Julisz Slowacki (1809–1849) und Stanislaw Wyspianski (1869–1907). *Die Hochzeit* (*Wesele* auf Polnisch) war ein Theaterstück, das 1901 in Krakau uraufgeführt wurde.

54 Das American Joint Distribution Committee, kurz »Joint«, war in Warschau vertreten und spielte eine wichtige Wohlfahrtsrolle im Ghetto. Über das Jewish Social Self-Help Committee stellte es Finanzhilfen bereit.

Kapitel 2: Beginn der Ghettozeit

55 1940 hatte die jüdische Polizei etwa 2000 Mitglieder. Viele der Polizisten waren Anwälte oder andere Akademiker, und die Mehrzahl der führenden Positionen wurde von Flüchtlingen aus Lodz eingenommen. Die Polizisten bekamen zwar keinen Lohn, genossen aber Vorteile bei der Lebensmittelzuteilung und im Wohnbereich. In der Endphase des Ghettos unterstützten sie die Deutschen bei ihren »Aktionen«, indem sie Menschen zusammentrieben und zum Umschlagplatz abführten, von wo aus sie nach Treblinka deportiert wurden.

56 KSP steht vermutlich für Komendy Stolecznej Policji (Städtische Polizeibehörde).

57 Diese Rikschas waren eine Ghetto-Erfindung. An einem Korbwagen für zwei Personen war hinten ein Fahrrad befestigt, auf dem ein Fahrer saß. Das Fahren war so beschwerlich, dass die Fahrer nicht lange lebten.

58 Nachts herrschte eine Ausgangssperre, sodass sich die Bewohner nicht frei im Ghetto bewegen konnten. Häuserkomitees organisierten Musikabende und Sketche, gesellige Runden, Lesekreise und Bridgeklubs. Darüber hinaus gab es in den großen Wohnblocks Jugendklubs beziehungsweise -zirkel.

59 »Vitamin B« bedeutet, die richtigen Leute zu kennen, und es ist wahrscheinlich, dass, zumindest in einigen Fällen, Bestechungsgelder erwartet wurden. Der umgangssprachliche Ausdruck im Ghetto für »Vitamin B« war »die Orgel spielen« oder »die Musikbox spielen«.

Kapitel 3: Das Leben geht weiter

60 Im Februar 1941 war Hunger bereits an der Tagesordnung. Die offizielle Zuteilung der Deutschen für das Ghetto belief sich auf 184 Kalorien, während es für Polen 699 Kalorien waren und Deutsche 2613 Kalorien pro Tag

erhalten konnten (vgl. Roland 1992, S. 102). Nur wenn man Geld hatte, um Lebensmittel auf dem Schwarzmarkt zu kaufen, konnte man dem Hungertod entgehen.

61 Laut der offiziellen Website (www.ort.org) steht ORT für die russischen Anfangsbuchstaben der Organisation Obshestvo Remeslenofo zemledelcheskofo Truda (Gesellschaft für handwerkliche und landwirtschaftliche Arbeit), die 1880 gegründet wurde. Das ORT-Komitee vergab Gelder an jüdische Schulen für die Ausbildung in den Bereichen Handwerk und Landwirtschaft. Darüber hinaus vergab es auch Darlehen an Handwerker und kaufte Parzellen Ackerland, die Familien dann bearbeiten konnten. Heute ist es eine weltweite Nichtregierungsorganisation mit Sitz in Genf.

62 Im Verlauf des Tagesbuchs nennt Mary ihre Schwester sowohl Anna als auch Ann.

63 Hierbei handelt es sich um das Berson und Bauman Kinderkrankenhaus. Dr. Anna Braude-Heller war die leitende Ärztin im Ghetto. Vgl. Roland (1992), S. 94–96 und Szwajger (1993), S. 27.

64 Die Haggada enthält Texte und Rituale zum Sedermahl am Pessach.

65 Eine Komödie von Jozef Polaczek [Polacek oder Polatshek).

66 Eine Operette über Baron von Kimmel von Walter Kollo (eigentlich Elimar Walter Kollodzieyski).

67 Adam Czerniakow besaß das einzige Automobil, das im Ghetto geduldet wurde. Am Tag vor dem Beginn der Deportationen, am 22. Juli 1942, nahmen die Deutschen ihm das Auto weg. Das war ein eindeutiges Omen für den Anfang vom Ende des Ghettos.

68 ToPoRol ist abgeleitet von der polnischen Bezeichnung »Towarzystwo Popierania Rolnietwa«, was bedeutet: Gesellschaft zur Förderung der Landwirtschaft. Eines der Ziele der Organisation war es, im Ghetto Nahrungsmittel anzubauen in der Hoffnung, damit nicht nur dem Hunger entgegenzuwirken, sondern auch die Menschen an die frische Luft zu bringen und sie moralisch aufzurichten.

69 Zionistische Jugendorganisationen im Ghetto koordinierten diese Landarbeiter mit Unterstützung von ToPoRol. So viele polnische Landarbeiter waren nach Deutschland verschickt worden, dass die Bauernhöfe und Landgüter außerhalb von Warschau nicht mehr genügend Arbeitskräfte hatten. Die Arbeit war hart, aber die Arbeiter mussten nicht hungern.

70 Heute stehen in Warschau noch zwei kleinere Abschnitte der Originalmauer in der Nähe der Sienna-Straße 55–59.

71 Pierre-Jean de Béranger (1780–1857). Das »Alleluja« stammt aus Mozarts Motette »Exsultate, Jubilate«.

Kapitel 4: Untergrund

72 Die *Gazeta Zydowska* wurde vom Juli 1940 bis zum Sommer 1942 in Krakau aufgelegt. Dobroszycki hält sie für ein deutsches »Werkzeug«, um die Ghettoinsassen irrezuführen, und viele Ghettobewohner mieden die Zeitung, da sie eine offizielle deutsche Publikation war. Herausgegeben wurde sie von Judenratsfunktionären verschiedener Ghettos in Polen. Im Warschauer Ghetto gab es fünfzig Titel der Untergrundpresse, darunter neunzehn auf Polnisch, wie die assimilationistische *Zagiew* (Fackel), sowie achtundzwanzig auf Jiddisch, wie das *Bundist Biuletin*, die zionistische *Dror* (hebräisch für Generation) und die kommunistische *Morgn Frayhayt* (jiddisch für Morgen Freiheit) 1942. Die jiddisch-sprachige *Geto-Tsaytung*, die 1941 in Lodz herausgegeben wurde, war neben der *Gazeta Zydowska* die einzige jüdische Zeitung, die von den Deutschen in Polen toleriert wurde.

Kapitel 5: Russische Bomben

73 Diese Zeitung war im Ghetto verboten. Es war ein offizielles deutsches Blatt, was seine Sicht der Dinge erklärt.

74 Der Judenrat war für die Anstellungen zuständig. Nachdem alle Polen gezwungen worden waren, das jüdische Viertel zu verlassen, kämpften Juden hart um diese begehrten Posten. Es gab Fälle, in denen Anwälte als Hausmeister tätig waren. »Man musste einen ganzen Haufen Freunde an den

richtigen Stellen haben, um diese Stellung zu bekommen.« (Szereszewska 1997, S. 21).

75 Die italienische Staatsangehörigkeit könnte ihm zu der Zeit einen gewissen Schutz verschafft haben. Obwohl Italien mit Deutschland verbündet war, deportierte Mussolini keine italienischen Juden. Nachdem sich Italien aber 1943 Deutschland ergeben hatte, wurden auch italienische Juden deportiert. Vgl. Hilberg (1990), S. 714f.

76 Robert Schumanns »Träumerei«, Opus 15, Nummer 7. Da Schumann Deutscher war, war es den Ghettobewohnern offiziell untersagt, seine Werke zu spielen. Am 30. April 1942 vermerkte ein anderer Tagebuchschreiber, dass es schon seit einiger Zeit verboten gewesen sei, jegliche deutsche Literatur, Musik oder bildende Kunst im Ghetto zu gebrauchen, doch dass die Deutschen jetzt angefangen hätten, dies rigoros durchzusetzen (siehe Kaplan 1973, S. 321f.).

Kapitel 6: Typhus

77 *Das Reich* wurde von Joseph Goebbels herausgegeben, dem deutschen Propagandaminister von 1940 bis 1945. Der *Völkische Beobachter* war das offizielle Organ der Nationalsozialistischen Partei. Er erschien von 1920 bis 1945.

78 Nach dem 7. Dezember 1940 hätten amerikanische Journalisten ihre Arbeit in Warschau gar nicht mehr fortführen dürfen, daher ist nicht klar, auf wen sich Mary hier bezieht. Sie könnte entweder einen Artikel von einem englischsprachigen Journalisten wie Otto Koischwitz gesehen haben, der die amerikanische Staatsbürgerschaft besaß, aber im Außenministerium in Berlin arbeitete, oder einen – möglicherweise aus dem Zusammenhang gerissenen – Nachdruck einer amerikanischen Publikation oder aber einfach eine Lügengeschichte der Nazis.

79 Polcia ist die polnische Entsprechung zu Paula beziehungsweise Pola. Es ist ein weiblicher Vorname und kommt aus dem Lateinischen, wo es klein bedeutet. Mops ist im Polnischen wie im Deutschen die Bezeichnung für

eine Hunderasse. Die Verwendung hier lässt darauf schließen, dass man sich über die Person ein wenig lustig gemacht hat.

Kapitel 7: »Die Gewalttat an deinem Bruder«

80 Dies ereignete sich am 28. Juni 1941 in Bialystok. Zwischen 1000 und 2000 Juden kamen in den Flammen um.

81 Was Mary Berg da schreibt, stimmt. Es handelte sich hier vermutlich um eines von vielen Gerüchten, die im Ghetto grassierten, angeheizt durch die Atmosphäre der Angst und Verzweiflung unter den Ghettobewohnern sowie durch die Tatsache, dass sie von Nachrichten aus der Welt außerhalb abgeschnitten waren. Milejkowski mutmaßte, die Seuche sei durch die Lebensmittellieferungen ausgelöst worden, die, als sie im Ghetto ankamen, durch die Lieferwagen kontaminiert waren, in denen man auch menschliche Exkremente beförderte (vgl. Roland 1992, S. 180).

82 Stefan Zeromski (1864–1926) war einer der führenden Schriftsteller Polens.

83 Dies ist das kürzeste Buch im Alten Testament der Christen, benannt nach dem Propheten Obadja. Es entstammt der mündlichen Überlieferung der Juden und gehört zu den Gesetzestexten des Mischna-Teils des Talmuds.

84 Nach deutschen Anweisungen waren Religionsunterricht und Gottesdienste im Ghetto verboten. Außerdem handelt es sich hier um den Buchstaben, der für Wissen und Gelehrsamkeit steht.

85 Die Stawki-Straße befand sich in der Nähe der Eisenbahnschienen. Nur ein knappes Jahr später wurde die Stawki-Straße der Zugang zum Umschlagplatz, von dem aus die Deportationen nach Treblinka und dann nach Majdanek erfolgten.

86 Dabei handelt es sich um das polnische Lied »Sto Lat«. Übersetzt lautet der Text etwa so: »Hundert Jahre, hundert Jahre möge er/sie leben mit uns. Hundert Jahre, hundert Jahre möge er/sie leben mit uns. Noch einmal, noch einmal, er/sie möge leben, möge leben mit uns«. Die Noten, der polnische Text sowie eine Hörprobe sind unter www.utexas.edu/courses/polish/media/stolat.htm bei der University of Texas erhältlich.

87 Jerzy Jurandot wurde 1911 als Jerzy Glejgewicht in Warschau geboren. Er war künstlerischer und literarischer Leiter des Melody Place im Ghetto. Er überlebte den Krieg und starb 1979 (vgl. Turkow 1995, S. 167, 174, 201).

88 Joseph Pilsudski gründete im Ersten Weltkrieg die Polnische Legion und war eine treibende Kraft beim Aufbau eines unabhängigen Polen nach dem Krieg. Bei seinem Tod im Jahr 1935 wurde er als Nationalheld betrauert.

89 Ringelblum zufolge wurden im Zeitraum September 1942 bis April 1943 im Ghetto dreizehn Hinrichtungen an jüdischen Gestapokollaborateuren durch Untergrundverbände ausgeführt, darunter unter anderem von Alfred Nossig (1974, S. 250f.), Gurman und Milek Tine (1958, S. 280). Wie der Ghetto-Untergrund seine Entscheidungen traf, bevor er Todesurteile ausstellte, vgl. im Einzelnen Zuckerman (1993), S. 319–323.

90 Dies war der einzige Ort, an dem Waren auf legale Weise ins Ghetto gelangen konnten, d.h. unter Aufsicht und mit Erlaubnis der Deutschen.

Kapitel 8: Das Grauen geht um

91 Die Sammlung begann in den Büros des Judenrats am 25. Dezember im bitterkalten Winter des Jahres 1941/42. Es war ein großer Verlust für die Menschen (vgl. Czerniakow 2013, S. 211f.). Ironischerweise kamen nur wenige der Pelze an der russischen Front zum Einsatz. Im Januar 1942 steckten Untergrundkämpfer die SS-Lagerhäuser an der Nalewki-Straße 31 in Brand, in denen einige der Pelze aufbewahrt wurden.

92 Diese hohe Fußgängerbrücke vom »Kleinen Ghetto« herüber wurde erst Anfang 1942 gebaut. Sie lag an der Ecke Chlodna-Straße, Zelazna-Straße in der Nähe von Czerniakows Wohnung in der Chlodna-Straße 20, sodass der Verkehr zur arischen Seite auf der Straße unterhalb durchfahren konnte. Litai (1966) zufolge nannten »die Juden diese Stelle ›Gibraltar‹«, weil sich deutsche Polizeistreifen auf Passanten stürzen konnten (S. 23).

93 Vielleicht wollte Szajer sich das einreden. Viele Forscher und Tagebuchschreiber schildern diesen Dienst dagegen als Mogelpackung, ein Mittel für junge Männer mit Beziehungen, den Arbeitsdienst zu umgehen. Die Adresse, Leszno-Straße 13, ist alleine schon ein Indiz dafür, dass eine Ver-

bindung zu den »13« bestand. Vgl. z.B. Mazor (1993), S. 184f., Ringelblum (1958), S. 200, 332, Adler (1982), S. 234.

Kapitel 9: Ein weiteres Jahr

94 Berg glaubt, Szajers Handeln sei karitativ gewesen, und vielleicht glaubte er das ja selber auch, aber andere Quellen deuten darauf hin, dass die Jobs sehr begehrt waren und dass die Mühlen von der Unterwelt des Ghettos betrieben wurden.

95 Die erhältlichen Medikamente waren stark begrenzt, und Arzneien, die in den vom Judenrat betriebenen Apotheken geführt wurden, waren sehr teuer.

96 Julian Tuwim (1894–1957) wurde in Lodz in ein jüdisches Elternhaus geboren. 1939 floh er aus Polen und kam 1942 in die Vereinigten Staaten. »Polnische Blumen« ist ein lyrisches Epos voller Mitgefühl für sein Heimatland und für die Armut seines Volkes. 1946 kehrte er nach Polen zurück.

97 Viele Tagebücher und Erinnerungen aus dem Warschauer Ghetto schildern »Frankenstein« und seine Brutalität. Am 30. Mai 1942 schrieb Ringelblum: »Die letzte Woche war sehr blutig… vor allem im Bereich des Kleinen Ghettos, wo ein Polizist, dem man den Beinamen ›Frankenstein‹ gegeben hat, Dienst tut. Seinen Spitznamen hat er bekommen, weil er aussieht und sich benimmt wie das Monster aus dem gleichnamigen Film.« (1958, S. 283). Edelman beschreibt ihn als einen »Gendarm der Schutzpolizei, Frankenstein, [der] in einem Monat dreihundert Tote auf seinem Gewissen [hat], über die Hälfte von ihnen sind Kinder« (1993, S. 41). Vgl. auch Czerniakow (2013), S. 265, Mazor (1993), S. 117, Szwajgier (1993), S. 58, Turkow (1995), S. 108.

Kapitel 10: Der Frühling ist grausam

98 Das war möglicherweise ein Trick, um das medizinische Personal im Ghetto zu reduzieren; Dr. Miechowski wurde bei seiner Ankunft ermordet oder hat sich bald darauf zu Tode gearbeitet. 1941 wurde in Treblinka ein Arbeitslager für jüdische Männer eingerichtet. Bis 1942 war daraus Treblinka I geworden,

und das Vernichtungslager, das im Juli 1942 in Betrieb genommen wurde, bekam den Namen Treblinka II.

99 Zatlikow war ein Schtetl im Karpatenvorland. Im November 1942 fand das jüdische Leben dort ein Ende, als die jüdischen Einwohner ins Vernichtungslager Belzec deportiert wurden. Zwischen März und August 1942 waren über 65 000 Juden aus dem Ghetto in Lwiw deportiert und ermordet worden. Die endgültige Auflösung des Ghettos fand Anfang Juni 1943 statt (United States Holocaust Memorial Museum).

100 Es ist unklar, warum Mary Berg glaubte, ihre Mutter würde sich »verstecken«, und warum Frau Berg sich nicht im April registriert hatte. Vielleicht wartete sie ja auf Post aus der Schweiz. In ihrem Interview mit *Woman of Tomorrow* erklärte Mary: »Weil sie wusste, dass sie interniert werden würde, schrieb Mutter an die amerikanische Gesandtschaft in der Schweiz und bat um Erlaubnis, ihre Familie mitnehmen zu dürfen, was ihr gewährt wurde.«

101 Die Gemeinde erhielt im Herbst 1941 die Erlaubnis, öffentliche Schulen einzurichten, und das Schuljahr begann im Januar 1942 mit sechs Schulen. Bis zum Frühjahr waren neunzehn Schulen mit 6700 Schülern geöffnet (Rosenthal 1979, S. 19). Es waren keine weiterführenden Schulen erlaubt. Mary Berg könnte sich auf die neuen jiddisch-sprachigen Schulen beziehen, die im Mai eröffnet wurden.

Kapitel 11: Die Deutschen machen Bilder

102 Ohne Zweifel hatten die Deutschen mit den Filmaufnahmen Propagandaziele im Sinn. Die Dokumentation *Asien in Mitteleuropa* wurde von Willi Wist gedreht, vom 2. Mai bis zum 2. Juni 1942. Die meisten Tagebuchschreiber und Autobiografen aus dem Ghetto verzeichnen dieses Ereignis, und ein Fragment des Originalfilms, ohne Ton, befindet sich im Bundesarchiv in Koblenz. Vgl. Fritz Bauer Institut unter www.cineholocaust.de für eine teilweise Auflistung von Szenen aus dem Film.

103 Die Exekutionen in der Gesia-Straße erfolgten Mitte Mai 1942 (Edelman 1993, S. 44f.). Einhundertzehn Gefangene des sogenannten Zentralgefängnisses (»Gesiowka«) wurden wegen »ungesetzlichen« Übertritts auf

die arische Seite hingerichtet. Spezielle von Auerswald unterzeichnete Proklamationen bezüglich der »gerechten« Strafe für diese »Verbrecher« wurden im Ghetto ausgehängt.

104 Staatsangehörige der Vereinigten Staaten und des Britischen Commonwealth wurden am 14. April 1942 zum ersten Mal aufgefordert, sich zu melden. Das gehörte zum in der Wannseekonferenz ausgehandelten Plan, alle Nichtarier aus dem Deutschen Reich zu entfernen (vgl. Eck 1957, S. 36).

105 Ruth Lawrence arbeitete für den Reverend Gaither Warfield in der Methodistenmission in Warschau. Er hatte die amerikanische Kolonie in Warschau mit Erlaubnis der Gestapo eingerichtet. Lawrence war seine Sekretärin.

106 Im März 1943 wurden die Arbeiter im Ghetto ins KZ Plaszow verlegt. Am 14. März wurden die verbliebenen Ghettobewohner ermordet (vgl. Spector, Bd. 1, S. 280).

Kapitel 12: Die Privilegierten kommen ins Gefängnis

107 Dieser Wandel in der Einstellung der Deutschen gegenüber Besitzern ausländischer Papiere ist bemerkenswert. Frühe Zeugenaussagen und Forschungen sahen die Tatsache, dass die Deutschen 1942 (und auch später noch) Juden dazu verlockten, sich mit Ausweispapieren zu melden, als Trick an und mutmaßten, dass sie von vornherein geplant hatten, sie zu ermorden. In der neueren Forschung wie von Friedman wird die Ansicht vertreten, dass die Deutschen in erster Linie einen Austausch im Sinn hatten, um Deutsche im Ausland zurück ins Reich zu holen.

108 Der polnische Titel des Films lautet *Dziesieciu z Pawiaka*. Regie führte Ryszard Ordynski, und die Premiere fand 1931 statt.

109 Mexiko erklärte Nazi-Deutschland am 22. Mai 1942 den Krieg und gehörte somit zu dieser Zeit zu den Alliierten.

110 Dabei handelt es sich nicht um das unter dem Namen Korczaks bekannte Waisenhaus, das im Kleinen Ghetto lag.

Kapitel 13: Die Kinder machen einen Spaziergang

111 Sehr wahrscheinlich irrt sich Mary Berg hier. Die Dzielna-Straße verlief entlang der Seite des Gefängnisses, auf der sich das »Serbia« befand. Im Pawiak hatte Mary vermutlich gehört, dass Leute von der Dzielna-Straße 39 als dem »Korczak Heim« sprachen, und angenommen, dass Korczaks Waisenhaus von der Sienna-Straße dorthin umgezogen war. Als sie sah, wie Kinder von deutschen Wachleuten aus dem Haus in der Dzielna-Straße 39 herausgeführt wurden, ging sie davon aus, dass es Dr. Korczak mit seinen Kindern war.

Kapitel 14: Das Ende der jüdischen Polizei

112 In der polnischen Geschichte gab es mindestens sechs Städte mit dem Namen Sosnowiec, alle in der Umgebung von Warschau. Möglicherweise ist das hier eine verschleierte Anspielung auf Sosnowiec bei Auschwitz im Regierungsbezirk Kattowitz. Falls dem so ist, ist Mary Berg sehr scharfsichtig. Sie könnte meinen, dass die englischen und neutralen Staatsangehörigen ermordet worden sind.

113 Oswiecim ist der polnische Name für die Stadt Auschwitz und für das Konzentrationslager, das dort 1940 für Polen eingerichtet wurde. Ab 1941 fanden dort Vergasungen statt, und die ersten jüdischen Transporte trafen im Frühjahr 1942 ein. Die Menschen im Ghetto wussten von der Tötungsmethode in Auschwitz wie auch in Belzec und Kulmhof. Eine Verlautbarung des *Oneg Schabbat* gab Anfang 1942 Augenzeugenberichte wieder, nach denen Schaffner in Zügen, die Belzec passierten, die Anweisung hatten, die Fenster zu schließen, um die Gerüche von den dort begangenen Ermordungen draußen zu halten (vgl. Kermish 1986, AR/I/1382, S. 32). Bis zum Frühjahr 1943 waren die vier Gaskammern in Birkenau alle in Betrieb, doch bereits im Herbst 1941 hatten die Deutschen die Vergasung von Opfern im Hauptlager von Auschwitz eingeführt.

Kapitel 15: Die blutigen Zeiten sind zurück

114 Die Kühe waren vermutlich in einer geheimen Molkerei im Ghetto gewesen. Möglicherweise hatten sie Milch für die Kinder reicher Leute geliefert sowie für die Restaurants und Klubs, die im Ghetto betrieben wurden und von der Unterwelt und denjenigen frequentiert wurden, die noch Vermögen aus Vorkriegstagen besaßen.

115 Adrienne Thomas (Hertha Adrienne Strauch) diente von 1914 bis 1916 im Ersten Weltkrieg in Metz als Krankenschwester an der Front und wurde danach Pazifistin. Ihr erstes Buch, *Die Katrin wird Soldat*, erschien 1931. Es wurde schnell in fünfzehn Sprachen übersetzt und war weltweit populär. *Katrin! Die Welt brennt!* erschien 1936. Thomas hielt sich in Wien auf, als die Nazis Österreich annektierten. Da sie aus einer jüdischen Familie stammte, floh sie nach Frankreich und kam 1940 in die Vereinigten Staaten, wo sie die Kriegsjahre verbrachte. Sie wurde 1897 im Elsass geboren und starb 1980 in Wien.

116 Zeitgenössische Berichte über die in den Nazi-Lagern angewandten Methoden weichen zwar voneinander ab, doch sprechen viele von »Dampf«. Vgl. beispielsweise Ringelblum (1958), S. 321, der, wie auch Mary Berg in ihrer ursprünglichen Kurzschrift, von dem Vernichtungslager als »Treblinki« schreibt.

117 Mehrere Augenzeugen mit Informationen über Treblinka aus erster Hand waren bis Dezember 1942 ins Ghetto zurückgekehrt. Vgl. Ringelblum (1958), S. 320f., Edelman (1993), S. 49.

118 Mary Berg unterscheidet hier nicht zwischen US-Bürgern und Internierten, die die Staatsbürgerschaft oder Schutz gewährende Papiere latein- beziehungsweise mittelamerikanischer Länder besaßen.

119 Schätzungen zufolge versteckten sich etwa 28 000 Juden irgendwann einmal in Warschau. Davon erlebten noch etwa 41 % (11 500) die Befreiung. Vgl. Paulsson (2002), S. 199–248.

120 Sie kamen als Zwangs- und Landarbeiter nach Deutschland. Eine Schätzung besagt, dass nahezu zwei Millionen polnische Arbeiter gewaltsam deportiert

wurden, die meisten aus dem Generalgouvernement. Vgl. Davies (2004), S. 106.

121 Früh am Morgen des 18. Januar 1943 kamen bewaffnete Deutsche und Ukrainer ins Ghetto und forderten die Arbeiter auf, aus ihren Wohnungen zu kommen und sich zum Umschlagplatz zu begeben. Zu ihrer Überraschung gingen die Menschen in Bunker, die sie vorbereitet hatten, und Untergrundkämpfer traten den Deutschen mit bewaffnetem Widerstand entgegen. In vier Kampftagen wurden etwa 4000 bis 5000 Juden im Ghetto ermordet oder deportiert. Die Zahl der deutschen Todesopfer ist ungewiss. Gutman glaubt, dass es weniger als »einige Dutzend« waren (Gutman 1994, S. 179–184).

Kapitel 16: Internierungslager

122 Der Zug fuhr mitten in der Nacht von einem Abstellgleis außerhalb von Warschau ab, damit die Internierten nicht mitbekamen, wie die Deutschen ins Ghetto zurückkehrten, um die verbliebenen 30 000 bis 40 000 Juden zu deportieren.

123 Vittel ist ein Kurort in Frankreich. Das Internierungslager trug offiziell den Namen Frontstalag 142. Das Lager setzte sich zusammen aus den Hotels und dem Kurpark. Obwohl Stacheldraht das gesamte Gelände umgab, konnten die Internierten tagsüber durch den Park spazieren.

124 Die Läden befanden sich in einem separaten Gebäude nicht weit vom Grand Hotel. Während des Krieges stand die Galerie den Inhaftierten ebenso offen wie ein paar Geschäfte und Boutiquen, die von Leuten aus der Stadt betreut wurden. In den Vorkriegsjahren war die Galerie des Cours auch für Kunden geöffnet, die nicht im Hotel wohnten. An ihrem Ende lag die Schranke zum Eingang in die Anlage, auf der die Inhaftierten Sport treiben konnten. Daneben war es auch eine Art »Seufzergässchen« für junge Inhaftierte.

125 Gelegentlich fuhren die Wachmänner die Außengrenze mit dem Fahrrad ab. Der Park war 2,5 Hektar groß, 2500 Meter lang und mit Stacheldraht eingezäunt. Er stand den Internierten aus den Hotels offen, außer zwischen 20 Uhr und 7 Uhr.

126 Die Briefe wurden zensiert, daher benutzten die Internierten häufig eine Art Code mit doppeldeutigen englischen Begriffen. Briefe aus Polen mussten in Deutsch abgefasst sein, weshalb Briefpartner oftmals in einem eingedeutschten Jiddisch schrieben mit lateinischen Buchstaben.

127 Operette von Franz Lehar (1870–1948). Die Uraufführung in Vittel fand im November 1942 auf der Bühne des Theaters im Kurhaus statt. Stella Gumuchian, die das Unterhaltungskomitee leitete und eine versierte Musikerin war, besaß nur eine Partitur von Lehars Werk, und die war für Klavier. Auf dieser Grundlage erarbeitete sie die diversen Partituren für andere Instrumente im Orchester.

Kapitel 17: Der Aufstand im Ghetto

128 Das Arbeitslager Trawniki wurde im Herbst 1941 eröffnet. Es wurde auch als Ausbildungsstätte für SS-Rekruten aus der Sowjetunion und den baltischen Staaten genutzt. Ab dem Frühjahr 1942 wurden Juden aus Westeuropa nach Trawniki deportiert. Im August 1943 wurde es zur Außenstelle des KZ Majdanek. Am 3. November 1943 wurden 10 000 Juden aus dem Lager hingerichtet und in der Umgebung in Erdlöchern begraben. Trawniki diente außerdem als Durchgangslager in das Vernichtungslager Belzec (Aktion Reinhardt, www.deathcamps.org).

129 Von den 2500 bis 3000 Menschen aus dem Hotel Polski, die nach Bergen-Belsen kamen, überlebten nur schätzungsweise 250 mit Ausweispapieren für Palästina (vgl. Eck 1957, S. 142f.).

130 Dabei handelte es sich um zivile Internierungslager. Das Lager Tost Ilag VIII bestand von 1941 bis 1942 in Gleiwitz, Polen.

131 Mary Berg meint Westerbork, ein Durchgangslager außerhalb von Amsterdam, in das die Familie von Otto Frank kam, nachdem ihr Versteck in dem geheimen Anbau entdeckt wurde.

132 Das ungute Gefühl erwies sich für die polnischen Juden als berechtigt, die im Besitz mittel- oder südamerikanischer Ausweispapiere waren. Im August 1943 bat Alois Brunner in Paris Adolf Eichmann in Berlin, eine Kommission nach Vittel zu entsenden, um die polnischen Juden im Lager

mit mittel- beziehungsweise südamerikanischen Pässen unter die Lupe zu nehmen. Als die Kommission am 8. September eintraf, war das ein unheilvolles Signal für das, was bevorstand (vgl. Rutkowski, S. 47). Am 8. September 1943 mussten die Juden mit südamerikanischen Papieren ihre Dokumente aushändigen (vgl. Katzenelson, S. 30).

133 Mary Bergs Schätzung von 150 für einen Austausch infrage kommenden Personen könnte etwas zu niedrig sein. Kurz nach ihrer Abreise wurden die polnischen Juden in Vittel, die süd- oder mittelamerikanische Papiere besaßen, in zwei Transporten ins französische Lager Drancy deportiert und von dort aus nach Auschwitz.

Kapitel 18: Reise in die Freiheit

134 Glücklicherweise kam es dazu nicht. Der Zug wurde in Biarritz aufgehalten, damit noch etwa 350 amerikanische Zivilisten zu der Gruppe aus Vittel stoßen konnten, um dann mit ihnen zusammen ausgetauscht zu werden.

135 Die *SS Gripsholm* wurde vom Außenministerium der Vereinigten Staaten von der Schwedischen Amerika Linie gechartert und dazu eingesetzt, amerikanische Staatsbürger aus dem Fernen Osten, Südamerika, Belfast und Algier sowie aus Europa und Südafrika nach Hause zurückzuholen. In der Zeit von 1942 bis 1946 unternahm sie zwölf Hin- und Rückfahrten im Namen der Barmherzigkeit. Das Schiff in den blau-gelben Farben der schwedischen Flagge fuhr mit voller Beleuchtung, um als diplomatisches Schiff erkennbar zu sein.

136 Vgl. *New York Times*, »128 Still Aboard«, 17. März 1944. Die *Gripsholm* legte mit 662 Passagieren an.

Bibliographie

Zeitgenössische Rezensionen von Mary Bergs Tagebuch

Kirkus 13 (15. Februar 1945), S. 24.

Library Journal 70 (15. Februar 1945), S. 162.

Marguerite Young, »First Hand Report of a Nightmare«, in: *New York Times Book Review* vom 18. Februar 1945, S. 6.

New Yorker 21 (24. Februar 1945), S. 77.

F. Weiskopf in: *Saturday Review* 28 (3. März 1945), S. 34.

Horn Book 21 (Mai 1945), S. 210.

Literaturverweise

Adler, Stanislaw, In the Warsaw Ghetto, 1940–1943: An Account of a Witness. The Memoirs of Stanislav Adler, Jerusalem 1982.

Czerniakow, Adam, Das Tagebuch des Adam Czerniakow. Im Warschauer Ghetto 1939–1942, München 2013.

Davies, Norman, Aufstand der Verlorenen. Der Kampf um Warschau 1944, München 2004.

Dawidowicz, Lucy, Der Krieg gegen die Juden 1933–1945, München 1979.

Dobroszycki, Lucjan (Hg.), Reptile Journalism: The Official Polish-Language Press under the Nazis, 1939–1945, übers. von Barbara Harshav, New Haven 1994.

Eck, Nathan, »The Rescue of Jews with the Aid of Passports and Citizenship Papers of Latin American States«, *Yad Vashem Studies on the European Jewish Catastrophe and Resistance* 1 (1957), S. 125–152.

Edelman, Marek, Das Ghetto kämpft, Berlin 1993.

Elbaum, Esther, »She Lived in the Warsaw Ghetto: An Interview with Mary Berg«, in: *Hadassah Newsletter* März–April 1945, S. 420f.

Gilbert, Martin, A History of the Jews of Europe during the Second World War, New York 1985.

Gutman, Israel et al., Enzyklopädie des Holocaust, 4 Bde., München und Zürich 1995.

—, The Jews of Warsaw 1939–1943: Ghetto, Underground, Revolt, Bloomington 1982.

— et al., Rescue Attempts during the Holocaust: Proceedings of the Second Yad Vashem International Historical Conference, April 1974, Jerusalem 1977.

—, Resistance: The Warsaw Ghetto Uprising, New York 1994.

Heinemann, Marlene E., Gender and Destiny: Women Writers and the Holocaust, New York 1986.

Hilberg, Raul, Die Vernichtung der europäischen Juden, Frankfurt 1990.

Kaplan, Chaim, Buch der Agonie. Das Warschauer Tagebuch des Chaim A. Kaplan, hrsg. von Abraham I. Katsh, Frankfurt a.M. 1967.

—, The Warsaw Diary of Chaim A. Kaplan, überarb. Ausg., hrsg. von Abraham I. Katsh, New York 1973.

Katzenelson, Yitzak, Großer Gesang vom ausgerotteten jüdischen Volk, übertragen von Wolf Biermann, Köln 1994.

—, Oh mein Volk! Mein Volk… Aufzeichnungen aus dem Internierungslager Vittel, Berlin 1999.

Kermish, Joseph (Hg.), To Live with Honor and Die with Honor!… Selected Documents from the Warsaw Ghetto Underground Archives »O.S«, Jerusalem 1986.

Kranzler, David, Thy Brother's Blood: The Orthodox Jewish Response during the Holocaust, Brooklyn 1987.

Levin, Nora, The Holocaust: The Destruction of European Jewry, 1933–1945, New York 1973.

Lewin, Abraham, A Cup of Tears: A Diary of the Warsaw Ghetto, Oxford 1988.

Litai, Chaim Lazar, Muranowska 7: The Warsaw Ghetto Uprising, Tel Aviv 1966.

Mazor, Michel, »The House Committees in the Warsaw Ghetto«, in: *The Holocaust a Historical Experience, Essays and a Discussion*, hrsg. von Yehuda Bauer und Nathan Rotensteich, New York 1981, S. 95–108.

—, The Vanished City: Everyday Life in the Warsaw Ghetto, übers. von David Jacobson, New York 1993.

Paulsson, Gunnar, Secret City: The Hidden Jews of Warsaw, 1940–1945, New Haven 2002.

Pentlin, Susan, »Community in a World of Chaos, Life in the Warsaw Ghetto«, in: *The Century of Genocide*, hrsg. von Daniel G. Curran, Jr., Richard Libowitz und Marcia Sachs Littell, Westfield 2002, S. 63–75.

—, »Holocaust Victims of Privilege«, in: *Problems Unique to the Holocaust*, hrsg. von Harry James Cargas, Lexington 1999, S. 25–41.

—, »Mary Berg«, in: *Encyclopedia of Holocaust Literature*, hrsg. von David Patterson, Alan Berger und Sarita Cargas, Westport 2002, S. 19–21.

—, »Mary Berg«, in: *Holocaust Literature: An Encyclopedia of Writers and their Work*, hrsg. von Lillian Kremer, New York 2003, S. 138–141.

—, »Mary Berg's *Warsaw Ghetto, A Diary*«, in: *Bearing Witness to the Holocaust 1939–1989*, hrsg. von Alan L. Berger, Lewiston 1991, S. 255–271.

—, »Mary Berg« und »Warsaw Ghetto: A Diary«, in: *Reference Guide to Holocaust Literature*, hrsg. von Thomas Riggs, Detroit 2002, S. 29f. und 617–681.

Reich-Ranicki, Marcel, Mein Leben, Stuttgart 1999.

Ringelblum, Emanuel, Notes from the Warsaw Ghetto: The Journal of Emanuel Ringelblum, übers. und hrsg. von Jacob Sloan, New York 1958.

—, Polish-Jewish Relations during the Second World War, hrsg. von Joseph Kermish und Shmuel Krakowski, übers. von Dafna Allon, Danuta Dabroska und Dana Keren, Evanston 1974.

Roland, Charles G., Courage under Siege, Starvation, Disease and Death in the Warsaw Ghetto, New York und Oxford 1992.

Rosenfeld, Alvin H., Ein Mund voll Schweigen. Literarische Reaktionen auf den Holocaust, Göttingen 2000.

Rosenthal, David, »The Unvanquished Sector of the Warsaw Ghetto, its School Systems«, in: *Jewish Frontier* 46 (April 1979), S. 18–21.

Rutkowski, Adam, »Le camp d'internement et d'exchange pour Juifs de Vittel«, in: *Le Monde Juif*, Paris, 102 (April–Juni 1981), S. 35–70.

—, »O Agenturze Gestapowskiez W. Getcie Warszawskim«, in: *Biuletyn Zydowskiego Instytutu Historycznego*, Warschau 1956, S. 38–59.

Spector, Shmuel et al., The Encyclopedia of Jewish Life Before and During the Holocaust, 3 Bde., New York 2001.

Steinberg, Madeleine, »Une Internee Civile Britannique Témoin Indirect de la Fin au Ghetto de Varsovie«, in: *Le Monde Juif*, Paris, 180 (Januar–Juni 2004), S. 315–360.

Szwajger, Adina Blady, Die Erinnerung verlässt mich nie. Das Kinderkrankenhaus im Warschauer Ghetto und der jüdische Widerstand, München 1993.

Szereszewska, Helena, Memoirs from Occupied Warsaw 1940–1945, London 1997.

Turkow, Jonas, C'était ainsi, 1939–1943 la vie dans le ghetto de Varsovie, übers. von Maurice Pfeffer, Paris 1995.

Wiszniewicz, Joanna, And Yet I Still Have Dreams, übers. von Regina Grol, Evanston 2004.

»Woman of Tomorrow«, Interview von Nancy Craig mit Mary Berg, WJZ Radio, 21. Februar 1945, 8.30 Uhr. Transkript S. L. Shneiderman Archiv, Diaspora Research Institute, Tel Aviv.

Wyden, Peter, Stella, Göttingen 1993.

Zuckerman, Itzhak, A Surplus of Memory: Chronicle of the Warsaw Ghetto Uprising, übers. und hrsg. von Barbara Harshav, Berkeley 1993.

Zeitungsartikel

»96 New Yorkers in List of 524 Americans Returning Home aboard the Gripsholm«, in: *New York Times*, ProQuest Historical Newspapers, 12. März 1944, S. 26.

»128 Still Aboard Liner«, in: *The New York Times*, ProQuest Historical Newspapers, 17. März 1944, S. 5.

»312 Repatriates Arrive in Lisbon«, in: *The New York Times*, ProQuest Historical Newspapers, 26. Februar 1944, S. 3.

»500 Americans Freed from Camp in Germany«, in: *The New York Times*, ProQuest Historical Newspapers, 14. September 1944, S. 3.

»663 Due Here Today on the Gripsholm«, *The New York Times*, ProQuest Historical Newspapers, 15. März 1944, S. 1.

»2 000 000 Murders by Nazis Charged«, *The New York Times*, ProQuest Historical Newspapers, 8. August 1943, S. 11.

Adams, Frank S., »35 Soldiers, Ill but Happy, First to Leave Gripshom«, *The New York Times*, ProQuest Historical Newspapers, 16. März 1944, S. 11.

Douglas, Francis, »Vittel and the Jews«, übers. von James Fox, *L'Arche* 298 (Januar 1982), S. 77–79.

Gleiser, Edith, »Free Again, Describes 3½ Years' Internment«, in: *Christian Science Monitor*, 15. August 1944, S. 10.

»Gripsholm Sailing Delayed Few Days«, in: *The New York Times*, ProQuest Historical Newspapers, 4. März 1944, S. 7.

»Gripsholm Quits U.S. on Exchange Mission«, in: *The New York Times*, ProQuest Historical Newspapers, 16. Februar 1944, S. 1.

»Internees Gripped by Fury of Battle«, in: *The New York Times*, ProQuest Historical Newspapers, 16. September 1944, S. 3.

»Last Repatriates leave Gripsholm«, in: *The New York Times*, ProQuest Historical Newspapers, 18. März 1944, S. 3.

»More Americans to be Exchanged«, in: *The New York Times*, ProQuest Historical Newspapers, 13. Februar 1944, S. 9.

»Others to Join Wounded«, in: *The New York Times*, ProQuest Historical Newspapers, 26. Februar 1944, S. 3.

»Repatriates on Gripsholm Tell of Europe under Nazi Hell«, in: *Christian Science Monitor*, 17. März 1944, S. 11.

Spraggs, Melita, »Women Internees Tell of Days in Germany, ›Prayed for the Men who were Bombing Us‹«, in: *Christian Science Monitor*, 17. August 1944, S. 1f.

»Thousands Mourn Victims of Ghetto«, in: *The New York Times*, ProQuest Historical Newspapers, 20. April 1944, S. 11.

»Underground Press Gives Details of Battle: Jews Fought for Their Lives in Warsaw«, in: *The New York Times*, ProQuest Historical Newspapers, 25. September 1943, S. 6.

»US Wounded Taken Aboard Gripsholm«, in: *The New York Times*, ProQuest Historical Newspapers, 5. März 1944, S. 17.

»War Prisoners Being Exchanged«. 17 Disabled Americans are on List, in: *The New York Times*, ProQuest Historical Newspapers, 19. Oktober 1943, S. 10.

Warren, Lansing, »Freed Americans Dazzled in Lisbon«, in: *The New York Times*, ProQuest Historical Newspapers, 27. Februar 1944, S. 19.

—, »Nazis' Arrests Hit Red Cross«, in: *The New York Times*, ProQuest Historical Newspapers, 6. März 1944, S. 8.

»Warsaw Casualities Include an American«, in: *The New York Times*, ProQuest Historical Newspapers, 7. Oktober 1939, S. 3.

Audiovisuelle Quellen

Jöst, Heinz, »Ein Tag im Warschauer Ghetto. Eine Geburtstagsfahrt in die Hölle«, Regie: Jack Kuper, Kanada 1991. 30-minütiges Video in Schwarzweiß.

Pasatieri, Thomas, »Letter to Warsaw [Gedichte von Pola Braun]«, Music of Remembrance. Künstlerische Leitung: Mina Miller. Jane Eaglen, Sporan, Gerard Schwarz, Klavier. CD Nacon, American Classics, 2004.

Polskie Tango 1929–1939, Wiera Gran. »Gdy odejdziesz« [Wenn du fort bist], Old World Tangos, Vol. 3, Oriente Musik 2005.

Internetseiten und Datenbanken

Aktion Reinhard. http://www.deathcamps.org

Architektura przedwojennej Warszway. Ryszard Maczewski. http://www.warszawa1939.pl

Zentrale Datenbank der Namen der Holocaustopfer, Yad Vashem. http://www.yadvashem.org

Culture pl. Directory. http://www.culture.pl/en/culture

Film Polski. Datenbank zum polnischen Film. http://www.filmpolski.pl

Forum Zydow Polskich. http://fzp.jewish.org.pl

Fritz Bauer Institut. http://www.fritz-bauer-institut.de

Historische Stätten des jüdischen Warschau: http://www.jewish.sites.warszawa.um.gov.pl/wstep_a.htm

Jüdisches Berlin online: »Wider das Vergessen«. Datenbank mit 55 000 Opfern. http://jewish-weblife.com/m1_engl.html

JewishGen. Datenbanken zu Holocaust und Polen. http://www.jewishgen.org

Jewish Women's Archive. http://www.jwa.org

Juden im alten Lodz, biografisches Verzeichnis. http://lodzjews.com/indexus.htm

Library of Congress Online-Katalog. http://catalog.loc.gov

Memorial de la Shoah. Centre de documentation juive contemporaine, Paris. http://www.memorialdelashoa.org

Moses Schorr Center in Warschau. http://www/schorr.edu.pl

World ORT. http://www.ort.org

Polnische Juden. http://polishjews.org

Polnische Nationalbibliothek.
http://alpha.bn.org.pl/screens/opacmenu.html

Shtetl Links. JewishGen. http://www.shtetlinks.jewishgen.org

S.L. und Eileen Shneiderman Collection of Jewish books at the University of Maryland Libraries. http://lib.umd.edu/SLSES/index.html

Tribute to the Swedish American Line. *S.S. Gripsholm*. http://www.salship.de

United States Holocaust Memorial Museum (USHMM). Fotoarchiv und Bibliothek. http://www.ushmm.org

Warschauer Ghetto Datenbank. [Getto Warszawskie. Internetowa Baza Danych O Warszawskim Getcie]. http://warszawa.getto.pl

Warsaw Voice. Polnisches und zentraleuropäisches Online-Magazin. http://www.warsawvoice.pl

YIVO-Institut- http://www.yivo.org/downloads/Cinema.pdf

Zeittafel

1933	30. Januar	Hitler wird deutscher Reichskanzler.
	20. März	Das Konzentrationslager Dachau wird eingerichtet.
1935	15. September	Die sogenannten Nürnberger Gesetze definieren, wer ein Jude ist. Die deutschen Juden verlieren ihre Bürgerrechte.
1938	28. Oktober	17 000 polnische Juden werden aus dem Deutschen Reich ausgewiesen.
	9. November	»Kristallnacht«-Pogrom gegen die Juden im Deutschen Reich
1939	1. September	Deutsche Truppen marschieren in Polen ein.
	23. September	In Warschau wird ein Judenrat eingesetzt.
	Mitte Oktober	Hitler ordnet das T-4-Euthanasieprogramm an (rückdatiert auf den 1. September).
	28. Oktober	Das erste geschlossene Ghetto in Polen wird in Piotrokow Trybunalski eingerichtet.
1940	30. April	Das Lodzer Ghetto wird abgeriegelt.
	14. Juni	Deutsche Truppen marschieren in Paris ein.
	26. November	Das Warschauer Ghetto wird abgeriegelt.
1941	22. Juni	Die Deutschen marschieren in die Sowjetunion ein.
	7. Dezember	Das Vernichtungslager Kulmhof in Westpolen wird in Betrieb genommen.

1942	20. Januar	Auf der Wannsee-Konferenz wird die »Endlösung«, die Vernichtung der europäischen Juden, organisiert.
	17. Juli	Ausländer im Warschauer Ghetto werden im Pawiak-Gefängnis interniert.
	22. Juli	Beginn der Deportationen aus dem Warschauer Ghetto nach Treblinka
	23. Juli	Adam Czerniakow, Vorsitzender des Judenrats im Warschauer Ghetto, begeht Selbstmord.
	21. September	Ende der großen Deportationen aus dem Warschauer Ghetto nach Treblinka
1943	18. Januar	Ausländer aus Warschau kommen nach Vittel. Erster bewaffneter Widerstand im Warschauer Ghetto
	19. April	Beginn des Aufstands im Warschauer Ghetto
1944	25. Februar	Der Verwundeten- und Gefangenenaustausch der Kriegsparteien mit der SS Gripsholm wird von Lissabon aus wieder aufgenommen.
	April–Mai	300 polnische Juden werden von Vittel nach Drancy und Auschwitz deportiert.
	1. August	Beginn des polnischen Aufstands in Warschau
	12. September	Befreiung des Internierungslagers Vittel
1945	26. Januar	Befreiung des Vernichtungslagers Auschwitz
	19. Februar	Veröffentlichung von Mary Bergs Tagebuch in englischer Sprache in Amerika
	30. April	Adolf Hitler begeht in einem Bunker in Berlin Selbstmord.
	8. Mai	Die alliierten Streitkräfte verkünden den Sieg in Europa.

Index

F

G

H

N

O

P

R

S